DEMAND FORECASTING AND INVENTORY PLANNING
A Practitioner's Perspective

需求预测和库存计划

一个实践者的角度

[美] 刘宝红 著

机械工业出版社
CHINA MACHINE PRESS

图书在版编目（CIP）数据

需求预测和库存计划：一个实践者的角度 /（美）刘宝红著. —北京：机械工业出版社，2020.7（2025.5 重印）

ISBN 978-7-111-65887-0

I. 需… II. 刘… III. 市场预测 IV. F713.52

中国版本图书馆 CIP 数据核字（2020）第 107303 号

北京市版权局著作权合同登记　图字：01-2020-2446 号。

　　就整体方法论而言，本书依旧遵循"从数据开始，由判断结束"的基本准则，在基本数据，比如需求历史的基础上，制定基准预测；根据销售、市场等业务部门的职业判断，比如促销计划、新品上市计划，来调整基准预测，制定最终的预测。本书更加聚焦"从数据开始"，通过一系列案例，更详细地介绍预测模型，包括预测方法的择优、库存计划的优化、新品导入的计划等。特别要说明的是，本书不是一本预测方法论的书。本书会探讨常用的预测方法，力图以浅显易懂的方式，把这些方法介绍给大家，让更多的人能够熟练应用。本书的目标是寻找更优而不是最优的解决方案。

需求预测和库存计划：一个实践者的角度

出版发行：机械工业出版社（北京市西城区百万庄大街 22 号　邮政编码：100037）	
责任编辑：李晓敏	责任校对：李秋荣
印　　刷：中煤（北京）印务有限公司印刷	版　　次：2025 年 5 月第 1 版第 15 次印刷
开　　本：170mm×240mm　1/16	印　　张：19.75
书　　号：ISBN 978-7-111-65887-0	定　　价：69.00 元

客服电话：（010）88361066　68326294

版权所有·侵权必究
封底无防伪标均为盗版

谨以此书献给我的母亲和妻子

写一本书的艰辛,跟养育一个孩子相比,不可同日而语

序言一 Demand Forecasting and Inventory Planning

从计划的"七分管理"到"三分技术"

2018年,我和赵玲合著的《供应链的三道防线:需求预测、库存计划、供应链执行》出版以来,反响很好,在京东供应链管理类图书销量榜上很快就上升到第二位(第一位还是我的红皮书《采购与供应链管理:一个实践者的角度》)。

《供应链的三道防线:需求预测、库存计划、供应链执行》主要是解决计划中的"七分管理"问题,虽然涉及"三分技术",但是缺乏足够的细节,比如预测模型的择优、库存水位的优化、新品的导入和预测等。作为**管理层**,读完《供应链的三道防线:需求预测、库存计划、供应链执行》,在"七分管理"上,你会从组织、流程的层面对计划有很好的了解;但作为**执行层**,在"三分技术"上,还有诸多技术性的问题需要进一步厘清。所以,我想写一本**实操**层面的书,解决"三分技术"的问题。

正好这两年我在帮助一些电商、新零售企业改进供应链计划体系,做了一系列的案例,结合以前在高科技行业8年的全球计划经历,为这本书提供了素材。书中的案例有相当一部分来自电商、新零售企业,一方面是因为在这些新兴行业,从业人员普遍年轻,精于业务创新而疏于供应链运营,供应链管理特别是计划薄弱,有很大的提升空间;另一方面是因为这些行业的信息化程度比较高,需求端的数据相对完善、易得，为案例分析提供了充分的素材。

但是，我不想因为这些案例就把该书定位在特定的行业、特定的领域——不管是时兴的跨境电商、新零售企业，还是传统的生产制造、贸易流通企业，在供应链计划上面临的问题都很相似，主要表现在以下几个方面。

其一，**总进总出整体上不平衡，导致全局性的需求与供应不匹配**。这在新产品导入上很常见，在成熟产品上也屡见不鲜。这是个**需求预测**的挑战，在公司层面（中心仓）尤为重要，需要提高预测的准确度，尽量做准，尽快纠偏，并驱动整个生产和供应商的执行来弥补。

其二，**库存没放到合适的地方，导致局部性的需求与供应不匹配**。即便整体需求与供应匹配了，合适的库存放不到合适的地方，也会导致局部性的过剩与短缺并存。这是个**库存计划**的问题，主要发生在前置仓，可通过设置合理的安全库存、再订货点等来解决。

其三，**产品、业务、需求的复杂度大增，增加了供应链计划的难度**。业务全球化，需求差异化、碎片化，产品多元化，为SKU泛滥埋下隐患，不但导致供应链的规模效益丧失，而且系统地增加了需求预测、库存计划、补货配送的复杂性。产品如此之多，没有人可以靠判断做计划，必须更加依赖数据分析，来做好需求预测和库存计划。

这些问题交织在一起，集中体现为新产品的计划**极度不准**，经常大错特错；老产品的计划不能**精打细算**，无法实现库存优化。两个问题貌似不同，根本原因却很一致：数据分析不足，基准预测不够扎实；计划以"拍脑袋"为主，过度依赖业务部门的判断。这些问题不是特定行业所独有的，我们需要寻找广义的解决方案，系统地从**时间维度**（新产品 vs 成熟产品）、**空间维度**（中心仓 vs 前置仓）来应对。

（1）**时间维度**：围绕产品的生命周期，从新品导入到量产，力求避免新品初始计划大错特错，要通过快速迭代来尽快纠偏；成熟产品要追求精打细算，提高库存的利用效率。

（2）**空间维度**：围绕库存的空间特性，计划好中心仓，解决总进与总出的匹配问题；计划好前置仓，把合适的库存放到合适的地方，并在库存控制上厘清两者的关系。⊖

还有一个维度，就是**业务维度**：B2C 和 B2B 的业务有区别，对供应链计划的挑战也不尽相同。比如 B2C 的需求相对分散，东边不亮西边亮，但节假日、促销、活动众多，产品生命周期短，竞品众多，影响需求的因素也很多；B2B 业务的需求相对集中，特别是大客户，能够显著改变供应商做生意的方式，但好处是产品生命周期一般较长，节假日、促销、活动等因素影响较小。

值得关注的是，这些年来，很多企业开始同时跨入 B2C 和 B2B 两个领域。刚开始是传统企业上线，开拓线上业务；现在是电商进入线下业务，走传统的渠道。传统企业上线，失去了传统渠道的缓冲，屡屡被线上业务的促销、活动痛击；电商下线，面对线下渠道的关系复杂、运作低效、信息不对称及大 B 客户的强势，吃尽苦头。两种业务不同，面临的供应链挑战也不同，在做计划时要区别对待，不过在本书中，限于篇幅，我们不会设专题进行讨论。

新产品还是老产品、中心仓还是前置仓、B2C 还是 B2B，这些计划对象上的差异，要求计划方法上的差异化——一刀切不是精细化管理；**精细化管理的标志是差异化**。除了这些，我们在计划中还要考虑产

⊖ 在库存控制上，中心仓与前置仓容易陷入互扣人质的情况。比如中心仓不增加该加的库存，导致对前置仓的补货效率下降。为了应对这一情况，众多的前置仓就增加安全库存，反而系统地增加了整体库存。

品的成本、需求的变动性、客户的集中度等一系列差异化因素，区别对待，采取有针对性的措施，而这正是众多粗放管理的企业所欠缺的。

就整体方法论而言，本书依旧遵循《供应链的三道防线：需求预测、库存计划、供应链执行》一书中"从数据开始，由判断结束"的基本准则，在基本数据，比如需求历史的基础上，制定基准预测；根据销售、市场等业务部门的职业判断，比如促销计划、新品上市计划，来调整基准预测，制定最终的预测。与《供应链的三道防线：需求预测、库存计划、供应链执行》一书不同的是，本书更加聚焦"从数据开始"，通过一系列案例，更详细地介绍预测模型，包括预测方法的择优、库存计划的优化、新品导入的计划等。

特别要说明的是，本书**不是**一本预测方法论的书。我深知，预测方法深如海，自己才疏学浅，不敢奢望在这方面有所创新。本书会探讨常用的预测方法，力图以浅显易懂的方式把这些方法介绍给大家，让更多的人能够熟练应用。关于详细的预测方法，建议大家阅读专业的图书。[一]

本书也会尽量避免数理统计，但不得不承认，供应链处处充满不确定性，而要掌握不确定性，没有比数理统计更好的工具了。所以，我会尽量以浅显的语言，从实践者的角度解释最基本也是最重要的数理统计。我不想给计划贴上数理统计的标签，吓退众多的从业者——你可以不用懂得多少数理统计知识，仍旧能做出相当不错的计划来。当然，如果要成为计划、供应链领域的高手，拥有数理统计的思维会让你更上一层楼。

[一] 我主要参考 *Forecasting Methods and Applications*，作者 Spyros Makridakis, Steven C. Wheelwright, Rob J. Hyndman, Wiley 出版，第 3 版，2018 年重印。在中文版图书中，我参考了一本大学教材，书名为《统计预测和决策》（第 5 版），徐国祥主编，上海财经大学出版社 2016 年出版。

本书的目标是寻找**更优，而不是最优的解决方案**。书中分享的一些实际问题的解决方案，顶多算是"实践"供参考，不能当作"最佳实践"来看待。在那些实践中，我找到的方法比案例企业原来用的要好，但比教授、博士们的研究模型要差——研究者们寻求的是最优解决方案，但往往因为过于复杂、理想化，实践者没法理解，所以就不能信任，不信任就不会采用。鉴于这一点，在一些案例中，比如预测方法的择优，我适当牺牲了一些准确度，以期增加操作的可行性。

这些年来，我越来越意识到，在供应链领域，**执行**往往跟企业的规模有关，比如大公司的议价能力强，在执行上，就更容易把问题转移给供应商或客户；小公司的胳膊不够粗，就很难通过转移问题来解决问题。但对**计划**而言，不同规模的企业之间，共性则更多，而本书中的大部分案例，实际上是来自年营收为几千万、几亿元的中小企业。

比如就需求预测和库存计划而言，一个年营收为几千万元的企业，动辄有几十、几百个产品，成百上千种规格，线上线下业务并行，计划的复杂度之高，跟一个年营收为几亿、几十亿元的企业相比，区别没有想象中那么大。如果说有区别的话，那更多是在"七分管理"上——企业规模越大，组织和流程越复杂，职能之间的博弈越多，计划与业务部门的对接就越困难。在"三分技术"上，大公司与小公司在基础数据分析、预测模型的选取、库存计划的优化上，其实没有太大的区别。

就应用对象而言，本书的目标是覆盖大、中、小规模的企业。特别地，本书在写作过程中，时时考虑以下两种类型企业面临的挑战。

（1）**新兴企业**：以前每年做几百万、几千万元的生意，经过爆炸式成长，做到几亿元或者更大的营收规模，供应链计划和执行越来越复杂,交付压力巨大,客户要的没有,客户不要的很多。

(2)**成熟企业**:每年有几亿、几十亿元乃至几百亿元的营收,增速放缓,行业饱和,供应链面临严峻的成本和库存挑战,需要在供应链计划上更上一层楼,以提高库存周转率和投资回报率。

两类企业所处的生命周期不同,对供应链和计划的期望也不尽相同。对于新兴企业来说,在快速增长的环境下,计划上要避免**大错特错**,"一快遮百错",在**精打细算**上往往乏善可陈;对于成熟企业来说,增速放慢了,成本太高、周转太慢的问题就如冰山浮出水面,需求预测和库存计划的精打细算就提上议事日程。

这两类企业要做的都是跨越库存计划和库存控制的三个阶段。它们规模不同,但起点很相似,那就是**高库存、低有货**——计划薄弱,执行也薄弱,导致没用的库存一大堆,但客户要的没有。这是计划的第一个阶段。这就如一个胖小伙子,在开始健美之前,身上的肉很多,但长错了地方。

然后企业就开始改进计划,比如选择更合适的预测模型,提高预测准确度;计算更合理的库存水位,提高库存的利用率。这些改进大都是"三分技术"的范畴,能由计划职能独立完成。因为没有触及库存的三大根本驱动因素⊖,所以整体库存水平没有显著改善,但因为预测准确度更高,安全库存更合理,我们把合适的库存放到合适的地方、合适的产品上,库存的**结构**变得更加合理,库存的利用率也就更高,结果就是**高库存、高有货**。这就是计划的第二个阶段。

⊖ 库存的三大根本驱动因素是周转周期、不确定性、组织行为,见《供应链的三道防线:需求预测、库存计划、供应链执行》。周转周期长,周转库存就多;不确定性大,安全库存就得多放;组织行为不改变,人为造成的过剩库存就多。

在计划的第三个阶段，我们更多地从"七分管理"的角度出发，改进的重点放到了执行上，比如缩短周转周期以降低周转库存，降低不确定性以降低安全库存，改变组织行为以减少过剩库存。在这个阶段，计划强，执行强，整体库存会更低，而有货率更高，表现为**低库存、高有货**。

计划改进的整个过程，就像一个人的健身过程：刚开始，胡吃胡喝不锻炼，生活习惯差，长出一身赘肉；慢慢地，健身有了点儿效果，合适的肉放到合适的地方，但体重并没有减轻；最后，在长期自律和坚持下，赘肉没有了，练出一身肌肉来。

本书的重点是"三分技术"，旨在完成向第二个阶段的过渡，即从"高库存、低有货"提升到"高库存、高有货"。这一阶段的改进相对容易，计划职能就能完成，不需要多少跨职能协作。招一位优秀的计划经理，选择更好的预测模型，设置更合理的库存水位，把计划职能本身的事儿做好，就能大大提升达到第二个阶段的概率。

跟计划人员交流，听到的大多是销售和业务端如何不配合，殊不知，有很多事情，比如数据分析，计划人员自己就能完成，并不需要销售人员来帮忙。计划人员要做自己能够控制的，那就是解决好"三分技术"的问题，而不是一味拿不能控制当借口，作为自己不作为的理由。

刘宝红 | Bob Liu

"供应链管理专栏"创始人 | 西斯国际执行总监

www.scm-blog.com | bob.liu@scm-blog.com

1（510）456 5568（美国）| 136 5127 1450（中国，微信同）

2020 年 6 月于硅谷

从药典到药方：我对案例的一些想法

我做了许多年的计划经理，所带的团队最多时在全球有二十几名计划员，分布在北美、欧洲、亚洲等多个地区。在这个团队中，有人晋升了，有人离职了，有人做全职妈妈了，就注定一直在招新人。每次有新人加入团队，培训就是个大问题：如果新人是做采购员的话，你可以给他一本采购手册读；而给计划员的书，不管是英文版的还是中文版的，就是找不到一本合适的。

美国运营管理协会（APICS）有成套的生产和库存管理认证（CPIM），但光从其要考5门课程（这是2003年我考的时候）就能看出，需要读很多本书，即便是通过了认证，你也不会做计划。比如给你一堆数字，你还是不知道从哪里着手一步一步地预测需求、计算库存水位。虽然道理你都懂，基本的模型和公式你也都见过，但你还是不会做计划，这就如就算你能把一本《新华字典》倒背如流，但还是不会写文章一样。

怎么办？我就只能用传统的办法：先把新计划员从分公司叫到硅谷总部集中培训一周，手把手地教，然后让她回到分公司去实践，但她做出的每个计划决策都得让我先看。大概三个月以后，看她会做基本的计划了，我就宣布她可以"出师"了，让她自己做计划。但我还是在背后紧盯着——不光是紧紧地盯着，而且是紧张地盯着，因为计划是供应链的引擎，一旦有失误，影响就很大。这就如你学车初上路，最紧张的不是你，而是坐在你旁边的教练一样。

那些年，我一直在想，如果有一本计划手册该多好。采购员就有采购手册，中英文版的都有，告诉你订单怎么做、价格怎么询、合同用什么文本，各种表格、流程图都相当齐全。在计划领域，为什么就没见过这样的手册呢，中英文版的都没有？

我想根本原因是：采购是执行，以**结构化**的事务为主，相对直观、简单；计划是决策，**更多是非结构化**的事务，相对更困难。这就如同你有本手册，可以教士兵一招一式地学习打枪，但很难有本手册可以教他一步一步地学做统帅。那统帅是怎么培养出来的？你得先学基本功，比如上军校，然后跟着一个统帅，从一件一件具体的事情上学。而这一件一件的事，在商业管理上有个专业名词，叫"案例"。

在美国，MBA和法学博士当属最成功的职业教育精英，就是靠大量的案例培养出来的：他们要么面临复杂的商业环境，要么面临复杂的法律事务，按照一个操作说明或者法典做的话，没办法解决好复杂的问题。计划面临的环境也很复杂，我们为什么不能用同样的方法来培养计划人员呢？

自从我的绿皮书《供应链的三道防线：需求预测、库存计划、供应链执行》出版以来（与赵玲合著），我收到很多读者的来信或留言，从他们的来信或留言看，他们虽然掌握了大的概念，但很多具体的问题还是没有解决，依然不会做计划。比如有些人缺乏基本的数据处理能力，一年的数据被拆分成50周（一年是52周，有时候剩余几天形成第53周）；有些人没有基本的计划功底，连数据后面明显的季节性也不知道分析；还有些人的分析能力非常强，能够熟练应用统计软件

SPSS，从中找到拟合度非常高的数据模型，但过度拟合——只要变量的次数足够高，你总可以找到拟合度高的模型，这样的模型对未来的预测往往很不理想。

不过你不能怪这些计划人员，他们有的以前是客服，有的以前在仓库里干，有的虽然做了多年计划，但一直是自我摸索，在怎么做计划上一直没有实质性的突破。这让我进一步意识到，从字典到文章还有很长的一段路，而这段路没法用另一本字典来铺就——解决方案就是一篇篇的范文，放在计划上，这些范文就是案例。

一年多来我的主要任务就是：写一系列计划方面的案例，每个案例解决一个具体的问题，比如需求预测、库存计划、基本的数据分析。提高计划能力得从解决一个个具体的问题开始。这些案例都是真实的数据——我的读者、学员提供了足够多的数据，可以帮助解决他们的真实问题。如果你有问题，有数据，也可以发给我，我们一起来探讨，把解决真实问题的过程写下来，让更多的人借鉴。你不仅可以借鉴做得对的地方，而且可以学习如何避免那些陷阱和错误——只要你不犯错，或者犯错最少，自然就做对了，这就如你把所有的坑都填了，路自然就平了一样。

当然，写案例有一系列的风险，我在这里一并说明。

第一，**案例天然是特例居多，普适性不足**。这就如狗咬人不是新闻，而人咬狗就是新闻，因为人只是偶然咬狗。所以，你不能拿案例当理论，放之四海而皆准。我写了个小案例，谈的是数据清洗，即处理那些异常的、非重复性的需求数据，比如促销（"削峰填谷"）。有人就说，这太偏了，大家如果跟着做的话，可就被误导了。是的，在那个小案例里，我用的是一个代理商的数据，外加贸易、电商等行业的一些经验，我本来就没想写成一篇"如何做数据清洗"的说明文，你自然不能照搬，让它成为你"清洗数据"的操作说明。而且，案例就如文学创作，源于生活但高于生活，也有创造的成分，比如把多种情况合并到一起，更增加了其独特性，在借鉴的时候要注意甄别。

第二，**案例就是案例，不能等同于最佳实践**。我会围绕真实的问题、真实的数据做分析，做判断，并把整个过程写下来。这只是记录我是怎么思考并解决一个个具体的问题的，并不是说这就是解决这类问题的最佳实践，也不是说这类问题就应该这么解决。计划是做决策，复杂度很高，解决方法有很多，你或许永远也找不到最好的。所以，撰写这些案例的目的不是找"最好的"，而是希望给大家一个"更好"的解决方案。举个简单的例子，有人在把需求历史按周汇总的时候，是从某天开始，数上 7 天就算 1 周，这相当费事，但 Excel 中有个函数叫 WEEKNUM( )，可以把日期自动转换成周数。我不认为这个函数是最佳实践，但它的确是个更好的实践。

第三，**案例如药方，离不开具体的适用环境**。限于篇幅，或者我的个人倾向，案例撰写不会面面俱到，甚至会有意无意缺失一些重要的背景信息。这就如名医开的药方，写出来就那么几行字，但每个药方都有具体的应用环境，否则这些药方就不再灵验。这也是为什么有些名医非常忌讳留药方——他们担心后来者不加辨别地使用。这些名医留下来的是药典，介绍各种药的药性，而把配药的任务留给具体的医生。

这些年来，我写的东西大多更接近"药典"而不是"药方"。但是，我越来越意识到光靠"药典"是不能解决问题的——我们没法回避"药方"层面的问题。开药方，其难度和挑战不低于写药典。放在计划领域，这是在解决"三分技术"的问题——计划是"七分管理，三分技术"，管理的问题相对直观，共性较多；而技术的问题则不是，有很多特殊性。

比如同样是简单指数平滑法，同样的一个产品，不同时段的平滑系数都可能不同，更遑论不同的产品、不同的公司了。我花了大量的精力，围绕具体的数据做各种各样的分析，试图得出一定的结论，但这样的结论注定是有局限性的，甚至可以说有很大的局限性。每次我都是诚惶诚恐，怕分析错了误导读者。

我在写这些案例的时候，特别是写到涉及数理统计的地方时，一直如履薄冰、战战兢兢。数理统计的公式一般会要求相当大的样本数量，以及一系列的假设。而在计划中，样本数量往往不够，假设难以成立，这样导致得出的结论在数理统计上往往不够"强壮"。不过，如果不用这些数理统计的东西，还不是由某个人"拍脑袋"定计划！数理统计其实是把"拍脑袋"以科学的方式抽象出来，更系统、科学地找出纷繁复杂数据后面的规律。

不过，担心归担心，我还是决定写下这本书，分享出去，而且我相信即便错了，也是排除一种错误的做法，让读者离正确的做法更近一步。即使不完美，我希望书出版后，基于读者反馈，一版一版地迭代完善，最终成为一本这样的手册——你有了新员工，可以给他们看，说这就是基础的计划知识。本书的这一版还达不到这个高度，但希望是个好的开端。欢迎读者把你们的案例分享出来，验证、完善书中的方法论，为下一版做好准备。读者意见、建议可通过 E-mail 和微信发给我。

刘宝红 | Bob Liu

"供应链管理专栏"创始人 | 西斯国际执行总监

www.scm-blog.com | bob.liu@scm-blog.com

1（510）456 5568（美国）| 136 5127 1450（中国，微信同）

2020 年 6 月于硅谷

这是我的第 5 本书，跟其他书有什么联系

自 2012 年以来，算上这本，我共写了 5 本书。这 5 本书的侧重点各不相同，从不同角度、不同深度探讨供应链管理，既相互独立，又有千丝万缕的联系，这里简单说明一下。

先说蓝皮书《供应链管理：高成本、高库存、重资产的解决方案》。这本书从公司层面着眼，为供应链绩效的改进提供了整体框架，那就是前端防杂、后端减重、中间治乱。**前端防杂**，就是通过标准化、通用化、模块化来降低产品的复杂度，提高供应链的规模效益；**后端减重**，就是通过选好、管好供应商，更多地利用市场资源，而不是自己建工厂，陷入重资产、低回报的困境；**中间治乱**，就是构建供应链的三道防线，做好需求预测、库存计划和供应链执行。三管齐下，供应链与研发、营销紧密合作，才能把供应链的整体成本降下来、速度做上去。

蓝皮书是这 5 本书的整体框架，旨在应对本土企业普遍面临的问题，那就是：生意越做越多，钱越赚越少；账面上赚了，都赚进库存了。对于框架里面的具体措施，建议阅读其他几本书。比如如何选好、

管好供应商，应对"后端减重"，这一点红皮书《采购与供应链管理：一个实践者的角度》写得最详细；对于如何"中间治乱"，改善整体的计划体系，可以阅读绿皮书《供应链的三道防线：需求预测、库存计划、供应链执行》（与赵玲合著）。

如果想对供应链有整体了解，建议从读红皮书开始，特别是其中的第一部分。感谢读者厚爱，这本书从2012年出版以来，在京东和当当上一直是供应链管理类的畅销榜第一。虽然书名中有"采购"二字，却是从供应链的角度阐述的。到现在为止，《采购与供应链管理：一个实践者的角度》已经写到第3版，多次重印。

红皮书分三大部分，从大到小，从全局到局部，阐述采购与供应链管理。第一部分是供应链的全局观——局部优化不是供应链管理，而跨职能协作下的全局优化才是；第二部分是供应商的选择与管理——供应商和供应链只有一字之差，是供应商在做供应链的大部分增值活动，选好、管好供应商是供应链管理的一项核心任务；第三部分谈到"大采购"的职能建设——采购表面上在花公司百分之七八十的钱，实际上是通过选择和管理供应商，对百分之七八十的供应链增值活动负责。

如果对计划体系的改进感兴趣，可读我的绿皮书《供应链的三道防线：需求预测、库存计划、供应链执行》（与赵玲合著）。计划是供应链的引擎：计划想不到，供应链执行就很难做到；即便做到了，也是以高昂的成本、库存、产能为代价。这就是为什么在5本书中，有两本是专门应对计划问题的。

绿皮书着力解决三个核心问题：其一，所有的预测都是错的，做到"从数据开始，由判断结束"，制定一个准确度最高的错误的预测。这是供应链的第一道防线。其二，预测错了，客观量化需求和供应的不确定性，以设定合理的安全库存，少花钱多办事。这是供应链的第二道防线。其三，需求预测不准确，安全库存不够用，计划的先天不足需要执行来弥补，那就是赶工加急，驱动供应链和供应商快速响应。这是供应链的第三道防线。三道防线建好了，整体交付就会提高，整体库存也会降低。

整体而言，计划是"七分管理，三分技术"。绿皮书主要从"七分管理"的角度出发，推动销售和运营的跨职能协作，让有数据的职能出数据，有判断的职能出判断，关键是打通企业的主干流程之一——销售与运营的协作流程。绿皮书虽然涉及"三分技术"，比如安全库存、再订货点的设置，但在详细的预测模型、预测方法、新产品的计划方面涉猎较少。这就是我写第5本书的目的。

在时间的先后顺序上，我最早写的红皮书《采购与供应链管理：一个实践者的角度》，在供应链的全局观下，探讨"大采购"的职能建设，以选好、管好供应商，确保高质量地完成大部分供应链增值活动。随着越来越多地介入企业的运作，我开始写蓝皮书《供应链管理：高成本、高库存、重资产的解决方案》，从企业层面来改善供应链绩效。蓝皮书中的一些概念，比如复杂度控制，在红皮书中已经提到，只是在蓝皮书中进一步深化。所以，蓝皮书和红皮书有一定的搭接，有些概念和案例在两本书中都会出现，不过视角不同，前者是企业角度，后者是职能角度。

作为蓝皮书的延续,绿皮书《供应链的三道防线:需求预测、库存计划、供应链执行》(与赵玲合著)更加细化蓝皮书中的需求预测和库存控制部分,所以这两本书也有搭接。比如"从数据开始,由判断结束"的预测方法论就是在蓝皮书中提出的,但在绿皮书中深化了。现在您看到的这本书是绿皮书的延续,是对其中"三分技术"的细化。所以,这本书跟绿皮书搭接的地方就更多了,比如库存计划的主要内容在绿皮书中已出现,但这本书会更细化、更系统。

顺便介绍一下黄皮书《供应链管理:实践者的专家之路》,这本书侧重供应链人士的职业发展。书中描述了我在硅谷的十多年职业生涯——那些吃苦受累但也迅速成长的日子。黄皮书的核心是职业发展模型,即从无知到有知,再到真正的有知——刚出校门时我们一无所知,无知无畏;工作几年后大概知道事情是怎么做的,但限于粗放的管理环境,学到的往往是有局限性的;到最后,提高总结,才能达到真正的有知。

如果您处于职业起步阶段,或者已有十年八年的工作经历,想在供应链管理上更上一层楼,可以看这本书。

供应链管理是一个整体,很多概念是没法割裂的,所以在这几本书中都有涉及。另外,不是所有的读者都会读我写的这5本书,所以我想尽力让每本书独立成体系,就不得不把一些供应链的共性话题都纳入每本书中。基于同样的原因,有些案例会重复出现,不过是从不同角度、不同深度来分析,如果您已经看过了,可以当成复习的机会。

毕竟，很多东西很难看一遍就掌握，这就如我们做同样的工作，两三年来重复几十次，才可能做到尽善尽美一样。

需要说明的是，这5本书都不是教科书，目标不是给大家提供完整的供应链管理知识框架。⊖ 这些书都是从实践者的角度出发，写给实践者看的，所以在用语方面，我尽量避免干巴巴的学究口吻，以增加可读性；在行文方面，我尽量做到精练，但拖沓、啰唆之处还是在所难免。这绝对不是凑字数——这些年我写了六七百篇文章，最不缺的就是字数，而是因为我没有能力和时间更完美地整合这些内容。

对供应链管理领域的很多内容，我还一直处于探索、学习的过程，会不断纳入新知识、新方法。做加法的结果是，书的内容一直在膨胀，以致书太厚了。怎么办？那就摘取书中的部分内容，从实践者的角度，辅以案例再写一本书，如此这般，直至完善。

就您看到的这本书而言，我准备了一年，写了一年，不断地打散重组，先后四易其稿，一路写到23万字，又一路压缩到17万字，还是不满意，只能在后续版本中迭代完善了。大家有任何建议，欢迎直接联系我，或者在"微信读书"、京东、当当上搜索我的书，然后在相关链接中留言。是的，我的确看那些留言，特别是在再版或写一本新书的时候。即使写作不是为了取悦读者，我也很在乎读者的感受，希望写出更多受大家喜欢的书和文章来。

对于我的前4本书，我非常喜欢"微信读书"上那些中肯且富于建设性的留言，不苛求，不偏执，一针见血，对于后续版本的改进很

⊖ 对于教科书，我有个清单（有些书比较老，但很经典），大家可以到我的网站（www.scm-blog.com）上搜索"供应链管理方面的书籍"。

有帮助。我在这里一并感谢这些读者，并为拥有这样的读者而由衷地高兴。

刘宝红 | Bob Liu

"供应链管理专栏"创始人 | 西斯国际执行总监

www.scm-blog.com | bob.liu@scm-blog.com

1（510）456 5568（美国）| 136 5127 1450（中国，微信同）

2020 年 6 月于硅谷

作者简介

刘宝红,畅销书《采购与供应链管理:一个实践者的角度》《供应链管理:高成本、高库存、重资产的解决方案》《供应链的三道防线:需求预测、库存计划、供应链执行》作者,"供应链管理专栏"(www.scm-blog.com)创始人,西斯国际执行总监。

在供应链管理领域,刘先生有多年丰富的从业经历——主要来自硅谷高科技界。从2000年起,刘先生便在美国学习和实践供应链管理。他先在半导体设备制造行业从事供应商开发和管理,在全球采购产品、服务和技术,后转入供应链计划领域,支持一家高科技公司每年13亿美元的服务备件业务。他的团队分布在美国、德国、法国、日本、韩国、中国、新加坡,客户遍及亚太、欧洲和北美地区。

从2004年起,刘先生致力于介绍、宣传供应链管理,帮助本土企业制定供应链转型战略、完善供应链管理、培养中高层管理人员。2010年以来,他为几十家企业提供内训服务,包括华为、海尔、通用电气、诺基亚–西门子、阿克苏诺贝尔、林德、日立、喜利得、OPPO、Vivo、华为终端、天珑移动、联想、浪潮、中国移动、中国电信、上汽大众、广汽丰田、长安汽车、北汽福田、海信、创维、TCL、长虹、美的、美芝、比亚迪、蓝思、歌尔、信利光电、视源电子、西飞、金风科技、振华重工、三一重工、特变电工、上海核电工业、中铁工程装备、海思、上海微电子、北方微电子、中兴通讯、烽火通信、锐捷网络、科瑞集团、国电南自、易事特、华润置地、招商局地产、珠江投资、中海壳牌、中油建设、中建一局五公司、金螳螂、老板电器、威高、西贝莜面村、伊利、海鸥卫浴、华孚色纺、水星家纺、安踏、双汇、香飘飘、超威、药明康德、欧普照明等。他的内训客户还包括大批的电商、新零售、互联网企业，比如京东、腾讯、小米、找钢网、美菜网、史泰博、Wook、名创优品、微鲸科技、钱大妈、快鱼服饰等。

刘先生的专著《采购与供应链管理：一个实践者的角度》于2012年由机械工业出版社出版，2015年再版，2019年出版第3版，多次重印，每年居供应链管理门类销量榜首，深受广大供应链管理专业人士喜爱。他的第二本专著《供应链管理：高成本、高库存、重资产的解决方案》于2016年出版，第四本专著《供应链的三道防线：需求预测、库存计划、供应链执行》（与赵玲合著）于2018年出版，都成为供应链领域的畅销书。围绕这三本畅销专著，刘先生推出一系列培训，先后培训了许多家国内外公司的员工，这些培训全面覆盖汽车家电、电信设备、航空航天、机械制造、石油石化、快时尚等多个行业。

2005年，刘先生创办了"供应链管理专栏"（www.scm-blog.com），坚持原创，探讨、传播供应链管理的基本实践，年访问量达数百万人次。以该网站为平台，刘先生与海内外供应链专业人士保持紧密联系，多次在大型会议中做专题报告或圆桌讨论。刘先生与多家一流大学联系紧密，先后为同济大学、上海交通大学、复旦大学、中欧商学院、厦门大学和美国普渡大学的MBA、EMBA、EDP学员做专题报告。

刘先生毕业于同济大学，获项目管理硕士；后赴美国，在亚利桑那州立大学商学院就读，获供应链管理的 MBA。留学期间，他在美国高级采购研究中心（CAPS Research）做辅助研究，广泛接触采购与供应链管理的最佳实践。刘先生通过了美国供应管理协会（ISM）的注册采购经理（C.P.M.）认证，通过了运营管理协会（APICS）的生产与库存管理（CPIM）认证，接受了亚利桑那州立大学、摩托罗拉和霍尼韦尔的六西格玛培训，是六西格玛黑带。

刘先生现居硅谷，频繁往返于中美之间，帮助本土企业提高供应链管理水平。如欲联系他，请发邮件至 bob.liu@scm-blog.com。

目录 Demand Forecasting and Inventory Planning

序言一　从计划的"七分管理"到"三分技术"
序言二　从药典到药方：我对案例的一些想法
序言三　这是我的第5本书，跟其他书有什么联系
作者简介

导读
计划是供应链的引擎

第一章
需求预测：三种基本的预测方法

时间序列的预测：移动平均法 / 8
　　小贴士　预测的灵敏度和准确度 / 12
　　小贴士　预测准确度的统计 / 13
　　小贴士　要不要考核预测准确度 / 18

时间序列的预测：指数平滑法 / 20
　　指数平滑法的逻辑 / 23
　　指数平滑法的初始化 / 25
　　平滑系数的择优 / 27
　　简单指数平滑法的优劣 / 32

趋势的预测：霍尔特指数平滑法 / 34
　　案例　一个快时尚产品的需求预测 / 41
　　小贴士　有时候，不预测就是最好的预测 / 46

季节性＋趋势的预测 / 47

基于相关性的预测：线性回归 / 57
　　小贴士　解读线性回归的参数 / 60
　　小贴士　样本选择的几点考量 / 65

小贴士　极端值的处理　/ 66

　　小贴士　残差图的分析　/ 70

　　小贴士　样本太少怎么办　/ 73

　　小贴士　警惕线性回归给你的东西　/ 74

选择预测模型的一些考量　/ 78

　　小贴士　寻找更优，而不是最优的解决方案　/ 81

　　小贴士　预测模型的优化要提防过度拟合　/ 83

案例　中心仓的预测方法择优　/ 86

　　需求预测的集中化　/ 90

　　小贴士　为什么在颗粒度小的地方做预测　/ 93

　　预测方法的优化　/ 95

　　计划的改进得兼顾供应链的执行能力　/ 103

　　小贴士　电商如何选择ERP　/ 106

魔鬼藏在细节中：需求历史数据的清洗　/ 110

本章小结　最基本的方法也是最重要的　/ 118

第二章
库存计划和库存的优化

量化不确定性，设定安全库存　/ 123

　　第一步：量化需求的不确定性　/ 124

　　第二步：量化有货率的要求　/ 128

　　小贴士　有货率怎么定　/ 129

　　第三步：计算安全库存　/ 130

　　小贴士　按日、按周还是按月汇总需求历史　/ 134

会设安全库存，计算再订货点就很容易　/ 139

　　补货机制：定量 vs 不定量　/ 143

　　补货机制：定期 vs 随时　/ 145

　　案例　随时补货机制下再订货点的计算　/ 149

　　案例　定期补货机制下再订货点的计算　/ 150

　　小贴士　不是现货供应，再订货点如何计算　/ 152

案例　轮辐式的全球库存网络计划　/ 153

小贴士　设再订货点，还是安全库存＋预测　/ 158

案例　某工业品企业的计划组织　/ 163
　　小贴士　计划职能的绩效如何考核　/ 172

VMI 的库存水位如何设置　/ 175
　　计算最低、最高库存水位　/ 176
　　量化 VMI 的库存风险　/ 178
　　VMI 的绩效管理　/ 179
　　案例　离开信息化，就很难具备做 VMI 的条件　/ 182

"长尾"产品：库存计划的终极挑战　/ 184
　　"长尾"需求用泊松分布模拟更准确　/ 189
　　用简单法则来指导"长尾"需求的计划　/ 195

案例　跨境电商的店铺库存优化　/ 203
本章小结　库存计划是个技术活　/ 220

第三章
新品导入与滚动计划机制的建立

　　案例　新品的初始预测：群策群力，专家判断法　/ 224

德尔菲专家判断法　/ 226
　　小贴士　瓶子里有多少颗巧克力豆　/ 227
　　新品预测试点项目准备　/ 230
　　专家判断的结果分析　/ 236
　　反馈改进，从失败中学习　/ 240
　　专家判断法失败的三个原因　/ 241
　　小贴士　预测判断力是可以培养的　/ 243
　　专家判断法用于什么产品　/ 244
　　专家判断有没有约束力　/ 245
　　专家判断法由谁来维护　/ 246

季节性强，一锤子买卖如何预测　/ 247
　　案例　新品的预售期：尽快纠偏，调整预测　/ 250
　　哪个预测模型更好　/ 255
　　系统性偏差的检验　/ 258

　　　　重新定义样本，重新建模 / 259
　　　　预售期需求的滚动预测 / 263
　　案例　新品的滚动计划要从开发期开始 / 268
　　　　小贴士　新品计划本身要有计划性 / 274
　　　　小贴士　大型设备的项目预投机制 / 276
　新品计划由谁做 / 279
　本章小结　尽量做准，尽快纠偏 / 280

后记 / 283

Demand Forecasting and Inventory Planning 导读

计划是供应链的引擎

貌似没做到，实则没想到；不但要做到，而且要想到。

简单地说，供应链管理是**采购**把东西买进来，**生产**来加工增值，**物流**来配送给客户。这是供应链的三大执行职能。我们有这三环，我们的客户、供应商有这三环，客户的客户、供应商的供应商也有这三环，环环相扣，就形成供应链。这三大执行职能的上面是**计划**职能。计划告诉采购买什么、买多少，生产什么、生产多少，配送什么、配送多少。如图 0-1 所示，计划加上三大执行职能，就形成供应链管理。

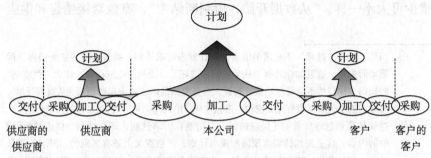

图 0-1　供应链管理是"计划 + 三大执行职能"

资料来源：APICS Supply Chain Council 的 SCOR 模型，有简化。

计划是供应链的引擎。供应链的绩效，比如赶工加急，表面上看是计划没做到，实际上是没想到——计划想不到，采购、生产和物流就很难做到；即便做到了，也是以高昂的成本、较低的库存周转率和产能利用率为代价。对于供应链管理者来说，他们**不但要做到，而且要想到**。企业越大，计划就越重要，就越需要先想到，再做到，通过想到来指导做到。否则，在执行导向下，运营成本高昂，产能利用率和库存周转率低下，最终导致生意越做越多，钱却越赚越少；账面上赚了，但都赚到库存和产能中去了。

在供应链管理中，计划的概念相当广泛，包括销售计划、需求计划、库存计划、生产和采购计划等。简单地说，销售计划就是做到多大的营收规模，一般是一个金额。这个金额对供应链的帮助有限，除非"翻译"成产品和数量，最好是细化到规格、型号，这就是需求计划。[一]基于需求计划，我们扣除在库、在途和在制库存，算出净需求，围绕净需求制订生产计划，由生产计划导出物料计划、采购计划等。

由此可见，在整个"计划链"上，需求计划是最为关键的一环。如果说计划是供应链的引擎，那么需求计划就是计划的引擎。在供应链的三道防线中，需求预测是第一道防线，也反映了需求计划的重要性。[二]如图0-2所示，我们简单介绍一下供应链的三道防线，也叫计划的三道防线，以帮助大家确定本书在整体框架中的位置。

供应链的第一道防线是**需求预测**。所有的预测都是错的，但错多错少可大不一样。"从数据开始，由判断结束"，有效对接销售和供应

[一] 当然，这个"翻译"不是简单地拿销售计划当需求计划。销售计划往往受销售目标驱动而失真，这就如你的孩子从学校回来饿坏了，说他能吃五碗饭。作为"供应链"的妈妈，你当然不会简单地做五碗饭，而是根据他以往一碗半的饭量（从数据开始），考虑到他今天饿到脸有点儿发白，多做半碗（由判断结束），这就是你的需求计划。

[二] 这就是我和赵玲所著的《供应链的三道防线：需求预测、库存计划、供应链执行》中的内容。这里提到的需求预测和需求计划，严格意义上是有区别的：需求预测是基于一定的条件，比如价格和性能，客户端会需要多少，这完全是由客户需求决定的；需求计划则会考虑到供应能力等，适当调整需求预测，比如在淡季的时候多做些，旺季的时候少做点。在实践中，这些细微的差别往往被忽略。在本书中，这两个概念等同使用。

链运营,做出一个"准确度最高的错误的预测",是需求预测的核心任务。

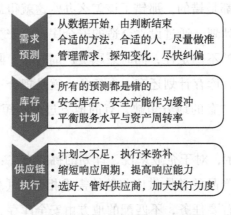

图0-2 供应链的三道防线

"从数据开始"是基于需求历史,做出基准预测。这里的假设是业务有一定的重复性,要么在成品层面,要么在半成品层面,要么在原材料层面,至少也应该在工艺层面。企业的大部分业务都有这样的重复性,否则,光靠没有重复性的一锤子买卖,企业很难做到几千万、几亿、几十亿元甚至更大的营收规模。

但是,历史不会百分之百地重复,要么是以前发生过的未来不会发生,要么是原来没发生的未来可能会发生。哪些人对未来没发生的有一定的预判?销售、市场、产品管理人员,凡是跟客户端有接触的,有时候包括设计人员、客服人员、高管,都有一定的预判能力,从而可以调整预测,这就是"以判断结束"。

企业规模大了,**有判断的人往往没数据,有数据的人往往没判断**。比如销售人员整天跟客户、市场打交道,有判断,但他们不怎么接触信息系统,对于需求历史等数据并不熟悉,即便有了历史数据,也往往分析不到位。相反,计划整天跟数据打交道,很清楚每个产品卖掉多少、卖给谁了,数据分析能力较强,但他们处于供应链的后端,远离市场与客户,所以没有判断。这就注定**需求预测是个跨职能行为**:

有数据的出数据,有判断的出判断,把这些都拿到台面上,消除信息不对称,是提高需求预测准确度的关键。

所有的预测都是错的,那错了该怎么办?这就得靠供应链的第二道防线——**库存计划**,通过设立合适的安全库存、安全产能,来有效应对需求和供应的不确定性,同时兼顾资产周转率。除了科学、合理地设置安全库存,库存计划还有一个任务,就是把合适的库存放到合适的地方,避免"有的地方短缺,有的地方过剩,短缺与过剩并存"的情况。

如图 0-3 所示,对于企业来说,计划的挑战有二:其一,制定最靠谱的预测,让产品的总体供应与总体需求相匹配(总进等于总出),这是需求预测的首要任务,不匹配的地方由安全库存、供应链执行来弥补;其二,总进和总出匹配了,还要确保合适的库存放到合适的地方,比如分仓、店铺等,这需要设定合适的再订货点和安全库存,是库存计划的一大任务。

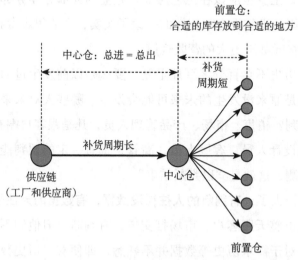

图 0-3 中心仓和前置仓的计划重点

安全库存、安全产能不够用怎么办?这就得靠供应链的第三道防线——**供应链执行**来弥补。对于众多企业来说,供应链上的绝大多数活儿都归供应商负责,这就回到供应商的选择与管理上,这些内容在我所著的《采购与供应链管理:一个实践者的角度》(第3版)有重点阐述。

整体而言,供应链计划是"七分管理,三分技术":大部分的计划问题跟组织、流程、信息系统有关,是"七分管理"的范畴;小部分的计划问题需要从数据分析入手,比如选择更合适的预测模型、设置更合理的库存水位等,是"三分技术"要解决的。本书的重点是"三分技术",基于数据分析来优化需求预测和库存计划。

"三分技术"的关键是做好数据分析,在需求历史的基础上,做出一个靠谱的基准预测,设定合理的安全库存和再订货点。计划职能的**数据分析能力不足**,表现在需求预测上,就必然是过分依赖销售"提需求",导致基准预测的准确度太低;表现在库存计划上,就是简单地一刀切,导致短缺与过剩并存。结果,计划这一本来数据驱动、滚动更新的过程就变成了一个凭经验、"拍脑袋"的一锤子买卖,而计划职能也就失去了价值,变为跟单执行的打杂机构。

从数据开始是计划的根本。企业规模大了,业务越来越复杂,没有人能知道真相——真相在数据里,没有人知道得比数据更多。计划职能的任务,就是在纷繁复杂的数据里,寻找具有重复性的规律,计划好能够计划的,更好地指导执行。即便是没有一点儿需求历史的新产品,我们也要从数据开始,比如类似产品的需求历史,我们在"新品导入与滚动计划机制的建立"部分会详细阐述。

接下来,我们先介绍常见的预测模型,探讨预测模型的择优;然后讨论库存计划,比如安全库存、再订货点的设置,这都是"三分技术"的内容;最后我们探讨新产品的计划——计划领域内最具挑战性的话题之一。我们的思路还是从"怎么做"开始,兼顾"由谁做",先解决"怎么做",再解决"由谁做"。企业习惯性地从"由谁做"开始,但"怎么做"的问题没有解决,这个问题谁也解决不好,最后就成了烫手山芋,在不同的职能之间转来转去,一直得不到有效解决。

就拿需求预测来说,"从数据开始,由判断结束"就是在解决"怎么做"的问题。一提起预测,很多计划首先想到的就是销售不协助判断。这没错,当销售与运营协调的流程不稳健时,是很难有效得到销售端的判断的。但是,作为计划人员,我们很少看到自身数据分析能力不足的问题,没有做好靠谱的基准预测,销售的判断再好也不够。计划职能做不到"从数据开始",就只能依靠销售"由判断结束",由一线销售人员拍脑袋"提需求",这就注定了需求预测质量不高,给后续的执行造成更多的问题。⊖

相对而言,"由判断结束"涉及销售和运营协调,是一个大的流程问题,更难对付;"从数据开始"则相对容易,在计划职能内部就可以完成,如果计划掌握了基本的数据分析模型,以及知道如何优化那些模型的话,就能比以前做得好,比竞争对手做得好。这就是竞争优势,也是本书希望解决的问题。

⊖ 详见"为什么一线销售做不好需求预测",《供应链的三道防线:需求预测、库存计划、供应链执行》第 106 ~ 117 页。

Demand Forecasting and Inventory Planning 第一章

需求预测
三种基本的预测方法

最基本的预测方法，往往是最好的。

我们之所以能够预测，是基于两点：①时间序列的延续性（也叫连贯性）；②变量之间的相关性（也叫类推性）。

时间序列是对特定变量，比如需求，按照时间的先后顺序排列。其延续性表现为三种形式：①随机变动——在外界因素的影响下，需求展现出忽高忽低的变化，但整体上平稳；②趋势——随着时间的推移，需求呈现增长或者下降的趋势；③周期性——需求呈现交替性的高峰、低谷，季节性就是其中一种。

这些基本形式叠加到一起，比如趋势和周期性并存，就形成更加复杂的时间序列。举个例子：一个卖热饮的企业营收每年增长30%，这是趋势；热饮冬天卖得多，夏天卖得少，这是季节性；两者加到一起，就是趋势与季节性并存。再如牛奶的产量，在过去的几十年里，每头奶牛的产奶量在增加，这是趋势；夏、秋产奶多，冬、春产奶少，这是季节性；两者加到一起，也形成趋势与季节性并存的时间序列。

时间序列是需求预测中最常见的情况，其基本假设是我们的业务有一定的延续性，以某种方式呈现在时间序列中，其变量只有一个，那就是**时间**。这并不是说没有别的变量，相反，有别的变量，而且可能有很多。这些变量有一定的惯性，一直按照某种方式推动事物的发展，随着时间的进展，呈现某种模式。我们没法一一解释这些变量，但知道它们一直在起作用，就把它们都归因于时间。

相关性是指变量之间存在的关系可以类推。比如，促销预算越高，买的广告、流量越多，销量一般也会越大；预售期卖得好的产品，正常销售一般也会卖得好；在试点区卖得好的产品，在所有区域也会卖得不错。我们常说不怕不识货，就怕货比货，这"货比货"就是基于相关性，在数据有限的情况下（如新产品的预测中）扮演重要角色。小步快走、尽快纠偏，也是通过有限时间、有限客户的需求，来推断、调整整体的需求预测，其背后的逻辑也是相关性。

接下来，我们会介绍几种常见的预测方法，包括移动平均法、指数平滑法和线性回归法，以及如何选择更优的预测模型。这几种预测方法，加上它们的变种，如果应用得当，能够解决大部分的需求预测问题。记住：如果有人一上来，就给你来一通傅里叶变换、大数据或人工智能，你应该特别警惕才对，我不是说这些不重要或者不好，我是说大多数问题都可以用简单的模型来应对。这就好比我们感冒时，阿司匹林和感冒清就能治好，就不要一上来用青霉素这样的猛药。其实，复杂的模型往往不如简单的；你不懂的模型往往不如你懂的好。

时间序列的预测：移动平均法

移动平均法是用一组最近的历史需求来预测未来一期或多期的需求。这是时间序列预测最常用的方法之一。当每期的历史需求权重一样的时候，我们就叫**简单移动平均**（一般简称为移动平均）；当权重不同的时候，我们就叫**加权移动平均**。在加权移动平均中，需求历史越近，权重一般越大，也就是说，更重视最新的数据。所有的权重加起来等于1。

顾名思义，移动平均法通过平均多个数值，消除需求波动中的随机因素。这种方法简单易行，在需求既不快速增长，也不快速下降，没有季节性、周期性的情况下，相当不错。在这种情况下，实际需求有时候高，有时候低，如果前一段时间高，后一段时间就可能低，通过取平均值，高低值互相抵消，就可以得到更加平稳、更加准确的预测值，也让需求预测更平滑，从而提高供应链的执行效率，降低运营成本。

移动平均法预测的是下期，也就是下一步的预测。那下下期，以及更远的预测呢？我们假定跟下期一样——移动平均法适用于需求相对平稳，没有趋势、季节性的情况。如果需求呈现趋势，且需求波动不大，我们可以考虑用二次移动平均法[⊖]（也叫二项移动法，即在一次移动平均的基础上再移动平均），或者用后面要讲到的霍尔特指数平滑法。如果需求呈现季节性和趋势，可以用季节性模型，比如后面提到的霍尔特–温特模型，也是指数平滑法的一种。

根据需求历史的期数不同，移动平均又分为二期、三期、四期移动平均等。比如8周移动平均是利用最近8周的需求历史，平均后得出下一周的预测。期数越多，预测越平缓，但对需求变动的响应速度（灵敏度）越慢；期数越少，预测越灵敏，但风险是放大"杂音"，制造更多的运营成本。

那么，究竟多少期合适呢？很多人都是凭经验，比如有的用8周，有的用13周。同一家公司，不同人用的期数也可能不同。选择合适的期数，即移动平均法的择优，对提高预测准确度至关重要。下面我们用一个例子来说明。

如表1-1所示，第2行是某产品第1～13周的需求，用来复盘预测第14～26周的需求。第5行是用2周移动平均，比如平均第12和13周的实际需求，来预测第14周的需求；平均第13周和第14周

⊖ 对于二次移动平均法，可参考"徐国祥.统计预测和决策[M].5版.上海：上海财经大学出版社，2016"。

表 1-1 移动平均法的择优

		1	2	3	4	5	6	7	8	9	10	11	12	13	平均均方误差
1	周	1	2	3	4	5	6	7	8	9	10	11	12	13	
2	实际需求	9	15	16	13	18	9	7	14	8	0	25	6	2	
3	周	14	15	3	17	18	19	20	21	19	23	24	25	26	
4	实际需求	1	5	3	4	4	6	30	12	19	9	5	39	11	
5	2周移动平均预测	4.0	1.5	3.0	4.0	3.5	4.0	5.0	18.0	21.0	15.5	14.0	7.0	22.0	
6	均方误差	9.0	12.3	—	0.3	4.0	625.0	36.0	4.0	42.3	81.0	1 024.0	121.0	150.7
7	4周移动平均预测	8.3	8.5	3.5	2.8	3.3	4.0	4.3	11.0	13.0	16.8	17.5	11.3	18.0	
8	均方误差	52.6	12.3	0.3	1.6	0.6	4.0	663.1	1.0	36.0	60.1	156.3	770.1	49.0	139.0
9	6周移动平均预测	9.2	7.0	6.5	7.0	3.5	3.2	3.8	8.7	9.8	12.5	13.3	13.5	19.0	
10	均方误差	66.7	4.0	12.3	9.0	0.3	8.0	684.7	11.1	84.0	12.3	69.4	650.3	64.0	128.9
11	8周移动平均预测	8.9	7.9	7.6	6.3	5.8	6.3	3.9	6.9	8.1	10.4	10.9	11.1	15.5	
12	均方误差	62.0	8.3	21.4	5.1	3.1	0.1	682.5	26.3	118.3	1.9	34.5	777.0	20.3	135.4
13	13周移动平均预测	10.2	9.5	8.8	8.5	7.8	6.5	6.8	8.3	8.3	9.0	9.7	8.2	10.7	
14	均方误差	83.8	20.6	33.3	20.6	14.8	0.6	550.4	13.6	117.6	—	22.0	951.5	0.1	140.7

注：表中数据进行了四舍五入。

的实际需求，来预测第 15 周的需求，依次类推。相应地，实际需求与移动平均预测之差的平方即为第 6 行的均方误差，在最后一列得到第 14～26 周的平均方差，用来判断预测的准确度（均方差的概念我们稍后还会阐述）。

　　由表 1-1 可知，这是在用不同期数的移动平均来复盘第 14～26 周的预测，通过平均均方误差来评判哪种方法预测的准确度更高。比如就 2 周移动平均而言，从第 14～26 周的 13 周间，我们得到 13 个预测，计算出 13 个均方误差，其平均均方误差为 150.7；而 6 周移动平均计算的平均均方误差为 128.9，后者比前者低 17%，表明 6 周移动平均比 2 周移动平均更准确。可见，光靠选择更合适的移动期数，我们就可以显著提高预测准确度，而且完全可以由计划职能来完成，不需要投入多少资源，当然不需要销售来协助了。

　　判断一种预测方法的好坏，最终要看预测的准确度指标，比如这里的平均均方误差——平均均方误差越小，预测的准确度越高，表明这种预测方法越好。对这个产品而言，6 周移动平均的准确度最高，这从图 1-1b 的曲线也能看出。

　　预测准确度取决于预测模型与实际需求的**匹配度**。图 1-1b 准确度曲线，从 2 周到 4 周到 6 周移动平均，预测模型的灵敏度在逐渐下降，但更接近实际需求的变化，所以预测准确度逐渐上升；从 6 周到 8 周到 13 周移动平均，预测模型的灵敏度继续下降，但与实际需求的变动性渐行渐远，所以预测准确度又开始逐渐下降。如果不做这样的分析，光靠看图 1-1a，往往会得到错误的结论——实际需求看上去变动很大，2 周移动平均看上去更匹配——其实这是错觉。

　　或许有人问，为什么是 2 周、4 周、6 周等移动平均，而不是 3 周、5 周、7 周？理论上，你可以选择任何期数的移动平均，但在实际操作中，人们更习惯于 2 周是半个月，4 周是 1 个月，8 周是 2 个月，13 周是 3 个月（1 个季度）等。这也更有利于跨职能沟通。当然，在这个例子中，5 周、7 周移动平均或许比 6 周移动平均更准确，感兴趣的读者可以进一步验证。

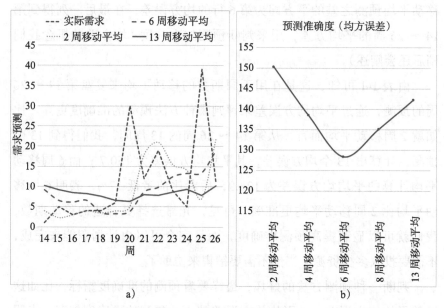

图 1-1　移动平均法的择优

小贴士　预测的灵敏度和准确度

在预测中，预测的**灵敏度**（响应度）和**准确度**经常相抵触：灵敏度高了，准确度不一定高；准确度高了，灵敏度不一定高。

就移动平均法而言，灵敏度最高的就是 1 期移动，即拿上次的实际需求当作下次的预测。这相当于紧跟着球跑，看上去让人觉得很"响应"，却是典型的被动反应，永远没法赶上球；同时也给供应链导入频繁的变动，容易导致产能利用率低，运营成本高。用更多期数的历史数据时，移动平均法通过平均把"杂音"过滤掉，以一定的不变应"万变"，反倒增加了超前的可能。

预测要兼顾灵敏度和准确度：一味地执行导向，亦步亦趋地跟进，"响应"是很"响应"，但准确度往往不高；一味地战略导向，对正在发生的不管不顾，傲慢也会要了我们的命。两者的平衡，就是**灵敏度与业务相匹配，这也是准确度最高的时候**。

要知道，**灵敏度本身不是计划的目的**。一味追求灵敏度，会失去计划本身的意义。

人们常说，计划赶不上变化。这后面的逻辑是错的：**计划不是用来"赶上"变化的，而是通过预判用来"拦截"变化的**。"赶"意味着滞后，被动反应，把计划做成了执行。计划是预判，要力求去芜存菁，消除杂音，发现模式，引领执行。计划的目的有二：一要尽量准，二要尽量稳，以便给供应链注入更多的确定性，在提高服务水平的同时，也能降低运营成本，提高资产周转率。

这意味着计划得有一定的战略。战略意味着：为了长期利益，牺牲一定的短期利益；为了全局利益，牺牲一定的局部利益。遗憾的是，两种情况都会让你看上去不够"响应"，对业务的"支持力度"不够，在很多公司都是"大罪"。不过作为一名优秀的供应链专业人士，你得明白，紧跟变化的计划很少是好计划。

当然，当需求变动幅度非常大、速度非常快的时候，如有些快时尚，亦步亦趋地跟着实际跑，可能比做预测还要准确，那就不如不预测，光靠响应速度来应对。当企业规模大了，需求多了时，供应链的响应速度往往跟不上（如没有足够的富裕产能和库存），这时候就需要通过计划来改善。这又回到预测的本质：要预测，是因为供应链的响应能力不够，响应周期太长。

小贴士　预测准确度的统计

预测准确度有多种统计方法，这里介绍常用的两种。

第一种是**平均绝对百分比误差**（mean absolute percentage error，MAPE）。这个指标说起来挺拗口，计算起来其实很简单：实际值减去预测值，取绝对值，除以实际值，得到百分比，再对多期的百分比取平均值。这个值很直观，但也容易误导：当实际值非常小，特别是接近 0 时，这一百分比可能很大；如果实际值是 0 的话，分母就是 0，计算没有意义。解决方案是设定上限，比如平均绝对百分比误差不超过 100%。

当然，有人或许会问，为什么是与实际值而不是与预测值比？这是因为你的预测对象是实际值，你当然想跟它越近越好——你的目标是"击中"实际值，而不是预测值。那要比较的话，当然是跟实际发生的比较了，否则跟预测值比较，容易成为"虚对虚"的数字游戏。

第二种是**均方误差**，亦即文献中经常会看到的 MSE（mean squared error）。这是对每期预测值和实际值的差值进行平方，然后再对多期差值的平方取平均值，得到平均均方误差。平方的好处是放大**极端误差**：误差小了，我们往往可以应对，比如设置安全库存，适当地赶工加急。害死我们的是极端误差——预测过低的话，安全库存很容易被击穿，导致高昂的赶工加急成本；预测过高的话，则容易造成大量的积压，以及由此导致呆滞库存。

对误差进行平方，就是加倍"惩罚"那些极端误差，凸显那些极端虚高或虚低的预测值，也是我们应该重点避免的对象。如图1-2所示，6月份、10月份的绝对误差最大，我们通过平方，加倍"惩罚"这样的极端误差，最终反映在较高的12个月的平均误差中。选择预测方法时，要尽量避免产生大错特错、极端误差的预测模型，用均方误差来量化预测准确度，能较好地排除这样的模型。

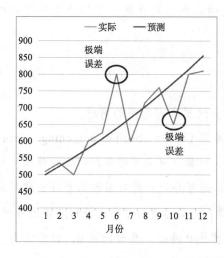

月份	预测	实际	误差	误差的平方
1	500	510	10	100
2	525	535	10	100
3	551	500	(51)	2 601
4	578	600	22	484
5	607	625	18	324
6	638	800	162	26 244
7	670	600	(70)	4 900
8	703	715	12	144
9	738	760	22	484
10	775	650	(125)	15 625
11	814	800	(14)	196
12	855	810	(45)	2 025
平均				4 436

图1-2　均方误差示意图

在评判预测模型好坏上，平均绝对百分比误差较直观，但因为其在计算上的问题，往往会误导；均方误差是个更好也更常用的评估指标，但是不够直观。比如在图1-2中，均方误差是4436究竟意味着什么，谁也说不清。不过"不怕不识货，就怕货比货"，在比较不同预测方法时，这一参数却非常有用——均方误差越小，表明预测模型越准确。所以，均方误差最小化是优化预测模型的重要考量。需要注意的是，均方误差最小的时候，平均绝对百分比误差等其他指标并不一定最小；反之亦然。

对于平均绝对百分比误差的误导，我们拿一个具体产品的例子来说明，如表1-2所示。

对这个产品，第一种预测方法是简单指数平滑法，平滑系数为0.3（指数平滑法的细节，我们会在后面讨论）；第二种预测方法是移动平均法，采用13周移动平均。基于需求历史，我们首先复盘第1到第13周的需求预测；然后跟每周的实际值来比较，计算每种方法每一周的误差，算出每一周的平均绝对百分比误差、误差的平方；最后取13周平均，得到每种预测方法的平均误差。

如果按照平均绝对百分比误差，移动平均法优于简单指数平滑法，因为简单指数平滑法的平均误差为53%，而移动平均法为47%，后者更小。但从均方误差来判断，结论正好相反。怎么办？让我们回归到预测误差，看两种预测方法下实际的误差对供应链的潜在影响。

如图1-3所示，移动平均法（实线）的误差明显比简单指数平滑法（虚线）的大，表现在极端值更大，上下变动幅度更大，对供应链执行的挑战更大。相反，简单指数平滑法的实际误差更小，变动幅度也更小，而且相对均匀地正负相间。显然，简单指数平滑法是个更好的方法，这跟参照均方误差得出的结论一致。

在学术研究中，均方误差用得很广，用来评判预测准确度。只要你读预测方面的英文著作，MSE是注定不会错过的。我能理解，在实践中，因为通俗易懂，很多时候我们还是用百分比；但在预测方法的择

表 1-2 预测准确度的计算示例

周	1	2	3	4	5	6	7	8	9	10	11	12	13	平均
实际值	8	2	4	4	6	6	3	7	1	3	8	5	7	4.9
预测-简单指数平滑法	6	5	5	4	5	5	5	5	4	4	5	5	6	4.9
误差	(1.8)	3.0	0.7	0.5	(1.1)	(0.7)	1.6	(1.7)	3.0	0.7	(3.0)	(0.0)	(1.4)	
绝对百分比误差	22%	149%	17%	12%	18%	12%	53%	24%	301%	24%	38%	0%	20%	53%
均方误差	3.1	8.8	0.5	0.2	1.1	0.6	2.5	2.9	9.1	0.5	9.0	0.0	2.0	3.1
预测-移动平均法	7	7	7	7	6	6	6	6	6	5	6	4	4	5.9
误差	(1.3)	4.9	2.7	2.5	0.4	—	3.2	(0.8)	5.1	2.2	(2.3)	(0.6)	(2.8)	
绝对百分比误差	20%	99%	57%	56%	8%	0%	69%	14%	127%	58%	47%	12%	49%	47%
均方误差	1.6	24.2	7.1	6.3	0.2	0.0	10.0	0.6	25.8	4.7	5.4	0.3	7.6	7.2

注：表中预测值为四舍五入的结果。

优上,均方误差是个更靠谱的度量方法——你得相信那么多的教授、博士用这种方法,自然是有其原因的。

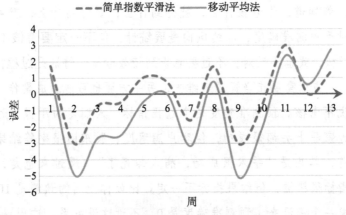

图 1-3　两种预测方法的误差图

当然,均方误差也有其问题,就是极端值的影响。这些极端值的误差经过平方,会在更大程度上影响结论。对于这些极端值,我们不能简单地剔除了事;相反,我们先得研究为什么会出现,因为这可能掩盖了一些预测模型中没有考虑到的因素。我们后面还会谈到。

|实践者问|

对于预测准确度,有些采用公式:准确率=1-ABS(实际值-预测值)/预测值,而这里的计算方式却用实际值做分母,两种方法有什么不同吗?

|刘宝红答|

在我看来,预测的目的是预判将来实际要发生的,尽量让预测靠近实际。所以,判断准确与否,应该跟实际发生的比较。有些公司拿预测值做分母,某种程度上是把预测当作行政命令,分配任务,或者自下而上地承诺,让预测成了目标,驱使大家"说到做到"。这也让预测过程更加"政治化",加剧了预测过程中的组织博弈。

小贴士 要不要考核预测准确度[一]

没有人买你们的股票，是因为你们的预测准确度高。

人人都知道，你考核什么，就得到什么；要得到什么，就考核什么。但对于预测准确度，我的倾向是**要统计**，但**不一定要考核**（注意：如果你考核，我也不反对，不过要意识到绩效考核，特别是**过程性指标**的考核，一方面需要相当资源来维护，另一方面也可能造成副作用）。

先说**不考核**。预测准确度是个过程指标。人们习惯于操纵过程指标，让大家看上去都很成功，但客户满意度、股东回报率等**结果指标**乏善可陈，结果是"手术很成功，病人却死了"。反过来也是，有时候过程指标很糟糕，但结果指标不一定。比如你上周的预测是100个，但是需求一个都没来，预测准确度是0。不过这没关系，这周一，100个需求都来了，客户拿到了他想要的，客户满意；你的库存也降下来了，股东满意，可谓皆大欢喜。

有句笑话说，有几个人买你的股票是因为你的预测准确度高？不要说股东，就连销售，也对你的预测准确度不理不睬。月度、季度的运营会议上，当你在汇报预测准确度的时候，有几个销售在认真听？他们知道过程好作假，供应链有各种各样的方式来把预测准确度指标做好看。他们要的是**结果**，结果难作假，有货没货，是骡子是马，拉出来遛遛就知道了。

不考核，指的是**不直接考核**，并不是不间接考核。我们会通过考核结果的方式，比如给客户的按时交付率、库存周转率、产能利用率等来**间接考核**预测的准确度。

这也符合绩效考核的设计准则：关键绩效指标（KPI）要与客户、股东的**直接诉求**有**直接**关系。比如，客户不能按时拿到货，会直接影响客户的满意度；呆滞库存太多，会直接影响企业的盈利水平。企业

[一] 摘自刘宝红、赵玲所著的《供应链的三道防线：需求预测、库存计划、供应链执行》（机械工业出版社2018年出版）。为了本书内容的完整性，这部分内容收录在这里，同时有修改、补充。

的指标千千万万——有个首席技术官对老总说，他能统计20 000个指标，但这些指标大部分是过程指标，跟客户和股东的直接诉求没法直接联系起来，如果一一考核的话，那花在考核上的成本就大了。

此外，预测准确度本身有其片面性。看看这两种情况：①需求是100个，预测了150个；②需求是200个，预测了100个。这两种情况下，预测的"准确度"是一样的，都是50%。但它们的业务结果截然不同：一个是过剩，另一个是短缺。我们必须通过预测的业务结果，如库存周转率和给客户的按时交付率来真正判断预测的"准确度"。

再说"**要统计**"。不考核，并不是说不统计。我们还是建议企业统计需求预测的准确度，分析偏差，采取纠偏措施。毕竟，**不统计就不知道，不知道就没法管理**。这是管理学常识。

有时候，人们不愿意统计预测准确度，原因是缺乏问责机制：预测是个跨职能行为，人人有责；人人有责就是人人都不负责，那统计又有什么用呢？于是大家就有意无意地继续把头埋在沙子里过日子。接下来的问题就是，需求预测的绩效究竟该怎么问责呢？比如给客户的按时交付率低，或者库存周转慢，或者呆滞库存超标，谁该挨板子？

我的看法是，**谁做的计划，谁就得负直接责任**。如果需求预测是计划职能的产物，那计划就得先挨板子，比如扣除这个季度的奖金。不然的话，计划就不会在数据分析上下功夫，做好基准预测，督促自身做好"从数据开始"的工作；计划也不会做恶人，去踢销售的屁股，督促销售做好"由判断结束"的工作。当然，最终的成品库存，还是要靠销售来处理。也就是说，销售的老总得对需求预测的最终结果负责，驱动销售人员的执行，来弥补计划的先天不足。

实践者问

您说要通过业务结果来考核计划，但按时交付率这样的业务结果，不仅是计划出来的，而且是执行出来的。我怎么能知道是计划的功劳，还是执行的功劳呢？

刘宝红答

业务结果是计划和执行共同努力的结果，这没错：一个好的计划不光是计划出来的，更是执行出来的。计划的任务可不光是做计划，而且是驱动供应链执行，确保计划能够落实。计划要对**业务结果**负责，管理执行职能是其任务的一部分。考核什么，就得到什么：只考核计划的"预测准确度"，容易让其认为自己的任务就是做好计划，做好后就放之任之，就地等死。

从考核的角度而言，我们也可以参考预测准确率，来适当区分计划和执行各自的功劳。比如预测准确度没变，但业务结果在改善，这表明更多的是执行的功劳；预测准确度在提升，但业务结果没有改善，这可能是执行在倒退。当然，把两者严格区分似乎没必要，这就如要严格区分你跟你手下的功劳一样：你的一部分责任就是领导、管理部下，驱动他们为企业增值。计划职能的角色也类似。

时间序列的预测：指数平滑法

在预测时间序列上，指数平滑法是另一类常用的方法。该方法最先由布朗提出，他认为时间序列的态势具有稳定性或规则性，所以可被合理地顺势推延；最近发生的，在某种程度上会持续到最近的未来，所以历史信息越新，其所占权重也越大[⊖]。指数平滑法其实是一种特殊的移动平均法，是一种加权移动平均，特点是权重按照几何级数递减，越久的数据权重越小。

指数平滑法在20世纪50年代发展成熟，在实践中应用很广。百度百科上甚至说，"所有预测方法中，指数平滑是用得最多的一种"。

⊖ 移动平均法（moving average，MA）、指数平滑法（exponential smoothing，ES），CSDN博客，作者tz_zs，https://blog.csdn.net/tz_zs/article/details/78341306。

就我个人的经验而言，在北美、欧洲的供应链领域，指数平滑法已经很常用[⊖]——跟来自这些地区的外资企业提起，熟悉指数平滑法的人很多；但跟本土企业提起，熟悉的人就相对少多了。

对于时间序列的三种情况（随机、趋势、季节性），指数平滑法都有相应的方法来预测：简单指数平滑法应对相对平稳的情况；霍尔特双参数法（即霍尔特指数平滑法）应对趋势；霍尔特-温特模型应对季节性加趋势。在阐述时，简单指数平滑法往往也叫指数平滑法，我们这里谈的就是简单指数平滑法。

与移动平均法一样，简单指数平滑法用来预测下一步，把下一步的预测当作未来各期的预测，因此最适用于没有明显的趋势、周期性的平缓情形。让我们用 X 代表实际需求，F 代表预测，那么，X_t 就是第 t 期的实际需求，F_{t+1} 就是 $t+1$ 期的预测，其中一部分来自上期实际值，剩余部分来自上期预测值，如式（1-1）所示。用另一种形式表述，就是下期的预测是在上期预测的基础上，根据误差做出一定的调整，如式（1-2）所示。两种表述的区别只是形式上的，而实质内容是一样的。

$$F_{t+1} = \alpha X_t + (1-\alpha) F_t \quad (1\text{-}1)$$

$$F_{t+1} = F_t + \alpha (X_t - F_t) \quad (1\text{-}2)$$

$$0 \leqslant \alpha \leqslant 1$$

通过调整平滑系数 α，就可以调整上期实际值与预测值的权重：α 越大，上期实际值的权重越大，上期预测值的权重越小，预测模型表现得越灵敏，越能尽快反映实际变化，当然也越受随机因素影响，带给供应链的波动也越大；α 越小，上期实际值的权重越小，上期预测值的权重越大，越多的变动被当作"杂音"过滤掉，预测也表现得越平稳，使供应链的运营成本越低，但风险是，没法及时响应市场的需求变化。

⊖ Forecasting Methods and Applications 一书中，有一份比较久的调研是 20 世纪 80 年代做的，其中提到在客观的预测模型中，移动平均是企业最熟悉的方法，指数平滑法也位列前三（第 518 页）。

经常有人问，这指数平滑法听上去很玄妙，其中的"指数"是怎么来的？"平滑"又是如何平滑的？让我们把式（1-1）展开来阐述。我知道，你不喜欢这些公式，我也不喜欢。但是，还是有必要做一些简单的推导——请相信，这是本书唯一的一点公式推导，你也不用记住详细的过程。

如图1-4所示，把式（1-1）层层展开，你会发现，需求历史是按照（$1-\alpha$）的等比级数综合到预测中的。比如第 t 期的权重是 $\alpha(1-\alpha)^0$，$t-1$ 期的是 $\alpha(1-\alpha)^1$，$t-2$ 期的是 $\alpha(1-\alpha)^2$，依次类推。因为 $1-\alpha$ 的值介于0和1之间，所以次数越高，需求历史的权重就越小，以几何级数衰减，这就是指数平滑法中"指数"的来历。

从图1-4中也能看出，指数平滑系数 α 越大，需求历史的权重衰减得越快，也意味着最新需求历史的权重越大，预测模型响应度也就越高。相反，α 越小，需求历史的权重相对衰减越慢，最新需求历史的权重也相对越小，预测模型也就越稳定。

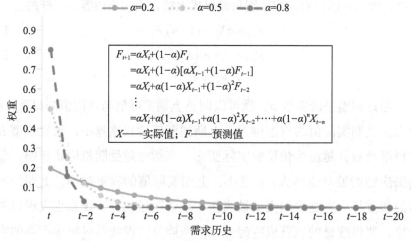

图1-4 指数平滑法中，需求历史的权重按照指数级别衰减

指数平滑法比移动平均法更加灵活，其优点是：①通过选择不同的平滑系数，指数平滑法可以更好地匹配业务的变化；②加权式平滑，需求历史越近，权重越大，让指数平滑法能更快地响应需求变化。

在当今影响需求的方法越来越多、需求变动越发频繁的情况下，指数平滑法的这些优点能给我们提供很多帮助，让我们能够尽快地响应。比如门店或渠道在做促销，前置仓的需求突然增加；新产品导入，带动关联产品的需求；气温升高，带动相应产品的需求。这些都可以通过指数平滑法尽快发现，及时驱动总仓补货。

指数平滑法还有一个好处，那就是计算起来简单，工作量小：我们只需要保留上次的预测值，结合上次的实际值就能做出下次的预测。20世纪五六十年代，计算机还没有被广泛应用，计算能力相对弱，所以指数平滑法的这个好处非常重要。

指数平滑法的挑战，在我看来，就是平滑系数的选取。相比移动平均法，指数平滑法更加"精致"。而这所有的"精致"都通过微调"平滑系数"这一参数来实现，而且以抽象的指数方式衰减（而不是我们容易理解的线性方式）。就像越是精密的仪器，参数调整就越重要一样，选择合适的平滑系数对应用指数平滑法至关重要，我们在后面还会讲到。

另外，指数平滑法的名称听上去有点儿高大上，高冷玄妙，容易吓退"追求者"。其实这只是心理障碍，一旦突破，就没有问题了。到现在为止，你已经读完了指数平滑法中技术含量最高的部分，相信你已经发现，指数平滑法其实也没什么难的，关键是要尝试用起来，边用边改进。

指数平滑法的逻辑

让我们拿足球场上的防守队员打比方，以进一步理解指数平滑法的逻辑。

如图1-5所示，预测就如防守队员，下一步跑到哪里，取决于：①现在球落到什么地方，即上期的实际值；②现在自己的位置，即上期的预测值。防守队员是按照自己的**预测**行事，他现在的落点就是上期的预测值。

图 1-5　指数平滑法的逻辑就如足球场上的防守队员

或许有人会问,所有的预测都是错的,为什么还要考虑以前的预测,错上加错?这貌似有悖常理,其实不然。其一,我们现在的落点不是上一步实际发生的,而是上一步预测要发生的(我们是在按预测行事)。所以,下一步的出发点不是上一次的实际值,而是上一次的预测。也就是说,两个预测之间天然是有联系的。其二,上期的预测不是简单的预测,而是以前需求历史的结晶,就如前面公式中所示,正是通过上期的预测,我们得以把所有的需求历史考虑在内,包含了很多历史信息。

下一步行动,也就是预测,介于两个极端之间:一个极端是"我行我素",严格按照原来的计划(上期预测),实际上是拿上期预测作为下一步的预测(平滑系数 α 为 0);另一个极端是"步步紧逼",上一次球落到什么地方,就赶到什么地方,实际上是拿上期实际值作为下一步的预测(平滑系数 α 为 1)。

"我行我素"是以不变应万变,风险是可能没法及时响应变化了的局势。"步步紧逼"看上去很积极,实际上是跟着球跑,永远慢一步,永远也抢不到球——看上去让人觉得很"响应",其实是典型的被动反应,给供应链导入频繁的变动,导致产能利用率低,运营成本高,也注定永远没法超前。

如果要超前,就得预判,就得按照一定的战略行事,沿着特定的路径前行。这注定不会亦步亦趋地"紧贴"需求,在灵敏度上受限,以牺牲短期利益来获取长期利益，在企业追求无限响应的今天，往往更不受欢迎。

在实际操作中，综合考虑已经发生的，辅之以对未来的预判，目标是让防守者尽可能地接近球（最小化预测误差），最大化抢到球的概率（服务水平、有货率等），平滑系数 α 会在这两个极端之间取值。寻找最佳的平滑系数 α，以提高预测的准确度，就是指数平滑法的择优过程，我们稍后会介绍。

指数平滑法的初始化

对于指数平滑法，有一个初始化问题，也就是说，为了让它运作起来，我们得先做一些事，包括初始预测的选择和模型的"预热"。

先说**初始预测**。指数平滑法下，预测是基于上期实际值和上期预测值的。上期实际值我们有，但我们往往没有上期的预测值。我们有几种方式来设定初始预测：第一种方式是假定上期预测就等于上期实际值；第二种方式是用别的方法，比如移动平均法，计算一个预测值；还有一种方式，就是随便填个数字进去，比如 0。

有趣的是，经过几次迭代后，你会发现，初始预测的影响很快就变得非常有限，直至衰减到没有。比如在图 1-6 中，三种预测都用简单指数平滑法，但初始预测各不相同：预测 1 的初始值采用上期实际值，预测 2 的初始值非常接近第 1 到 5 周的平均值，预测 3 的初始值就随便假设为 0。你会发现，刚开始的时候，预测值的差异很大，但经过几次迭代后，三种情况下的预测值就基本一样了。而对于第 22 周的预测，也就是我们真正需要的预测，预测的初始值就根本没有任何影响。

为什么呢？这跟指数平滑法下历史数据的权重按照几何级数衰减有关。就拿图 1-5 中的例子来说，平滑系数 α 是 0.4，参照图 1-4 中的公式，这意味着在第 3 周的预测中，初始预测的权重为 $(1-0.4)=0.6$；到了第 4 周，初始预测的权重就成了 $(1-0.4)^2=0.36$；到了第 5 周，

这一权重成为 $(1-0.4)^3=0.216$。依次类推，用不了多久，你会发现初始预测的影响就基本衰减到了 0。

	周数	需求历史	预测1	预测2	预测3
初始组	1	949			
	2	476	949	500	0
	3	478	760	490	190
	4	291	647	485	305
	5	353	505	408	300
	6	430	444	386	321
	7	283	438	403	365
	8	242	376	355	332
	9	209	323	310	296
测试组	10	147	277	270	261
	11	154	225	221	216
	12	158	197	194	191
	13	193	181	180	178
	14	120	186	185	184
	15	104	160	159	158
	16	154	137	137	137
	17	135	144	144	144
	18	175	140	140	140
	19	107	154	154	154
	20	72	135	135	135
	21	34	110	110	110
预测值	22		80	80	80

图 1-6　指数平滑法的初始化和"预热"

但是，在刚开始的几期，初始预测的影响还是很显著的。这就是为什么指数平滑法要有个"**预热**"的过程，不管是这里谈的简单指数平滑法，还是后面要谈到的霍尔特指数平滑法和霍尔特-温特模型，都是如此。这跟厂房投产前的"试运行"类似：用一段历史数据来建立模型（"初始组"），等"预热"完成后，就进入正式的"测试组"，围绕测试组的数据统计预测的准确度，比较不同的平滑系数的优劣，选择最优的平滑系数 α。

在一些预测方面的经典著述中，一般用最初的 9 个数据点作为指数平滑法的初始数据。如果是按照季度汇总，这大致就是 2 年的数据；如果按照周来汇总，大致就是 2 个月的数据。

初始化就如正式比赛前的热身，或者设备投入正式运营前的试车。在试车走合的过程中，我们可能调整某些参数，让设备处于更好的状态（优化）。对于预测模型来说，这种调整更多的是自动调整——好的预测模型往往有一定的"自适应性"，初始化就是指数平滑法的"自适应"过程。

对于测试组,顺便补充几句。指数平滑法之所以有"测试组",是因为平滑系数 α 的择优问题。比如在图 1-6 的例子中,我们用第 10 到 21 周的数据作为测试组,共 12 个数据点,针对不同的平滑系数 α,我们复盘这 12 期的预测,跟每期的实际值比较,得到每期的均方误差,然后求得 12 期的平均均方误差,作为平滑系数 α 择优的依据。

要注意,"预热"的数据不能用于测试模型准确度,"测试"的数据不能用于"预热",避免了"既做裁判,又做球员"的情况,这有点儿像立法和执法要分离一样。

那么,测试组究竟该有多少数据点?我没有看到具体的研究。在我参考的一些书中,比如 Makridakis 等人的著作,经常看到用 12 期的数据。我想这有以下几个原因:其一,这些研究中,时间单元一般是月,12 个月正好是完整的一年,覆盖到每个月,降低了潜在的季节性、周期性、趋势等影响;其二,十来个数据点,不算多,但也不算太少,在数理统计上有一定的可靠性。

一般来说,测试组的数据点越多越好,但在实践中,我们往往没有那么多的数据点。比如就图 1-6 的例子来说,产品是快消品,生命周期往往只有几个月,按周拆分的话,也没有多少个数据点。我在做分析的时候,会力求用 13 周或更多数据点来测试,这样我们就能覆盖一个完整的季度。当然,这只是个人实践,仅供参考。

平滑系数的择优

平滑系数 α 的值取决于需求历史的稳定性:需求历史越稳定,以往需求历史(体现在上次的预测中)的权重越大,最近一次需求的权重就越小(越是把它当作偶然因素),平滑系数 α 就越小,预测也就越平稳;反之,需求历史变动越大,最近一次需求的权重就越大,平滑系数 α 就越大,预测也就越灵敏。

举例来说,对于图 1-7 中的样本产品,我们用指数平滑法来复盘过去 14 周的预测。从图 1-7a 中的曲线可以看出，平滑系数越小的时候，预测越平稳；平滑系数越大的时候，预测越灵敏。那究竟什么样的平滑系数最适合该产品？我们不能看图形，而应该看预测的误差。

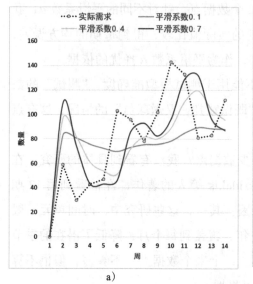
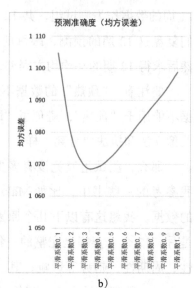

图 1-7 平滑系数的择优示例

在图 1-7b 所示的曲线中，随着平滑系数的增大，指数平滑法与实际需求变动的匹配度增加，预测准确度逐步提升，表现为均方误差逐步减小；到 0.3 的时候，预测准确度最高，这时的指数平滑模型与实际需求变动最匹配，表明这是最合适的平滑系数，表现为均方误差也最小；超过 0.3 以后，随着平滑系数的进一步加大，预测模型的灵敏度越来越超出实际需求的变动性，相应的预测准确度也越来越低，表现为均方误差也更大了。

对于平滑系数的选取，阅读相关文献后，你会发现一些经验值⊖：
- 当需求历史比较稳定时，选择较小的 α 值，0.05～0.2；
- 当需求历史有波动，但长期趋势没有大的变化时，可选择稍大

⊖ 《时间序列之指数平滑法》（*Exponential Smoothing*），作者 EchoCaiCai，https://blog.csdn.net/cl1143015961/article/details/41081183。

的 α 值，0.1～0.4；

- 当需求历史波动很大，呈现明显且迅速的上升或下降趋势时，宜选取较大的 α 值，0.6～0.8；
- 当需求历史是上升或者下降序列时，α 宜取较大值，0.6～1。

但是，需求多稳定才算稳定，波动多大才算大，这很难量化，各人理解也不相同。比如有家企业的营收每年翻倍，计划经理认为业务波动很大，在她的逻辑里，增长本身就意味着波动，α 应该取 0.6～0.8。但我研究了一些产品后，发现 α 实际上取 0.3 最合适，也就是说业务的变动没有想象的大。

在具体实践中，平滑系数可按以下方式择优：

（1）先把需求历史做成折线图，时间为横轴，需求历史为纵轴，大致判断需求历史的稳定性，以及是否有趋势、季节性；

（2）然后参照上述经验值，确定平滑系数的大致范围；

（3）最后套用几个不同的 α 值，一般每个相差 0.05，看哪个的预测准确度最高，哪个就是最优的平滑系数。这一般会通过复盘的方式进行，比如复盘过去 13 周的预测，计算每周的均方误差，然后求得 13 周的平均均方误差，据此判断预测的准确度。

上面的择优是手工操作的，在 Excel 中就可以完成。熟悉 Excel 中 Solver 插件功能的读者，也可以设定优化目标，比如均方误差最小，用 Solver 找到最优化的平滑系数，如图 1-8 所示。Solver 是 Excel 自带的优化工具（但需要先安装），在平滑系数的择优上，其实就是自动化我们上面的手工操作，更快、更准确地找到最合适的平滑系数。Solver 的具体操作说明可参见右侧的二维码，或者百度搜索"如何用 Excel 求解器 Solver 求出最优化解"，这里不予详述。

理论上，每个产品的需求模式都可能不同，同一产品在不同库存点的需求模式也可能不同，这意味着它们的指数平滑系数都可能不同。

比如同一个产品，在前置仓的变动性一般会更大，相应的平滑系数也更大；在中心仓，由于需求的聚合效应，需求变动性一般会更小，相应的平滑系数也更小㊀。

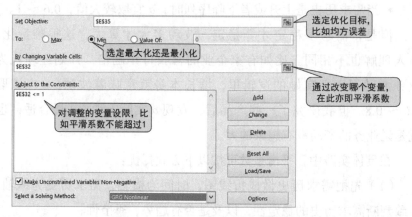

图 1-8　Excel 中 Solver 插件的界面

用 Solver，每次只能求得一个产品的平滑系数。在企业动辄成百上千个产品、几十个库存点的情况下，这意味着得做几千甚至几万次，显然不可行。如果没有专门的计划软件帮助，用 Excel 很难做到产品、库位层面的优化，那就可以退而求其次，找一个合适的平滑系数，尽量照顾到所有的产品，让总的预测准确度最高。

下面就是一个这样的例子。针对案例企业的中心仓，除掉新品和即将下市的产品，我们选定 336 个产品，条件是有足够长的需求历史。这些产品占该企业营收的 80%。我们避开节假日较多的后半年㊁，模拟复盘第 23 周到第 35 周共 13 周的预测，计算出每个产品的 13 周均方误差，然后把 336 个产品的均方误差加起来，当作所有产品的预测准确度。

㊀ 当然也有例外。比如我在研究一个跨境电商时，发现在亚马逊的各个网店（前置仓），产品的需求变动性反倒小，因为亚马逊的促销活动并不多；在国内的中心仓，产品的需求变动反倒更大，因为中心仓支持官网、国内电商和 B2B 业务（官网和国内电商经常有促销活动，B2B 业务本身就比 B2C 业务变动大）。

㊁ 因为各种促销会严重扭曲需求，而我们当时一没时间二没可靠的办法来清洗数据。

如图 1-9 所示，我们从 0.1 开始，平滑系数每次增加 0.05，统计出 336 个样品的均方误差总和。刚开始，平滑系数太小，需求变动太大，不匹配，所以整体的预测准确度不高。随着平滑系数的增大，与需求的匹配度提高，整体的预测准确度也提升，到 0.3 的时候达到最高。然后，平滑系数继续增大，指数平滑模型的灵敏性超出了需求的变动性，预测准确度也逐步降低，到 0.6 的时候最低（0.6 以上没有继续尝试，因为与业务的整体变动性明显不符）。

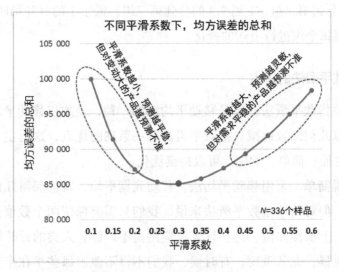

图 1-9　平滑系数的整体优化

在这个案例中，鉴于企业的信息化水平有限，我们没法找到每个产品在每个库存点的最优平滑系数，而是找到一个平滑系数，兼顾所有的产品。也就是说，这是在找次优化解决方案。这样做的好处是简单易行，在 Excel 中即可完成，也容易沟通。毕竟，在实践中，很多企业也是只用一个平滑系数，就如只用同一期数的移动平均法来对付所有的产品一样。

另外，我们用均方误差来量化预测的准确度，也存在潜在的问题，那就是在数量级上，需求量大的产品误差也大，会掩盖需求量小的产品。比如产品 A 的需求是每周 100 个，其误差动辄就是两位数的，平方以后更大；产品 B 的需求是每周 0.2 个，其误差一般也是小数，平方后更小。就这样，产品 A 就掩盖了产品 B，产品 B 的"诉求"在择优过程中得不到满足。也就是说，所有产品的均方误差总和中，体现的主要是那些需求量大的产品。

在这个案例中，我们尝试把那些均方误差最大的成十个产品拿掉，发现总体优化的结论没变。但这潜在的问题还是可能存在。我们可以考虑分组，比如按照平均需求的高低，把高于 100 的分到第一组，10 到 99 的分到第二组，1 到 9.9 的分到第三组，低于 1 的分到第四组等，然后针对每个组进行上述的择优。

简单指数平滑法的优劣

简单指数平滑法其实是移动平均法的一种，是加权移动平均，而且权重以几何级数递减。指数平滑法有一系列的优点，这里主要总结为三个方面：简单、响应、可以持续优化。

先说**简单**。采用移动平均法，移动几期平均，就得保留几期的需求历史，但对简单指数平滑法来说，我们只需要保留两个数值：上次实际值、上次预测值。这在计算机应用尚不广泛、人类的计算能力尚有限的时候，尤其重要。有时候，我们不得不佩服那些早在半个多世纪前就能够找到如此简单而美妙方法的研究者，是他们真正让我们感叹数学之美。

再说**响应**。简单指数平滑法是一种加权移动平均法，需求历史越近，其权重越大（见图 1-4）。这意味着对于新近发生的需求，简单指数平滑模型可以很快捡起，反映到下一步的预测中，在快速纠偏上做得更好。这对延续性强的业务环境很有帮助。比如促销活动不断，很多时候，前端在促销，后端根本不知道，但简单指数平滑模型已经从昨天的销量探知了，驱动明天多补货。对于爆款，简单指数平滑法一般会比移动平均法的预测效果更好。

在备品备件领域，特别是高值慢动的产品，需求很不频繁，一旦发生，往往意味着很多（小概率事件不容易发生，一旦发生则意味着不再是小概率事件）：是不是这批设备用到一定年限了，需要更换相应的备件，或者产线在做什么预防性维修等。简单指数平滑法能够更迅速地捡起这一信号，尽快调整预测，驱动供应链尽快响应。我以前在备件计划领域，用的是由沃顿商学院的教授和博士们开发的软件，其中预测模块用的就是简单指数平滑法。

最后说**持续优化**。移动平均法的优化比较复杂，要么得用不同期数的需求历史，要么得用加权平均；简单指数平滑法就简单多了，只要调整平滑系数一个参数即可。我们可以手动代入不同的值，也可以在 Excel 中用 Solver 来进行平滑系数的择优。

鉴于上述优点，我鼓励大家除采用移动平均法外，还可多尝试简单指数平滑法，特别是在 B2C 行业，改变需求的行为比较多、需求的关联性比较高的情况下。B2B 行业的情况也有些类似。比如产线上的某个关键备件坏了，可能意味着其他设备上的该零件都接近生命周期末期，我们当然希望预测模型给予这个最近发生的需求更多权重，而不是跟过去两年的需求简单平均掉——指数平滑法是绝好的选择。

当然，优点这么多，简单指数平滑法的挑战也不少：

其一，简单指数平滑法虽然只有一个系数，但该平滑系数的优化不易。常见的误区是高估业务的变动性，取较大的平滑系数，灵敏度是足够了，但有可能过度反应，放大"杂音"，降低预测准确度。

其二，简单指数平滑法适合短期预测，比如适合预测下一期的补货。但如果预测的时段长了，虽然我们假定未来每期的需求都一样，都等于下一期的预测，但时间跨度越长，这个假定越难成立。

其三，跟移动平均法一样，简单指数平滑法是滞后的，一旦需求表现出趋势、季节性等，指数平滑法就一直处于"追赶"状态，我们得考虑更合适的指数平滑模型，比如霍尔特指数平滑（趋势）模型和霍尔特–温特（季节性加趋势）模型。

趋势的预测：霍尔特指数平滑法

上面讲的指数平滑法，又叫"简单指数平滑法"，适用于需求相对平缓的情况，即没有明显的趋势或季节性。对于趋势，我们有霍尔特双参数指数平滑法来应对；对于季节性，我们有霍尔特–温特模型来应对。这里简单地介绍一下霍尔特双参数指数平滑法（以下简称"霍尔特法"）。

霍尔特法得名于查尔斯·霍尔特，相关文章[一]最早发表于1957年。霍尔特模型成为预测上用得最广的模型之一。对需求预测和库存计划来说，20世纪五六十年代可以说是人才辈出。这里我想特别介绍一下美国的HMMS研究团队。这个团队的名称来自四位研究者姓氏的第一个字母（Holt, Modigliani, Muth 和 Simon），当时他们都在卡内基工学院[二]，旨在寻找更好的决策机制，以帮助工业界更好地应对库存、生产和计划的种种问题。这些问题在宏观层面导致经济危机，在微观层面让企业经常处于危机状态，要么是赶工加急，要么是产能利用不足，抑或是库存积压。

Holt 就是这里要讲的霍尔特，他开发了应对平缓需求的简单指数平滑法、应对趋势的霍尔特法，以及应对季节性的霍尔特–温特模型，这些都成为工业界最为广泛应用的预测模型。[三]另外三位研究者中，Modigliani 和 Simon 后来获得了诺贝尔经济学奖，而 Muth 的理性预期模型又成为卢卡斯获取诺贝尔奖的基石。不得不感叹，这真是个才

[一] 阐述霍尔特法的经典文章是"Forecasting Seasonals and Trends by Exponentially Weighted Moving Averages"，Charles Holt, ONR Research Memorandum No 52, Carneige Institute of Technology, 1957。这项研究是由美国海军资助的。在美国，运筹学、运营管理的很多早期研究都是由军方资助的，这为以后的供应链管理学科打下坚实的理论基础。

[二] 该学院由钢铁巨头卡内基创建，后来与梅隆学院合并，成为今天蜚声海外的卡内基–梅隆大学。

[三] Learning How to Plan Production, Inventories, and Work Force, Operations Research, Vol. 50, No. 1, January–February 2002, Charles c. Holt, pp. 96–99.

华横溢的研究团队啊，那时的卡内基－梅隆就已经是个才俊辈出的地方。

简单地说，霍尔特法就是在简单指数平滑系数 α 的基础上，增加了一个趋势的平滑系数 β，所以也叫"双参数平滑法"。当 β 等于 0 的时候，霍尔特模型就成了简单指数平滑模型。

当需求呈现明显的趋势，比如图 1-10 中的情况，简单指数平滑法没法有效应对，表现为对平滑系数择优时，你会发现最优的 α 变成了 1，或者非常接近 1——简单指数平滑法没法有效预测时，就只能"步步紧逼"，"球"跑到哪里，就跟到哪里，这注定被动反应，永远滞后一步。霍尔特法增加了趋势参数，更好地预判"球"的走向，系统地增加了拦截到"球"的胜算。

在霍尔特双参数平滑模型中，预测由两部分构成：一部分是**水平部分**，是在上期水平部分的基础上，用简单指数平滑法来更新；另一部分是**趋势部分**，是在上期趋势部分的基础上平滑调整，也用简单指数平滑法来更新。两者相加，就得到下期的预测。⊖

霍尔特法不但持续调整水平部分，而且持续调整趋势部分，在横向和纵向两维调整预测，所以能更好地应对趋势的变化。基本的公式分三部分：

本期水平部分 = α × 本期需求实际值 + (1-α) ×

（上期水平部分 + 上期趋势部分）

本期趋势部分 = β × (本期水平部分 − 上期水平部分) +

(1-β) × 上期趋势

⊖ 我在查阅中文文献时，对类似的专业术语，很难找到合适的翻译：这些文献要么用公式中的字母代替，这多出现在学者的文章中；要么就采用英文原名，这多出现在有外资背景的职业人写的文章中。这些本来很简单的方法论，却被很多著述弄得异常晦涩难懂——一旦开始卖弄"数学之美"，推导出一串又一串的公式时，这些很实用的方法论就成了学者们的自娱自乐，对我们这些实践者来说无异于灾难。当本土企业开始大规模用这些方法论的时候，很通俗、很贴切的中文名称就会出现——现在还没到那一步。

下期预测 = 本期水平部分 + 本期趋势部分

因为有趋势，霍尔特法可以预测多期的值：未来第 n 期的预测等于本期水平部分加上 n 倍的趋势部分。比如在图 1-10 的例子中，第 22 周的预测 =40+1×(-18)=22，第 23 周的预测 =40+2×(-18)=4。你马上会发现，第 24 周的预测就成了负数，这显然不合理——这是趋势参数带来的问题，导致霍尔特法有过度预测的倾向，在使用的时候要加以留意。

	周数	需求历史	水平部分	趋势部分	预测	误差
初始组	1	949	509	0		
	2	476	483	(3)	509	(33)
	3	478	478	(3)	480	(2)
	4	291	328	(18)	476	(185)
	5	353	344	(14)	310	43
	6	430	410	(6)	330	100
	7	283	307	(16)	404	(121)
	8	242	252	(20)	291	(49)
	9	209	214	(22)	232	(23)
测试组	10	147	156	(25)	192	(45)
	11	154	149	(23)	131	23
	12	158	152	(21)	126	32
	13	193	181	(16)	131	62
	14	120	129	(19)	165	(45)
	15	104	105	(20)	110	(6)
	16	154	140	(14)	85	69
	17	135	133	(14)	126	9
	18	175	164	(9)	120	55
	19	107	117	(13)	155	(48)
	20	72	78	(16)	104	(32)
	21	34	40	(18)	63	(29)
预测值	22				22	
	23				4	

α	0.80
β	0.10
平均绝对百分比误差	33%
均方误差	1 790

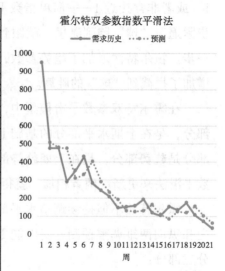

图 1-10　用霍尔特法来预测

在霍尔特法中，平滑系数 α 和 β 介于 0 和 1 之间。与简单指数平滑法一样，这两个平滑系数越大，预测模型就越响应，也就是说最新发生的对下一步的预测影响更大，风险是有可能过度反应；平滑系数越小，预测模型就越平稳，也就把最新发生的更多地当成"杂音"过滤掉，风险是可能没法及时响应需求变动。

在霍尔特参数的择优中，我们也可以用 Excel 中的 Solver 插件，基于预测准确度最高的目标，围绕两个参数 α 和 β 优化，选择最优的参数。

与简单指数平滑类似，霍尔特法也需要初始化。

在初始化时，可以假定初始"水平部分"为第一个实际需求值，初始"趋势部分"为第二个实际需求值减去第一个实际需求值；也可以基于前几个实际需求值，利用线性回归模型来计算截距（水平部分）和斜率（趋势部分）。当然还可以用别的方法来初始化，比如把趋势部分的初始值设为 0[⊖]（这是假定刚开始的时候没有趋势），以及用前几期的平均值作为水平部分的初始值。

跟前面简单指数平滑法的情况类似，经过一段时间的初始化后，模型会自动纠偏，初始值的影响变得有限，直至微乎其微。

在图 1-10 的例子中，我们用前 9 期的数据来初始化，用后 12 期的数据来测试模型、选择最优的模型。鉴于前几个数据相当离散，我们用前 5 期的平均值作为水平部分的初始值，趋势部分的初始值设为 0，α 取值 0.80，β 取值 0.10。对于测试组而言，预测的平均绝对百分比误差为 33%，均方误差为 1790。我也尝试用简单指数平滑法来预测，最优化的平滑系数接近 1，这两个准确度指标分别为 37% 和 1869。显然，对于这个快消品来说，需求变化剧烈，一经导入就达到

[⊖] 比如在 Real-Statisitics.com 网站，Charles Zaiontz 博士采用霍尔特法时在 Excel 中就把趋势部分的初始值设为 0。这位博士开发了各种各样的 Excel 表格，用来解决数理统计的问题，包括简单指数平滑法和霍尔特法，是学习这些预测模型很好的资料（http://www.real-statistics.com/time-series-analysis）。Charles Zaiontz 以前在美国的大学任教，现居住在意大利。像 Charles Zaiontz 那样把复杂的数理统计解释得那么清楚，这世界上可没有多少人。我以前读 MBA 时，教统计学的那位教授就是这样的人。他让我真正体会到统计学反映出的简单美（惭愧，快 20 年过去了，我连他的名字都忘了）。这也正是人工智能等技术没法被广泛应用的原因之一。我跟好几家人工智能公司的专家谈，他们都在尝试用人工智能来解决需求预测问题，但没有一个人能够解释清楚人工智能究竟是怎么运作的，以及人工智能如何更好地预测需求。我在计划领域可说是高于平均水平，他们在人工智能领域是远超平均水平，我们在一起都没法搞清楚人工智能是怎么回事，一般的计划经理、计划员怎么能搞清楚呢？不理解就不信任，不信任就不会去用。

顶峰，然后需求就一路下滑。与简单指数平滑法相比，霍尔特法是更有效的预测方法。

当然，对于指数平滑法，到现在为止，你读了可能没有什么感觉。这没关系，先了解一下，然后动手实践，在实践中加深理解。毕竟，不管理论多完美，就像除非下到水里，否则没法学会游泳一样，只要不能用于实践，就没法完全理解。

实践者问

我的专业是工业工程，目前感兴趣的工作有两方面：一个是计划，另一个跟供应链稍微有些偏差，是数据分析。虽然我本身所学的专业跟供应链很相关，而且对于生产计划这样与数据打交道的工作也很感兴趣，但是专业课上学到的无外乎移动平均法、指数平滑法、霍尔特法，让人感觉一个外行人如果用点儿心，一天就能熟练掌握这几种预测方法，我想知道在计划这个行业进一步发展，会是什么样的职业发展前景。

刘宝红答

这些基本的预测方法能够解决需求计划的大部分问题，所以不要小看它们。它们看上去简单，其实不简单，不然的话为什么还要把人名冠上去？像霍尔特这样的专家，都是可以跟诺贝尔奖获得者相提并论的人。这些预测方法凝聚着众多研究者多年的心血，远远没有我们想象的那么简单，如果我们认为简单，那八成是因为我们不理解。

比如移动平均法看上去简单，但是究竟用多少期的需求历史就很不简单，因为这要求我们懂得如何去评估预测模型的好坏。这又涉及平均绝对百分比误差、均方误差等预测准确度的统计方法。均方误差又让我们意识到，预测的一大关键是避免大错特错：小的预测失误容易对付，可以通过安全库存、供应链执行来解决；害死我们的是大错特错。

那大错特错是怎么发生的？选择了不合适的预测模型，用了不合适的参数，是一个原因；但基础数据也是一大问题源，比如数据没有清洗，我们把以前促销的数据包括在内，后续需求预测自然显著偏高。这是应对发生了的促销，那没有发生的呢？这又涉及跟销售端的对接——需求预测是"从数据开始，由判断结束"。数据代表已经发生的、可重复的；判断代表还没有发生的、不可重复的，这又牵涉企业的几大主干流程之一，即销售跟运营协调流程。

所以，不要低估这些基本的模型。如果运用得当，这些模型能解决大部分的问题。不要求新求异。如果有人跟你大谈卡尔曼滤波或者灰色预测法之类的专业名词，你应该敬而远之。我不是说这些不重要，而是说这些更多的是龙肝凤胆，我们得回归计划的基本面，先把我们的大米饭做得更好、更合口再说。

这就如练武，不管你学什么武术，基本的招数就那么多。习武之人要经过一遍又一遍的练习，熟能生巧，只有练到出神入化的时候，才能真正掌握。要知道，高手的高，并不在于他们知道的招数比别人多，而是在相同的招数下，他们运用得更加自如。

实践者问

我们身处小批量生产行业，产品的品种多，批量小。我们现在尝试优化产品的预测方法。一个产品需求历史如图1-11所示，呈现一定的趋势。我们尝试了3周移动平均、指数平滑法、霍尔特法，发现霍尔特法下的均方误差最小，是不是该用霍尔特法？

刘宝红答

先看折线图，大致判断需求历史的模式，是一种很好的做法。但是，对于其中的趋势线（用Excel软件可以加上），要特别留神，不要因为看上去有条"趋势"线，就意味着有趋势——用Excel总能画出趋势线，但真正的趋势要看相应的线性回归分析参数。

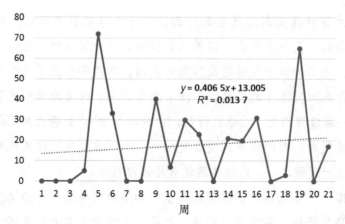

图 1-11　案例产品的需求历史折线图

如果你在 Excel 中的趋势线上，让展示线性回归方程，你会发现 R^2 非常小，这表明需求和时间之间的回归关系非常弱（R^2 介于 0 和 1 之间，越大表明变量之间的线性关系越明显）。如果你用 Excel 做线性回归，以需求历史为因变量，时间为自变量，会发现这样的线性回归根本不成立，表现为调整过的 R^2 是负值（线性回归的细节见后文的图 1-22）。

如果用 Excel 中的 Solver 功能优化霍尔特法的两个参数，你发现平滑系数为 0.05，趋势系数为 0.07，都非常小，接近于 0，同样表明这个模型非常薄弱。虽然均方误差相对其他两种方法最小，但并不意味着霍尔特法就是合适的预测方法。

那怎么办？根据折线图，需求历史有很大的随机性，建议尝试更长期数的移动平均法，比如 6 周、8 周、13 周等，跟简单指数平滑法比较，择优选取最佳模型。这位实践者用 3 周移动平均，还是有点儿太灵敏，没法过滤足够的随机性。此外，还得仔细查究第 5、第 19 周的两个峰值，看是否跟促销、活动等有关，需要"削峰填谷"来清洗；或者是偶然性的极端值，需要从数据里剔除。这都会显著改变预测模型，需要在尝试任何数据模型前研究。

💡 案例　一个快时尚产品的需求预测

案例企业是一家快时尚企业，其产品的需求变化如图 1-10 所示：伴随着上新时的各种宣传和促销活动，新品一经导入，需求就如洪水，上市即达顶峰；然后随着促销力度的下降，需求就一路走低，直到最终消失。对这类快消品，案例企业没有很好的预测方法，就只能凭经验，拍脑袋，从而导致过剩和短缺成了家常便饭。

鉴于这样的快消品有明显的趋势，我们建议尝试霍尔特法。

在这个案例中，我们把霍尔特法跟其他几种方法对比，包括移动平均法、简单指数平滑法，以评判各种预测方法的优劣。我们用第 1 周到第 9 周的需求历史做初始化（初始组），复盘预测第 10 周到第 21 周的需求（测试组），通过比较测试组的预测准确度（均方误差），选择最佳的预测模型。各种预测方法的结果汇总在图 1-12 中。

从图 1-12 的均方误差数据可以看出，霍尔特法比简单指数平滑法准确，简单指数平滑法比 3 周移动平均准确。[⊖]霍尔特法是 3 种方法中误差最小的，是否意味着我们该用霍尔特法呢？这还得取决于另一个问题：霍尔特法是否真的增加价值？这就如你需要一个人帮忙，请来甲、乙两个人，甲比乙少捣乱，这并不意味着你会用甲；你还需要知道的是，甲是不是比没人帮忙要强。"没人帮忙"就是基准，来判断这人是否增加价值。

在预测上，"没人帮忙"就是"不预测"，而最简单的"不预测"就是用上期的实际需求作为下期的预测（对于季节性需求，就是用上次相应时段的需求，作为这次的预测）。这最简单，在英文的预测文献中，有个专业术语叫"幼稚预测"(naive forecast)，指的就是这种预测。实践中，"幼稚预测"其实很常见，比如再订货点补货方式用的就是上期用掉多少，下期就补多少，是一种地地道道的"幼稚预测"（当然还

⊖ 之所以用 3 周移动平均，是因为需求的下降趋势非常明显，2 周移动平均或许太响应，4 周、5 周移动平均或许响应太慢。当然，我们也可以选择不同期数的移动平均，但结果不会改变：对于这个趋势明显的案例，移动平均不是最优的预测模型。

会考虑到经济订货量等因素）。

	周数	需求历史	幼稚预测	移动平均法	简单指数平滑法	霍尔特法
初始组	1	949				
	2	476	949		949	509
	3	478	476		489	480
	4	291	478	634	478	476
	5	353	291	415	296	310
	6	430	353	374	351	330
	7	283	430	358	428	404
	8	242	283	355	287	291
	9	209	242	318	243	232
测试组	10	147	209	245	210	192
	11	154	147	199	149	131
	12	158	154	170	154	126
	13	193	158	153	158	131
	14	120	193	168	192	165
	15	104	120	157	122	110
	16	154	104	139	105	85
	17	135	154	126	153	126
	18	175	135	131	136	120
	19	107	175	155	174	155
	20	72	107	139	109	104
	21	34	72	118	73	63
预测	22		34	71	35	22
	23					4
平均绝对百分比误差			36%	53%	37%	33%
均方误差			1 873	2 879	1 869	1 790
α					0.97	0.80
β						0.10

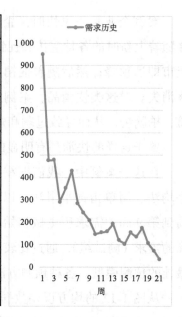

图 1-12　几种预测方法的比较

尝试移动平均法时，鉴于需求变动相当大，我们就用过去 3 周的平均值作为预测，计算出相应的预测准确度。不难发现，3 周移动平均法在两个预测准确度指标上，没有一个比"幼稚预测"好（如图 1-12 所示）。这说明移动平均法不增加价值，还不如不预测，直接把上期的实际需求当作下期的预测。

这也让我想到一个连锁服装零售商，在规模尚小的时候，为什么要奉行约束理论（TOC），甚少计划，主要靠执行来弥补，哪儿有短板就补哪儿——粗放经营的时候，预测方法也粗放，一般就是用移动平均法；当需求变动很快的时候，还不如不预测，把实际销量当作下期的预测。该企业不一定能够证明为什么要这么做，但他们的直觉还是对的。

同理，简单指数平滑法虽然在均方误差上稍优于"幼稚预测"，但微乎其微。这从其平滑系数上也可看出：α 经过优化，最优值等于 0.97，非常接近 1，而 1 意味着上期的实际值 100% 成为下期的预测，其实就是"幼稚预测"。既然这样，我们也就犯不着花那么大功夫，来用简单指数平滑法预测这个变动剧烈的快消品，还不如被动反应，把上期的实际需求当作下期的预测。

霍尔特法则不同。如图 1-12 所示，在预测准确度指标上，不管是均方误差，还是平均绝对百分比误差，霍尔特法都比"幼稚预测"好，尽管有些指标的改善看上去微不足道。比如平均绝对百分比误差降低了 3 个百分点，也意味着预测准确度不过从 64% 上升到 67%。不过可不要小看这 3 个百分点，需求预测准确度的微小提升，对供应链的库存、成本和企业盈利来说，影响都是非同小可的：每一个点的预测准确度的提升，意味着 0.5～1 个点的净利润提升，如图 1-13 所示。

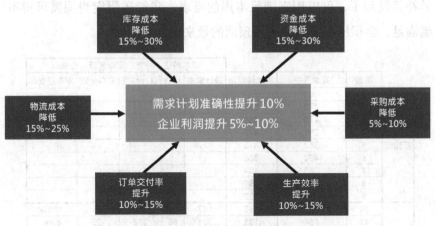

图 1-13　需求计划对供应链绩效的杠杆作用

资料来源：Forecast Accuracy and ROI Report 2012, Gartner Group。

看到这里，或许有人会说，霍尔特法这么好，但预测准确度还是只有 67% 啊！人们看到准确度，往往联想到的是现货率（也叫有货率、库存达成率）。这是误解。**预测的准确度和现货率相关——准确度越高，现货率也越高，但这两个数字是两回事**。举个极端的例子，你的需求是 10 个但预测了 100 个，不管用什么方式统计，预测准确度都非常低，但现货率却是 100%——你在牺牲库存来确保现货率。

按照平均绝对百分比误差来统计预测准确度，其实低估了现货率，因为前者是严格地按照"丁是丁卯是卯"来计算：这期的实际需求是 10 个，不管你预测了 5 个还是 15 个，你的预测准确度都是 50%（|实际 − 预测|/实际 ×100%）。但别忘了，如果你预测 15 个的话，你这期的现货率是 100%，还剩下 5 个的库存，可以用来满足后期的需求，提高后期的现货率，让后期的现货率比准确度更高。

就霍尔特法而言，如图 1-14 所示，我们模拟了第 10 周到第 21 周的库存余额，来统计每周的现货率。这里假定每周补货，补货量是本周的预测减去上周的库存余额（如果上周的余额为负，表明本周要多补货，以满足上周未满足的需求）。为了简化起见，我们假定上周五下班前更新需求历史，预测下周需求，发出下周的补货指令，当周一大早补货就到了，可以用来满足本周的需求。我们还假定当周需求得不到满足，会积压下来，靠下周预测的量来满足。

	周数	需求历史	霍尔特预测	累计需求	补货	累计补货	库存余额	库存现货率
		霍尔特法：补货、库存余额、现货率						
初始组	1	949						
	2	476	509					
	3	478	480					
	4	291	476					
	5	353	310					
	6	430	330					
	7	283	404					
	8	242	291					
	9	209	232					
测试组	10	147	192	147	192	192	45	100%
	11	154	131	301	86	278	-23	85%
	12	158	126	459	149	427	-32	80%
	13	193	131	652	163	590	-62	68%
	14	120	165	772	227	817	45	100%
	15	104	110	876	65	882	6	100%
	16	154	85	1 030	80	961	-69	55%
	17	135	126	1 165	195	1 156	-9	93%
	18	175	120	1 340	129	1 285	-55	68%
	19	107	155	1 447	210	1 495	48	100%
	20	72	104	1 519	56	1 551	32	100%
	21	34	63	1 553	31	1 582	29	100%
						综合现货率		84%

图 1-14　模拟霍尔特法的现货率

对于第 10 周，补货量等于当周预测，是 192 个。满足当周的实际需求后，当期的现货率是 100%，还剩余 45 个（192-147），也让第 11 周的补货量降低到 86 个（131-45）。第 11 周的实际需求是 154 个，本周补货 86 个加上上周剩余 45 个，现货率是 85%〔=(86+45)/154〕，短缺 23 个，留待第 12 周来满足。以此类推，看得出，每周的实际现货率都相当高，第 10 到第 21 周的综合现货率是 84%，远高于 67% 的预测准确度。这也是为什么你到很多公司去，有些分仓、客户的预测准确度动不动只有百分之二三十，但也没见客户因为现货率太低而跳脚（他们往往是高估需求，或者设立安全库存来提高现货率）。

但严格地讲，预测准确度又是公平的：我们的目标是用多少预测多少，预测多了会积压（库存风险），预测少了会短缺（交付风险），两种风险都不好，都要避免。不过光从预测准确度一个指标来看，是没法得知具体是短缺还是过剩风险。在实际考核中，很多企业把这一指标拆分成两个：**按时交付率**和**库存周转率**，用这两个更加直观且跟客户和股东利益直接挂钩的指标来考核。

就这个案例来说，84% 的现货率还是不够，库存余额不时出现负值，意味着短缺。怎么办？供应链的第一道防线——需求预测错了，我们就得启动第二道防线——安全库存来弥补。我们知道每期预测的误差，就可以计算其标准误差，在这个案例里是 44。假定现货率是 95%（意味着需求一到，95% 的情况下有现货供应），就得到安全库存 72（假定补货周期是 1 周，详细的公式见"第二章库存计划和库存的优化"部分）。看得出，这个安全库存就相当于给每周的余额增加了 72 个库存，系统提高了库存余额的"水位"，显著降低了断货的风险，如图 1-15 所示。

当然，有人会问，设置了安全库存，这快消品到了下架的时候，岂不是剩下一堆呆滞库存？没错，如果我们不及时调整的话，确实会剩下一堆呆滞库存。对于计划人员来说，到了产品生命周期末期，要经常评估需求与供应,在合适的时间点切断供应,不再补货,同时把安全库存计划"水位"清零,以消耗掉手头和在途的库存。

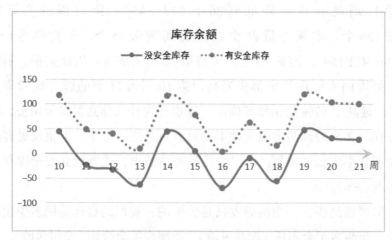

图1-15 设置安全库存,应对预测准确度不高,提高现货率

小贴士 有时候,不预测就是最好的预测

就如有的人非但帮不了忙,反而帮倒忙一样,并不是所有的预测方法都增加价值。有时候,人类一思考,上帝就发笑,作为还不如不作为,预测还不如不预测。比如在颗粒度很小的地方做预测,或者由销售、用户拍脑袋做预测,预测准确度太低,往往还不如不预测,直接把上期的实际值当作下次的预测("幼稚预测"),亦即常见的"卖一补一"。

在门店、客户层面做预测,本身就很难做准。再加上有些预测者有系统的偏见,或者由公司"政治"驱动,导致预测惯性地虚高(比如销售"提需求"),往往还不如不预测,用"幼稚预测"来代替。"幼稚预测"要尽可能是短期预测,比如门店向分仓、分仓向总仓发出的补货请求,补货周期很短的情况。这样一旦有严重失误,恢复也很快。

在日常运营中,设好再订货点,一旦低于再订货点就自动补货,卖多少补多少,或者补到特定的"水位",往往比由销售、客户、计划人员每次预测补货量要更准确。后者做预测时，数据分析往往不足，主要靠"拍脑袋"，而且容易受各种因素左右，导致短缺的时候更短缺，过剩的时候更过剩。一旦短缺，大家都拔高预测抢货，互相博弈，先来的拿到货，过剩；后到的拿不到货，短缺。这就人为地加剧了短缺，而且制造了局部过剩，降低了库存的利用率，也给仓储物流带来很大的挑战。

此外，我非常不信任一线销售、店长等做预测，决定补货：这些人是做生意的，不是做计划的。很多零售业的店长学历不高，估计连Excel都不会用，没有多少数据分析能力来做好预测。让这些人"预测"，除了满足了他们的"控制欲"外，非但不增加价值，而且制造了更多的麻烦，还不如不预测，用"幼稚预测"。

当然，我也看到"幼稚预测"被滥用的情形，某些体育网站评论NBA球员的文章就是典型：这些评论员习惯性地以一场表现来给球员"定终身"——球员一次表现好，就捧到天上；一次表现差，就贬到地狱。要知道，任何一名NBA球员，都有一场得50分的可能。但是，再好的NBA球员也总有一场会发挥失常。从这些评论员的身上，你能看出幼稚、无知和对历史数据的无视。虽说物以类聚，人以群分，但你还是不得不佩服，要把那么多低于平均水平的记者，还有哗众取宠的自媒体聚到一起，可真不是件容易的事。

季节性＋趋势的预测

时间序列可以分解为水平部分（平均值）、趋势部分（上升或下降）和季节性部分（周期性的重复），剩余的就是随机变动，即前三者都没法解释的"杂音"。我们常见的时间序列，根据复杂度的不同，一般是上述三种成分中的一种、两种或三种组合而成。当然，你也可以把水平部分当成趋势的特例，或者趋势的一部分。那么，时间序列就可简化为趋势和季节性，以及两者之外的随机变动。下面这个例子就是这样分解的。①

图 1-16 所示是 5 年间（60 个月）国际航班的每月乘客总数，单位是千人。图 1-16 最上方的是实际乘客数，你能看到整体乘飞机的人数在上升，你也能看到有一定的季节性变化。我们进一步分解实际值，发现乘飞机的人一年比一年多，呈现明显的趋势，这就是趋势部分；季节性也很明显（这也符合常识：西方众多的节日在下半年，相应地，乘客也更多）；剩余的是随机成分，也就是难以系统地预测的部分②。

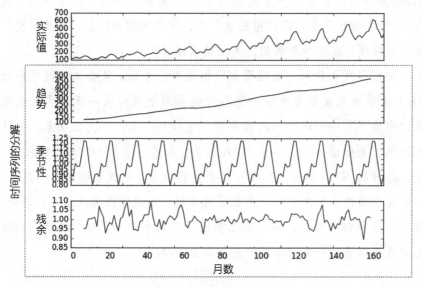

图 1-16 时间序列的分解

资料来源：How to Decompose Time Series Data into Trend and Seasonality，作者 Jason Brownlee，machinelearningmastery.com。

在实践中，符合季节性趋势的情况很多，比如城市的用电量、商

---

① 案例来自 How to Decompose Time Series Data into Trend and Seasonality，作者 Jason Brownlee，https://machinelearningmastery.com。

② Excel 可以帮助我们把时间序列分解为趋势和季节性，可以百度"运用 Excel 分解时间序列"。SPSS 软件也有这个功能，详情请参考"用 SPSS 进行时间序列分析"一文（https://www.cnblogs.com/114811yayi/p/5661817.html）。

用车的销量,甚至治疗糖尿病的药物销量,都呈现出趋势加季节性的特点。就拿商用车来说,某公司的商用车销量呈现明显的上升趋势,一直到 2015 年达到顶峰。其每年的销量有季节性,比如 3 月份一般是销售旺季——春节过完了,许多公司对新的一年信心满满,纷纷添置商用车这样的固定资产加油干,然后需求就缓慢降下来,在 6、7 月降到谷底后就开始反弹,在 9 月份又达到一个高点。

　　时间序列的可分解性,有着极其重要的实践意义。它让我们从貌似纷繁复杂的世界里,提炼出我们能够理解的,即趋势、季节性等有重复性、延续性的成分,把未知留给那些随机变动的部分。经过分解,我们会发现,大部分变动其实是可知的,也就是说,数据是可以解释的;未知的只是很小一部分,需要数据外的判断。

　　那些未知的随机变动中,有相当一部分是管理行为导入的变动,不是客户就是我们自己,或者是竞争对手的管理行为,比如促销、活动、降价等。如果找到那些导入此类变动,或者熟悉竞品、客户行为的市场人员、销售人员、门店经理,让他们及早帮助判断的话,这些其实有一定的可预见性。剔除这些管理行为导入的变动,剩下的才是真正的随机变动,需要交给数理统计,设置安全库存来应对;或者依靠供应链执行,通过赶工加急来对付。

　　就这样,我们把需求分解成了三大块:①历史数据完全可以揭示的趋势、季节性变动,只要我们分析历史数据,就能很好地预知,这就是"从数据开始";②管理行为导入的变动,比如促销、活动、新品导入和老品下市,只要我们更好地对接市场、销售等职能,"由判断结束",就可以大幅降低大错特错的概率;③数据没法解释,判断没法预计的随机变动,我们要通过设置安全库存和依靠供应链执行来应对。

　　现在你知道,需求预测之所以主要是个计划行为,是因为:计划的数据分析不到位,没法把有规律的可知部分提炼出来,就把所有的变动都当作不可知,于是就不可避免地依赖销售"提需求",走上一条不归路。数据驱动的计划都没有能力分析数据，经验主义的销售、市场就更分析不了，企业在需求预测上就不得不"从判断开始，由判断结束"，靠"拍脑袋"，在粗放管理的泥淖里打滚。

即便是随机部分，也不是完全不可知的——**小概率事件一旦发生了，就不再是小概率事件了**。也就是说，凡是发生了的，其实都有其必然性。**任何可预知的东西，比如趋势、季节性，最初也往往是以"随机"的面目出现**。比如原来的需求很稳定，业务开始增长时，增长部分是水平部分没法解释的，就被归到随机部分；业务继续增长，你会发现随机变动中，有了趋势的成分，变成了可以预测的。季节性变动也是。

我们的解决方案一方面是尽快滚动预测，纳入最新的需求历史和职业判断；另一方面是选择、配置合适的模型，通过模型更好地"规律"化这些"随机"因素。

比如在前面谈到的简单指数平滑法中，我们可以通过调整平滑系数，决定把多大比例的随机变动当成规律性的变动——平滑系数越大，我们认为随机变动中的规律性比例就越高。在霍尔特法中，我们通过增加趋势的平滑系数，能更好、更快、更系统地把这些"随机"成分趋势化。而霍尔特－温特模型则在霍尔特模型的基础上，增加了季节性参数，把那些"随机"成分中的季节性因素也给规律化了。

既然对历史需求可以自上而下地分解，那么对需求的预测也可分别预测，自下而上地汇总。这也正是人们应对复杂预测问题的方法。比如对于趋势，我们可用霍尔特法来应对，分别预测水平和趋势两部分；而对于水平、趋势、季节性三者的组合，我们可用霍尔特－温特模型来应对，分别预测三部分后叠加。

相比霍尔特模型的双参数，霍尔特－温特模型增加了季节性参数，变成了三参数：水平部分对应的 α 平滑系数，趋势部分对应的 β 平滑系数，季节性部分对应的 γ 平滑系数。霍尔特－温特模型是一个很好的模型，因为我们可以通过合理设置三个平滑系数，来优化趋势加季节性的预测模型。

不过，优点也是缺点：霍尔特-温特模型的公式相对复杂，优化起来更加困难，大部分人难以熟练驾驭这三个参数——用不好的话，预测准确度可能反倒更低。我想了许久，决定在此只做基本的介绍，点到为止，给感兴趣的读者开个头。如果你们有具体的案例，我们也可以一起研究，在本书的后续版本中补齐。

对于有趋势的季节需求，我们这里介绍一下常用的方法，准确度不是最高，但相对简单易行。

我们先看一下**季节性**和**周期性**的区别。周期性是时间序列呈现波浪形起伏，一般由商业和经济活动引起。它不同于趋势变动，不是朝着单一方向的持续运动，而是涨落相间的交替波动；它也不同于季节变动，季节变动有比较固定的规律，而循环波动则无固定规律。可以说，周期性和季节性都有波峰和波谷，前者缺乏规律性，可预见性低；后者规律性强，容易预见。

提到季节性，人们想到的就是一年四季。这没错，不过季节性不一定非得要一年，一天、一周、一个月，甚至一个小时、一分钟，都可以有季节性。比如你开了一家餐馆，早餐、午餐和晚餐的需求量不同，对店面人工的需求情况是：早晨少，中午和晚上多，这是一天的季节性。同样，餐馆在周五、周六的生意一般最忙，而周二一般最清闲（这也是在美国很多餐馆周二有特价的原因），这是一周的季节性。电商也类似，在一周里跟餐馆的季节性正好相反：周末的时候，消费者都出去吃饭逛街，没有多少人网购；周二的时候，消费者窝在家里不出去或在上班，网购的量会很高。我在分析一个电商的业务时，看到类似的模式，可参考后文的图3-21。

如果是单纯的季节性，季度与季度之间没有趋势的话，我们可以求出每个季节的需求，跟平均值比较，用来预测下一年各季度的需求。就如下面的例子中，上年四个季度的平均值已知（2500个），根据每个季度的需求，就可求出每个季度对应的季节指数。

季度	需求（个）	季节指数
春季	2000	2000/2500 = 0.8
夏季	3500	3500/2500 = 1.4
秋季	3000	3000/2500 = 1.2
冬季	1500	1500/2500 = 0.6

假定这个产品每年以 30% 的趋势增长，那么下一年的总预测就是 13 000 个，每个季度的平均预测是 13 000/4=3250（个），相应地可以预测每个季度的需求如下：

季度	预测（个）
春季	3250 × 0.8 = 2600
夏季	3250 × 1.4 = 4550
秋季	3250 × 1.2 = 3900
冬季	3250 × 0.6 = 1950

这其实也不难。有趣的是，读英特尔前 CEO 安迪·格鲁夫的书，其中提到，照相机用的胶卷就是这样的季节性产品，即便在每年的需求量变化不大的情况下，在匈牙利的计划经济时代（格鲁夫是匈牙利裔），那些国有企业还是没法生产出合适的量来。计划经济之"计划"性，可见一斑。

我们下面看一下季节性、趋势并存的情况。[⊖]如图 1-17 所示，这个产品的销量具有季节性，每 4 期是一个周期；同时，需求也呈现出趋势。我们的任务是预测第 13 期到第 16 期的需求。这里的"期"可以理解为季度、月度、周、天等任何时间单元（案例中的期其实是季度）。

我们先求每一期的**季节指数**。如表 1-3 所示，鉴于季节性每 4 期循环一次，我们把 12 期的数据分为 3 轮（可以理解为 3 年），求出每期的 3 轮平均值。每期的平均值与 12 期的总平均值相除，就得到该

⊖ 这部分参考了内华达大学雷诺分校罗恩·伦布克（Ron Lembke）博士的文章 "Forecasting with Seasonality"，business.unr.edu。

期的季节指数。比如第二期的平均值为176.7,12期的总平均值为190.8,两者相除,得到第二期的季节指数为0.93,意味着第二期是平均需求的93%(低于100%的话,可以理解为淡季;高于100%,可以理解为旺季)。

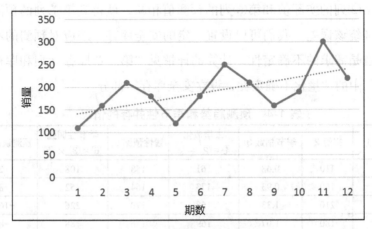

图1-17 季节性和趋势并存的时间序列

表1-3 季节性指数的计算

期数	销量				季节指数
	第1轮	第2轮	第3轮	平均值	
第1期	110	120	160	130.0	0.68
第2期	160	180	190	176.7	0.93
第3期	210	250	300	253.3	1.33
第4期	180	210	220	203.3	1.07
				总平均值	190.8

接着我们求趋势。在求趋势前,我们先得去季节化,也就是用每期的需求除以季节指数。如表1-4所示,第④列就是假定没有季节性时每期的需求。围绕第①列和第④列的数据,我们来运用线性回归法(具体的做法后文会详细谈到),得出线性回归方程为需求预测=152.44+5.91×期数。这里的5.91就是我们说的"趋势",也就是说,每期比上期增加5.91个。这样,我们就能够求出不包含季节性的线性预测,见第⑤列。比如第13期的线性预测等于152.44+5.91×13=229.27,四舍五入

为 229。

最后一步，就是把季节指数反算进去，求得季节性调整后的预测，亦即我们最终需要的预测。这是把线性预测（第⑤列）与季节指数（第③列）相乘。比如第 14 期的最终预测就是 235×0.93=219。

第②列的实际值和第⑥列的预测值相减，就得到第⑦列的预测误差。围绕该误差，我们可以设置一定的安全库存，来应对预测的不准确，也是需求的不确定性，计算的详情见"第二章库存计划和库存的优化"中的"量化不确定性，设立安全库存"部分。

表 1-4　预测趋势和季节性并存的情况

期数①	销量②	季节指数③	去季节化 ④=②÷③	线性预测⑤	季节性调整 ⑥=③×⑤	预测误差⑦
1	110	0.68	161	158	108	2
2	160	0.93	173	164	152	8
3	210	1.33	158	170	226	−16
4	180	1.07	169	176	188	−8
5	120	0.68	176	182	124	−4
6	180	0.93	194	188	174	6
7	250	1.33	188	194	257	−7
8	210	1.07	197	200	213	−3
9	160	0.68	235	206	140	20
10	190	0.93	205	212	196	−6
11	300	1.33	226	217	289	11
12	220	1.07	206	223	238	−18
13		0.68		229	156	
14		0.93		235	219	
15		1.33		241	320	
16		1.07		247	263	

注：数据有四舍五入。

实践者问

这里介绍的"季节性+趋势"的模型，跟霍尔特–温特模型有什么区别？

刘宝红答

这里的模型简单，但能够优化的地方很有限，比如趋势和季节指数都没法调整，所以模型比较"僵硬"，预测的准确度也受影响。在霍尔特–温特模型中，我们可以调整三个平滑系数，提高模型的拟合度，也提高预测的准确度。

看到这里，有些人或许会问，现在的产品生命周期都这么短，哪能有两年、三年、四年的需求历史，让我们来求这些季节指数、趋势预测未来的需求？从具体的成品来说，这或许没错；但对半成品、原材料、产能来说，却未必。比如热饮就是季节性非常明显的产品（天气冷了需求量大，热了需求量小），热饮的包装就如快时尚，更新频次相当高。但热饮本身（半成品）和原材料的变化就没那么大，生产线和工艺也是年复一年差不多，我们在半成品、原材料、产能层面还是可以做类似的预测，指导整个供应链更加有序地响应。

再如，在有些行业，压货行为非常普遍，人为制造了季节性。比如在图 1-18 中，某工业品企业的销售人员习惯性地向渠道压货，1月份没什么生意，2月份也没多少生意，3月份是季末，考核时间到了，就拼命向渠道压货，需求大增；季度考核完了，4月份就没多少生意，5月份稍微增长点，6月份是季末和半年考核，销售冲量就更厉害。就这样，三个月一个周期，业务上下起伏，多年来都是如此。除了季节性，该企业的业务整体上一直在增长，是典型的"季节性＋趋势"。

销售的压货行为，背后有深刻的绩效考核、组织行为和产品竞争力等原因，这里不细讲。⊖ 对于供应链，我们除了抱怨，还可以用这里讲的方法，预测销售人员的压货行为，尽量来驱动供应链有序应对。当然，我说这些并不是说"金有狼牙棒，宋有天灵盖"，提倡供应链逆来顺受：当产品的竞争力有限，绩效考核短期难以改变的时候，相同

⊖ 对于销售人员压货的原因和解决方案，可以参考我和赵玲所著的《供应链的三道防线：需求预测、库存计划、供应链执行》一书，第110～111页。

的外界约束下,计划和供应链还是有可作为的。只要做了我们可作为的,我们就可以做得比以前好,比同行好。这就是竞争优势。

图 1-18 销售人员压货冲量,人为造成业务的周期性起伏

我们再回到图 1-17 的例子。这是一个完美的季节性带趋势的例子,我们可以相当准确地预测出来(从第⑦列的预测误差即可看出)。实践中,我们很少会有这样的完美情况。我们的应对方案还是一样。其一,尽量作准。寻找更合适的预测方法,比如霍尔特-温特模型,通过优化各参数来尽量提高预测准确度。其二,尽快纠偏。有了一点实际销售数据,要尽早分析,与原来的预测比较,与历史数据比较,再结合市场、销售、产品管理等人员的职业判断,尽快调整预测。这样做,至少可以避免大错特错。

此外,不管是季节性、周期性,还是趋势,都是相对特定的供应链响应周期、响应能力而言的。当供应链的响应周期很短,响应能力无限的时候,对这些变动性的预测就不那么重要。比如这是个前置仓或者门店,补货周期就那么几个小时或几天,反映不出来多少季节性、趋势,你也就用不着采取复杂的方法——移动平均法、简单指数平滑法来预测,甚至卖一补一的"幼稚预测",八成就能够很好地应对。但是,如果你要规划前置仓、门店的规模,决定是否扩容的话,那就是长周期行为,我们得预测未来几个季度甚至几年的需求,这时,季节性、趋势等更复杂的情形预测就更有必要。产线的产能、供应商的产能、长周期物料的备料也是同理。

💡 资源

上面介绍的简单指数平滑法、霍尔特法、霍尔特–温特模型等一系列时间序列预测，都可以登录 http://www.real-statistics.com/free-download/real-statistics-examples-workbook/ 点击链接"Real Statistics Examples: Time Series"，下载成套的模板和公式。这个网站是 Charles Zaiontz 博士开发的。Charles Zaiontz 博士堪称极客般的存在，能把复杂的数理统计解释得非常清楚。

基于相关性的预测：线性回归

前面说过，我们预测，要么是基于需求的**延续性**，要么是基于需求的**相关性**。

移动平均法、指数平滑法都是基于需求的延续性：要么需求相对平稳，有时会高点儿，有时会低点儿，但整体处于一个相对平稳的状态；要么需求呈现一定的上升或下降趋势，或者季节性，而趋势和季节性具备延续性，有一定的可预见性。这些我们在上面已经讲过。

这里我想讲的是**相关性**。有时候，相关性是以因果关系的形式出现，比如雨越大，伞就卖得越多；天气越冷，羽绒服就卖得越好；网店的流量越多，产品销量就越高。有时候，相关性只是关联关系，并不一定有因果关系。比如预售期间卖得好的产品，正常销售一般也卖得不错；线上畅销的，线下一般也卖得不错。

最常见的相关性是线性关系，也就是说，变量之间存在倍数关系。这里要讲的**线性回归**，就是量化这种线性关系，并从数理统计的角度出发，判断这种关系的强弱，以及评估据此来调整需求预测的可靠性。

"线性回归"这个名词听起来很高大上,主要是高大上在"回归"[一]二字上。对于"线性",我们一直在用:如果 1 小时赚 50 元,那么 2 小时就赚 100 元,3 小时就赚 150 元。这背后的逻辑就是线性关系。

只有一个自变量的线性回归叫**简单线性回归**,很多时候简称为"线性回归"。回归方程式是:$y=ax+b$,其中 x 叫自变量,y 叫因变量,a 是 x 和 y 之间的倍数,b 是常数,也叫截距,即 $x=0$ 的时候,直线与纵轴 y 交叉的值。当有多个自变量的时候,我们就叫**多元线性回归**。两种线性回归的基本原理都差不多,都是描述因变量与自变量之间的线性关系,并从数理统计的角度来判断这种关系的强弱。

直观地讲,线性回归就是找到一条能最好地贴近或者模拟样本中的实际情况的直线。这里的"最好地贴近",就是让预测的误差最小,我们一般用均方误差最小来衡量[二](也叫"最小二乘法")。简单地说,我们针对每个样本,利用线性回归模型计算预测值,其与实际值的差异就是误差;对误差取平方,然后叠加起来,所有样本的均方误差总和最小的那条直线就是最合适的直线,也是我们要找的线性回归模型。

这看上去需要很多计算,不过不用担心,比尔·盖茨早就替我们打点好了——微软的 Excel 可以帮我们轻松搞定,计算出线性回归的各种参数,以及相应的各种数理统计指标,百度搜索"如何用 Excel 做线性回归分析"就可以找到详细的操作说明。[三]

线性回归其实也是人类最基本的学习方法。我们看到新事物,总是会在记忆中寻找可参照的对象,归纳总结,找出一定的规律——最简单、最直观也最常用的规律就是线性关系,然后判断新事物所处的位置,推导出我们想要的结果。正因为如此,线性回归也是机器学习

[一] 对于"回归"二字,感兴趣的读者可参考《线性回归中"回归"的含义》这篇文章。这篇文章看起来像是一位统计学的大神所写。你不需要懂这些才能做线性回归,但如果能弄懂这里面的专业词汇,应当可以大大提升你的统计学段位,详情参考 https://blog.csdn.net/laputa_ml/article/details/80072570。

[二] 是的,这个均方误差就是预测准确度部分讲到的那个"均方误差"。

[三] 线性回归是 Excel 中 Data Analysis 插件的一个功能,需要先在 Excel 中安装这个插件。

和数据科学中最常用的方法。⊖

举个例子：

案例公司走的是轻资产路线，产品的生产主要由供应商承担。在导入新产品前，案例公司一般先在官网等处预售，通过预售来验证市场需求后，再通过亚马逊等网站大范围推出。预售前，案例公司要做初步的预售预测（初始预测），即在预售期 6 周内，估计能卖掉多少，以驱动供应商提前开始生产备货（否则，预售客户的等待时间太长，客户体验不好）。

初始预测的准确度一般都相当低。等预售开始后，客户的订单进来了，要根据初步销量，尽快调整预售预测。凭经验，新产品开始预售，第 1 周卖得好的，在预售的后几周一般也卖得好；反之亦然。也就是说，第 1 周预售销量很有代表性，我们这里尝试用它来调整整个预售期的预测。

我们先用散点图来初步验证这种关系。我们选择了 21 个新品作为样本，这些新品都是在过去一年内导入的，预售期间的折扣在 70% 上下，第 1 周的销量为 20 ~ 250 个。在散点图上，第 1 周的销量与预售 6 周的总销量之间，有相当明显的线性关系，如图 1-19 所示。

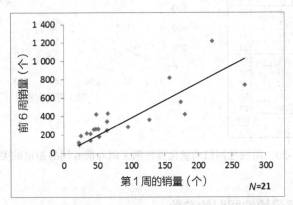

图 1-19　预售第 1 周与前 6 周销量的散点图

⊖ Top Data Science and Machine Learning Methods Used in 2018, 2019, By Matthew Mayo, KDnuggets, www.kdnuggets.com.

通过散点图，初步确定存在线性关系后，我们可以进行线性回归，量化变量之间的关系。如图 1-20 所示，我们基于这 21 个样本，在 Excel 中运行线性回归。在这里，我们假定截距 b 为零，也就是说，我们假定前 6 周销量与第 1 周销量呈严格的正比关系，得到如下的线性回归方程：

$$y = 3.8 \times x$$

式中：y 是前 6 周的预售销量，x 是第 1 周的预售销量。

上述线性回归方程反映了：平均而言，前 6 周的预售总量是第 1 周销量的 3.8 倍，有的产品会高，有的产品会低，但平均水平是 3.8 倍。究竟高多少，低多少，这个 3.8 倍的关系有多强，数理统计参数可以给我们更多的信息，让我们继续阅读下面的"小贴士"。

产品编号	折扣	第1周销量(个)	前6周销量(个)
1	60%	22	118
2	72%	23	94
3	75%	25	188
4	75%	34	218
5	66%	39	214
6	67%	39	141
7	76%	44	260
8	75%	47	262
9	84%	48	423
10	69%	51	264
11	92%	52	182
12	77%	64	251
13	75%	64	347
14	74%	65	431
15	70%	95	285
16	83%	127	362
17	69%	157	818
18	70%	174	557
19	77%	180	426
20	80%	221	1 220
21	83%	269	741

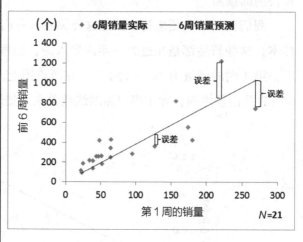

图 1-20　用线性回归来量化预售第 1 周与前 6 周的销量的关系

小贴士　解读线性回归的参数

数理统计思维很重要，让我们从不确定性中提炼确定性。

对于上面的案例，让我们看看 Excel 中线性回归的输出，如

图 1-21 所示。

线性回归分析		
Multiple R	0.94	相关系数，即第1周与前6周销量的相关性
R平方	0.88	拟合优度，亦即相关系数的平方
调整过的R平方	0.83	前6周销量可以由第1周销量解释的百分比
标准误差	161	预测误差的标准差
样本数	21	

① 回归统计表

方差分析

线性关系不存在的概率

	自由度	误差平方和	均方误差	F	F显著度
线性回归	1	3 853 358	3 853 358	149	0.00
残差	20	515 710	25 786		
总计	21	4 369 068			

② 方差分析表

	系数	标准差	t统计	P值	95%下限	95%上限
截距	-	#N/A	#N/A	#N/A	#N/A	#N/A
第1周预售量	3.8	0.31	12.2	0.00	3.2	4.5

这一系数为0的概率

③ 回归参数表

图 1-21 线性回归的主要输出

第一部分是**回归统计表**。Multiple R 是相关系数，反映了因变量和自变量之间的相关性。相关系数介于 −1 和 1 之间，正值的话表明是正相关，负值的话表明是负相关；绝对值越大，表明相关性越强。就本案例来说，第 1 周销量是自变量，前 6 周预售总量是因变量，两者之间的相关系数是 0.94，表明两者高度相关。注意：这里验证的是"线性关系"，并不是"关系"。当这一系数为 0 时，只是表明两个变量之间没有"线性"关系，并不是说没有别的关系。

相关系数取平方，就得到拟合优度指数 R 平方。案例中的 R 平方为 0.88（即 88%），表明线性回归模型与实际值的拟合度相当高。但真正重要的是"调整过的 R 平方"：这一数值表明在因变量的变动中，有多少可以由自变量的变动来解释。在本案例前 6 周预售总量的变动中，有 83% 可以由第 1 周的销量来解释（其余 17% 是随机变动，即这部分是线性回归模型没法解释的）。标准误差就是用线性回归得到的预测的标准差，其值越大，表明线性回归模型预测的数据越离散，相应的准确度也越低。

至于相关系数为什么要平方、调整，这是数理统计领域研究的内容，这里不多讲，感兴趣的读者可以查阅相关资料。作为用户，我们当然希望这三个 R 值越大越好，表明模型跟样本数据的拟合度越高，也是我们判断预测模型好坏的**最初依据**。

但是，R 的各种参数越大，并不意味着预测模型就一定越好。一个模型可以很好地拟合现有数据，表现在三个 R 值都很大上，但并不意味着预测准确度就很高，这就是统计学中讲的"过度拟合"问题。**一个模型的优劣，最终将取决于实际案例的测试**。比如建模的时候，一部分样本用来建立模型，另一部分样本用来测试准确度，复盘预测出这些样本值，通过跟实际值相比来验证预测模型的优劣，我们在后面还会讲到。

在图 1-21 中，第二部分是**方差分析表**，这是从数理统计的角度出发，判断线性回归模型的可靠性。F 值越大，表明线性回归越显著，也就是说，模型越能解释因变量的变化。线性回归的均方误差是模型可以解释的，残差均方误差是模型没法解释的（随机的），F 值是前者与后者的比值。在上面的案例中，线性回归能够解释的误差是 3 853 358，除以随机的也就是模型没法解释的残差均方误差 25 786，就得到 F 值 149。我们希望这个值越大越好。

F 值对应的 F 显著度，简单地说，反映的就是线性回归不成立的概率（即两个变量之间不存在线性关系）。在案例中，F 显著度几乎接近于 0，表明前 6 周预售总量与第 1 周预售销量之间的线性关系非常强，它们之间线性关系不成立的概率几乎为 0。当这个参数大于 0.05，也就是说有 5% 以上的可能，我们一般会认为线性回归模型不成立。

图 1-21 的第三部分是**回归参数表**，即我们使用预测模型时需要的参数。截距是 $y=ax+b$ 中的常数 b，也就是直线与 y 轴交点的值。案例中的模型假定常数为 0，即前 6 周的预售总量 (y) 与第 1 周的销量 (x) 成正比。第 1 周销量对应的系数 3.8，就是说，前 6 周预售总量是第

1周预售量的3.8倍。当然，在数理统计世界，很少会有唯一值，而是有一个区间。这一系数也是一个区间，这就有了置信区间的说法。在这个案例中，可以这样来解释：平均而言，两者的倍数关系是3.8倍；在95%的情况下，这一倍数会介于3.2倍和4.5倍之间（置信区间）——这一区间越小越好，表明模型的拟合度更高，预测的准确度也更高。

回归统计表中的标准差是度量系数的变动性，其值当然是越小越好。t统计是系数与标准差的比值，越大越好。在上面的案例中，3.8除以0.31，就得到12.2。这个值对应的是P值，P值跟上面的F显著度性质差不多，该值越小，表明系数为0的概率越小（系数为0，表明两个变量之间不存在线性关系）。案例中的P值几乎为0，表明两个变量之间的线性关系非常强，这一系数是存在的。如果P值大于0.05，我们一般会认为这一系数为0。

让我们回到前面图1-11中的案例，来解读其线性回归统计参数。

那个小案例是判断需求历史是否有趋势，也就是说，因变量需求跟自变量时间之间是否存在线性关系。我们以21期的数据为例，用Excel的Data Analysis运行线性回归，得到如下线性回归参数，如图1-22所示。

行数	线性回归分析					
1	Multiple R	0.12				
2	R平方	0.01				
3	调整过的R平方	-0.04				
4	标准误差	22				
5	样本数	21				
	方差分析				线性关系不存在的概率	
6		自由度	误差平方和	均方误差	F	F显著度
7	线性回归	1.00	127.23	127.23	0.26	0.61
8	残差	19.00	9 160.01	482.11		
9	总计	20.00	9 287.24			
10		系数	标准差	t统计	P值	95%下限	95%上限
11	截距	13.00	9.94	1.31	0.21	-7.79	33.80
12	星期	0.41	0.79	0.51	0.61	-1.25	2.06

这一系数为0的概率

图1-22 趋势的线性回归分析

在第 2 行，R 平方非常小，只有 0.01；在第 3 行，调整过的 R 平方也很小，是负数。这些都表明，需求和时间之间的线性关系非常薄弱。再看第 7 行，F 显著度大于 0.05，表明从数理统计的角度看，需求和时间之间的线性关系（趋势）不成立。继续看第 11、12 行的 P 值，也都大于 0.05，同样说明，从数理统计角度看，线性回归模型的两个参数都为 0，亦即不存在线性回归。最后看两个系数，它们的 95% 置信区间包含 0，再次说明需求和时间之间没有线性关系。

所以，所有的统计参数都表明，这个产品的需求没有趋势。

对于线性回归的数理统计参数，这里只是从实践者的角度来介绍。这么拗口的统计学术语，统计学家还有更专业、更准确当然也是更难懂的解释。为了保护脑细胞起见，我们就简单介绍到此。不过要知道，在一个纷繁复杂、充满不确定性的世界里，数理统计虽然抽象，却是我们遨游未知，从不确定中提炼确定性的关键。供应链运营面临的商业环境复杂多变，我们要改变线性、确定性的思维习惯，学会用概率的思维来考虑问题，用概率的思维来应对变化，这叫"统计学思维"[⊖]。

数理统计就是为抽象、多变、复杂的世界而研究出来的，我不知道还有什么方法能比数理统计更好地理解不确定性了。所以建议大家学点基本的数理统计，能够看懂基本的数据分析，就像这里讲的内容。作为管理者，我们不需要成为数理统计专家能够**计算**出这些参数来；但是，我们要有能力**解读**这些结果。当然，如果你下定决心牺牲几个脑细胞，你会发现这些东西其实并不难。

我理解，数理统计对于大多数人来说很抽象，而我写这本书的目的是以尽可能直观、实践的方式阐述这些最基本的数理统计模型——每次谈到数理统计，我就很内疚，因为我知道那对大多数读者来说是折磨。当然，你能耐下心来读到这里，表明你已经吃了很多苦，比这世界上 99% 的人都懂更多的数理统计了。恭喜你。

⊖ 科学管理其实是建立在"统计学思维"的基础上，比如全面质量管理、六西格玛、精益生产等，都离不开数理统计。

小贴士 **样本选择的几点考量**

跟任何预测模型一样,线性回归要求样本具备**代表性**。

在上面的案例中,我们首先考虑的是产品的**销量**:销量太低的产品缺乏代表性。对于案例企业来说,预售开始前,供应商就得开始生产,其最小起订量一般为 50 个。我们的经验是,如果预售第 1 周只卖几个,后续几周的预售也不会多好,那么给供应商的最小起订量很容易满足整个预售期(6 周),也就没有调整预售期间预测的必要。问题主要集中在那些预售销量较高的产品上。所以,我们选择销量相对高的样本,比如第 1 周的预售量超过 20 个,也符合业务的实际需要。

当然,销量也不是越大越好。销量太大的,就如把盖茨与我们放在一起来比较收入一样,会显著影响样本的均衡性,从而扭曲了线性回归的结果。这种样本叫"大影响"值,也要避免。在这个案例中,我们把样本首周预售量的上限设定为 250 个——超出上限的样本数量较少,而且会显著影响线性回归。

试想,线性回归的直线就像一个跷跷板,中间的支点是样本的中间值,两头是太大和太小的值。样本的值太小了,放上去不会影响到跷跷板的平衡,这些样本其实就被忽略了,线性回归也没法很好地预测这些值;样本值太大了,一放上去就彻底改变了跷跷板的平衡,这显然也不合适。这就是要设定上下限的原因。

我们也得考虑**时间**。案例企业在快速发展,每年的营收成倍增加,电商平台也在增加,店铺的数量也是,业务还在从 B2C 向 B2B 扩展。如果样本数据太旧,同样会有代表性不足的问题。我们就选择 2018 年后半年的产品(该案例是 2019 年第一季度做的)。

预售的**折扣率**也是选择样本的考量因素。在 2018 年的前半年,案例企业的预售折扣一般是 50% 左右;到了后半年,改为 70% 左右。鉴于现在的产品也是 70% 左右的折扣,我们就选择折扣率也在 70% 左右的样本。当然,我们也可以把折扣率作为独立变量,建立一个多元线性回归模型，同时分析折扣率对销量的影响，为了简单起见，这里暂且略过。

最后，我们谈一下线性回归不能任意外推的问题，如图1-23所示。比如我们这里针对第1周预售20～250个的产品建模，如果新产品的第1周销量越是在其中间地带，则预测准确度就越高；越是向两头，预测准确度就越低；如果在上下限外的话，离上下限越远，就越不能用这个线性回归模型来预测。

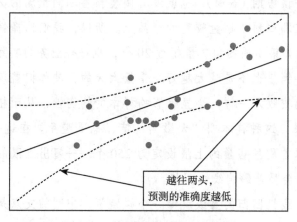

图1-23　线性回归不能无限外推

打个比方，假定我们围绕工薪阶层，月薪为2500～20 000元，统计每个月用于吃饭的薪水比例，比如说是15%。你知道，针对典型的工薪阶层（其平均收入居中），这个百分比相当可靠；薪水越是接近2500元或20 000元，这一比例就相对越不准；如果一个人的收入是每月30 000元，我们或许可以打擦边球参考这个比例，但准确度难以保证；如果是比尔·盖茨那样的有钱人，或者拿低保的没钱人，你还用这一比例的话，自然会得出大错特错的结论了。

小贴士　极端值的处理

极端值会显著影响线性回归的统计参数，降低模型的预测准确度，需要严肃对待。

接着上文的例子，让我们再看一个具体的例子，简单介绍对极端值的处理。

直觉告诉我们，预售期间卖得好的产品，正常销售一般也会卖得好。这一关系对我们很重要，因为我们可以据此预测预售结束后的正常销量。就拿案例企业来说，一般在预售2周时，就得预测正常销售的需求，以便及时驱动供应链来响应。这里我们首先要验证的是，2周的预售销量和正常销售期的需求之间，是否存在这样的线性关系。

我们选择了37个样本，都是最近一年内上市的产品，上新期间的促销力度在7折左右。我们先来做散点图，粗略判断预售与正常销售的销量是否存在线性关系。如图1-24所示，横轴是预售2周的总销量，纵轴是转入正常销售后首月的销量（第7～10周）。两者看上去确实存在线性关系。不过有几个极端值（也叫"离群值"），看上去影响很大，我们得仔细研究一下。

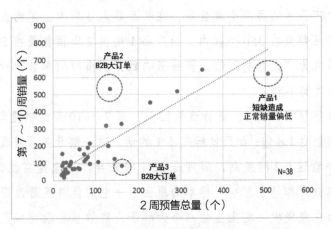

图1-24　用散点图来初步判断线性关系和极端值

对于极端值，我们首先要判断是不是错误，比如输入错误。本书后文有个"填报瓶子中有多少巧克力"的游戏，有人填的答案是10 000块。瓶子那么小，巧克力挺大的，这10 000块的答案显然有问题。询问那个竞猜者，答曰本来要填写1000块，结果手一滑，多输了个0，就变成了10 000块。

对于需求历史，要确认是不是错误，最简单的就是找到订单层面的信息，确认每行订单的数量、客户、日期等。比如有时候客户下单，多个0或少个0是常有的事，小数点漏掉的事也常发生；我们的客服人员录入订单时也可能有同样的手误。如果错误地多订了，后续可能会退货；如果错误地少订了，后续可能会大量订货来弥补。这些都可能通过确认历史数据、询问相关的当事人来完成。

在确认是不是错误的时候，我们其实已经在研究这些极端值的历史了。

先说极端值1（产品1，图1-24右上角）。这个产品一经推出，反响就非常好，供应链各节点的库存很快就消耗完了，第5周起就开始短缺，所以后续的销量就偏低。对于这个产品，有两种做法：①基于没有短缺时的销量，来修正第7到第10周的销量；②如果没法修正的话，可考虑剔除这个产品。

剔除产品1的另一个考量是，在新品导入2周内，案例企业的绝大多数产品销量在350个以内，而产品1的前2周预售量在500个以上，容易成为"大影响"值，显著影响到预测模型的参数，对预测大部分产品反倒不利。

比如不包括产品1，进行线性回归，第7～10周的销量等于前2周预售销量的1.8倍；如果包括产品1的话，这一倍数关系就成了1.6。可不要小看这0.2的差别，那可是11%的差异。这也是在统计学上，此类样本被称作"大影响"样本的原因——它们能够显著改变预测模型，就如在跷跷板一端坐上去一个大胖子，能够显著改变跷跷板的平衡一样。

当然，把这样的"大影响"值剔除，也缩小了模型的适用范围。比如在这里，适用区间由20～500，变成20～350。不过这样做往往是对的。对于这点，我们这些没钱人深有体会：在各种统计中，我们屡屡拖了全国人民的后腿，就是因为那些平均值中，包括了少数极端有钱的人，这些人是"大影响"值。解决方案就是"物以类聚，人以群分",用不同的模型来应对。

相比产品1,图1-24中的产品2(左上角)和产品3(左下角)就更难抉择。从一开始做分析,我就忍不住,一再想剔除这两个极端值,这样数据会变得更加紧凑,模型拟合度更高,模型也看上去更完美。不过且慢,**我们的目标不是完美的模型,而是能够更加真实地反映实际情况的模型**——我们得真正理解这些极端值是偶然性的,还是可能重复。如果是偶然的,比如数据输入错误,或者特殊的客户行为等,不期望会重复发生,则需要剔除;否则,作为正常的业务行为,我们得保留,或者修正模型以更好地应对。

仔细看产品2和产品3的需求历史,可以发现,需求异动都是由大的B2B客户行为造成的。比如对于产品2,预售结束后,B2B客户的接受度很高,大客户多次下订单;对于产品3,导入期间有个B2B客户下了大订单,在预售打折的情况下,这也属期望之中的事,但后续转入正常后,折扣没了,需求就更理性,表现为需求大幅下降。这些情况都属正常:案例企业原来主要是B2C业务,对接的是一个个的消费者,需求变动相对平缓;最近进入B2B业务,对接的是企业,有的企业规模还很大,比如年营业额达到8亿美元,这些大B客户的需求多,需求集中度高了,需求的变动性也增加了。

对于这样的极端值,也可能意味着模型漏掉了一些变量。比如在该案例中,B2C和B2B或许是需求的影响因素之一,我们可以在模型中增加变量来反映,或者按照是否有B2B业务来单独建模,在此暂且略过。不过对于产品2和产品3,虽然它们是极端值,但我们还是要保留下来。

与"大影响"数据点相比,极端值一般不会显著改变线性回归模型的斜率和截距,但会显著增加数据的**离散度**,表现为预测值的标准差增大,相应的置信区间更宽,斜率、截距的标准差也是。比如就本案例来说,如果剔除这两个极端值,预测对象第7~10周需求的标准差为50;如果包含在样本内,标准差就变成了77,增加了50%还不止。反映到业务中,为了对付这样的需求变动,就得多加安全库存。

此外,对于极端值的识别,也可以借助线性回归:在 Excel 中运行线性回归时,选择"标准残差",当标准残差大于 2,或者小于 −2 的时候,这个数据点就是极端值。这是借助数理统计,把 95% 置信区间外的值都定义为"极端",在应用时要注意,因为如果剔除这些"极端值",再运行线性回归,往往会识别出新的"极端值"。所以,我们不能简单地按照标准残差,而是要根据实际业务来识别极端值。

关于大影响值和极端值,YouTube 上有个很好的片段,解释得很到位,有条件的读者可以看看:Leverage and Influential Points in Simple Linear Regression, https://www.youtube.com/watch?v=xc_X9GFVuVU。

小贴士　残差图的分析

不管用什么样的预测模型,总有一部分是没法预测的,以"残差"的形式遗留下来。就如上文图 1-16 所示,我们把时间序列中的趋势部分、季节性部分分解出来——这些都是可预测的,可以找到合适的预测模型来应对,剩下的就是残差。模型的好坏,在残差图上可以看出很多信息。

简单地说,残差就是预测值与实际值的差值,也叫误差。残差包含丰富的信息,我们可以通过分析残差来判断预测模型是否合适,以及是否需要修正模型等。对于线性回归来说,残差需要符合下述四点(这四点对别的预测模型也有参考意义,特别是前两点)。

第一,残差的平均值应该是 0,否则,意味着预测模型有系统性偏差。也就是说,一个好的预测模型会有时候偏高,有时候偏低,但偏差的总计应该是 0,或者非常接近 0。比如图 1-25 中的这个产品,残差正负相间,残差的平均值为 0。在处理上,可以把残差的平均值加到预测中。举个例子:如果知道模型平均低估 2 个,那么我们可以在模型里加上 2 来抵消。

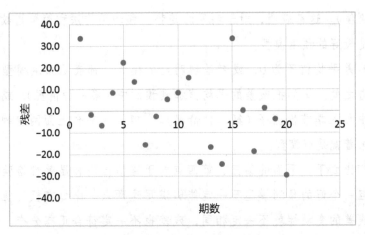

图 1-25 残差的平均值为 0

第二，残差不应该是自相关的，或者有明显的模式，否则，表明数据中还有可预测的成分。比如有个学员公司的一个产品既有趋势（3年来销量逐年下跌），也有季节性（每年第1季度的需求最大）。如果用线性回归来只预测趋势部分的话，残差部分就呈现明显的模式，如图 1-26 所示。

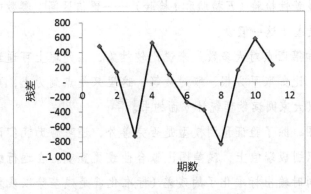

图 1-26 残差呈现明显的季节性

再如，当需求有明显的趋势时，如果我们用移动平均法，或者简单指数平滑法，会一直处于"追赶"状态，表现在残差上，就是残差呈现一边倒的模式：大部分的残差要么为正，要么为负。前者表明预测值小于实际值，后者表明预测值大于实际值（残差定义为实际值减去预测值)。这都表明，对于明显的趋势，移动平均法和简单指数平滑法不是最好的预测模型。

残差平均值不为0，或者呈现明显的模式，都表明预测模型还有可改进之处。比如把残差的平均值加到预测中（第一种情况），或者在模型中加入季节性因子（第二种情况）。[一]但是，符合上面两点的，并不意味着就是好模型。

相比之下，下面的第三、第四点对于置信区间和显著性检验很重要，但一个好的预测模型不一定能够满足这两点。比如有极端值的时候，残差的变动性就不一定相同，残差也不一定符合正态分布。这往往是由于数据本身的原因，很难通过修正预测模型来应对。

第三，**残差的变动性相同**，也就是说，残差的方差相同。对于线性回归来说，如果数据呈现乘积型季节性，残差的变动性就不相同，这会影响到置信区间和各项显著性检验的合理性（F检验和t检验）。

第四，**残差符合正态分布**。当残差不符合正态分布时，不会影响到线性回归模型的各项系数及预测能力，但是，会显著影响到置信区间和各项显著性检验（F检验和t检验）——置信区间、参数的标准差的计算都是基于这一假设。

第三和第四点对大多数人来说比较抽象，在处理上可通过数学变换来应对，比如取平方根、取对数等，这里只是点到为止，更详细的内容，建议大家阅读数理统计方面的书。[二]

残差图，除了验证预测模型是否完善外，还可帮助我们识别极端值——在识别极端值上，残差图比拟合曲线更直观。在运行线性回归时，也可同时输出标准化了的残差（标准化就是残差除以残差的标准差）。前文已经说到，标准化残差大于2或小于−2的即可视作极端值（但如何处置需视具体情况而定）。

[一] Forecasting: Principles and Practice, Rob J Hyndman and George Athanasopoulos, Texts Online Open-Access Textbooks, 2nd Edition.

[二] 比如 Forecasting Methods and Applications，作者 Spyros Makridakis, Steven C Wheelwright, Rob J Hyndman，Wiley 出版，第3版，2018年重印。

小贴士 样本太少怎么办

上周三,某快消品企业的又一款新品上市了,卖得非常好。到了这周一,短短 5 天的预售,已经把原来备了两个月的货卖掉了一小半,得马上决定是否需要补货——产品的补货周期相当长,长周期物料、半成品加工、成品组装加到一起,都快 11 周了。现在的问题是,如何用 5 天的销量来判断后续 11 周,以及更长时间的销量?

他们的计划经理找到 6 个类似的产品,做出 5 天与后续 11 周销量的散点图,如图 1-27 所示。她的思路是,如果两者之间的线性关系成立,就把这款新品的 5 天销量代入,求得以后 11 周的预测,从而判断是否要补货,要补的话补多少。

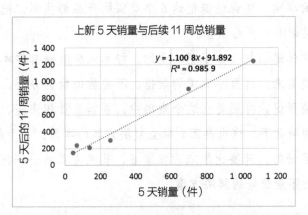

图 1-27 样本太少,线性回归是否可靠

线性回归的模型看上去相当不错——R^2 为 0.9859,都快接近 1 了,理论上的线性拟合效果很好。但问题是,只有 6 个样本,样本数量太小,究竟有多少统计学上的意义?也就是说,从数理统计的角度看,这种关系是否成立?案例企业问我该怎么办。

样本太少,数理统计的确会打折扣,甚至失去统计学的意义。我

○ 这个小贴士,以及接下来的一个,要特别感谢陈曼婷。她问了很多有趣的问题,用 SPSS 做了很多分析,虽然不是尽善尽美,但数据驱动的做法,正是一个优秀计划人员必须具备的。

曾看到一些说法，对于简单线性回归，也就是说，只有一个变量的线性回归，最少应该有10个样本[⊖]——这只是有些人的经验总结，我们不是数理统计专家，很难证明；有些预测专家也警告，关于样本数的任何经验值都不可靠。[⊖]遗憾的是，在供应链领域，我们往往连10个样本也没有，就像这里的情况。

就这个案例来说，鉴于样本这么少，我不认为R^2这样的数理统计指标有多大意义。不过问题是，不用线性回归，我们的备选方案是什么？八成是找那个最有经验的人，或者最能够承担风险的人，让他拍脑袋给你一个预测。那人是怎么拍脑袋的？他总得找一定的标杆来比较吧。那就是找到几个类似的产品，头脑中勾画出这条直线，做线性回归要做的事呗。你说他能把这6个类似的产品都找到，把那条直线画得那么贴切吗？当然不会。

想必你知道该怎么办了吧。是的，样本太少的确有样本太少的问题，但在我看来，这里不完美的数据、不完美的数据分析，整体上仍然比拍脑袋要好，特别是在这个案例中，数据质量相当高、线性关系相当明显的情况下。这也是回到商业解决方案的本质：一个解决方案，即便不是最好的，只要比原来的方案好，就值得采纳——我们寻找的是更好，而不是最好的解决方案。

小贴士　警惕线性回归给你的东西

还是上面快消品企业的案例，不过是另一个产品。该产品的补货周期是13周，上新当天，销量出来了，案例企业就想判断是否要补单。他们找到6个类似产品，用Excel绘制两者之间的散点图，得到线性回归的方程式，判断上新当天和13周销量的关系，如图1-28所示。

⊖ Sample Size Formula, https://www.statisticssolutions.com/sample-size-formula/.
⊖ Forecasting: Principles and Practice, Rob J Hyndman and George Athanasopoulos, Texts Online Open-Access Textbooks, 2nd Edition.

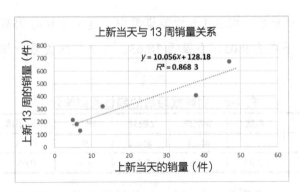

图 1-28　上新当天与 13 周销量的关系

这样做有以下几个问题。

其一，线性回归方程本身有问题。在 Excel 中做散点图 1-28 时，你可以选择标出线性回归方程，但这个方程从数理统计的角度是否成立，却未必。比如图 1-28 中的截距为 128.18，如果你细看表 1-5 中的数理统计，截距对应的 P 值大于 0.05，意味着从数理统计的角度看，截距其实是 0。也就是说，上面的线性回归模型是错误的。另外，你再直观地想想：截距的意思是，即便第 1 天一件也卖不掉，13 周也能卖掉 128 件，这看上去也不大可能啊——做了那么多的广告，引来那么多的流量，很多产品就靠第 1 天的开门红来卖，第 1 天如果一件也卖不掉，那这个产品也基本上是被判死刑了。

表 1-5　线性回归统计

	系数	标准差	t 统计	P 值	95% 下限	95% 上限
截距	128.18	50.13	2.56	0.06	−10.99	267.36
上新当天销量	10.06	1.96	5.14	0.01	4.62	15.49

我们重新定义模型，设定截距为 0，得到新的线性回归统计。如表 1-6 所示，从数理统计的角度看，这个线性回归更合理，相应的系数也是。让我们与表 1-5 中的老模型对比来说明。表 1-5 包括截距的老模型中，13 周销量和上新当天销量的倍数关系为 10.06，其 95% 置信区间为 4.62 和 15.49（亦即在 95% 的概率下，这一倍数关系会介于这两者之间）。从上限到下限，这可是 3 倍的关系，表明准确度相当

低。当剔除截距后，在表1-6的新模型中，这一倍数的95%置信区间变得更窄，下限为9.05，上限为18.63，是2倍的关系，相比之下就更准确。

表1-6 剔除截距后的线性回归统计

	系数	标准差	t统计	P值	95%下限	95%上限
截距	—	#N/A	#N/A	#N/A	#N/A	#N/A
上新当天销量	13.84	1.86	7.43	0.00	9.05	18.63

那么，这是不是意味着，表1-6的模型就是合适的模型，可以用于预测下一个新品的13周销量？答案是否定的。这就回到模型的第二个问题：样本数太少，而且样本呈现明显的两极分化，导致模型本身的准确度非常低。如果用上述模型13周销量=13.84×上新当天销量，计算出这6个产品的13周预测销量，再跟他们各自的13周实际销量比较，计算出误差。你会发现，上新当天销量越大，误差越小；销量越小，误差越大。也就是说，模型呈现明显的偏向。预测值与实际值的复盘比较如表1-7所示。

其实这也是"大影响"样本在作祟：产品5和产品6的销量显著大于其余产品，扭曲了整个线性回归的结果，表现为预测模型更加"偏向"这两个产品，而"忽略"了销量小的产品。

表1-7 预测值与实际值的复盘比较

产品	上新当天销量（件）	13周销量预测（件）	13周销量实际（件）	误差
产品1	5	69	218	68%
产品2	6	83	184	55%
产品3	7	97	132	27%
产品4	13	180	321	44%
产品5	38	526	407	−29%
产品6	47	650	674	3%

这里要说明的是，模型的建立要特别避免垃圾进、垃圾出。就线性回归而言，不管你给什么样的数据，Excel总会给出一个"模型"，以及相应的各种参数，有时候那些参数，比如R^2等，看上去还相当不

错。数据模型离不开专业判断。选择合适的样本，正确地解读这些参数，都需要靠我们自己，Excel 和统计软件没法替代我们。

那么，对于这个小案例，我们还可以做点什么？

其一，搜集更多的样本。不要按照产品本身的相似度，而要按照需求模式的相似度来扩大搜寻范围。比如你的新产品是棉鞋，虽然手套、帽子看上去跟棉鞋不一样，但它们的需求模式可能很接近，都受气温的影响，需求的可比性高。

其二，等更长的时间，搜集更多的需求历史，推导出可靠度更高的模型。比如不用第 1 天的，而是等 3 天、5 天或者 1 周，用更多的需求历史来建模。这样做的优点是预测准确度更高，缺点是时效性不高——我们可能在浪费宝贵的响应时间。

其三，提高标准化来增加聚合效应，降低库存风险，从而降低对预测准确度的依赖。比如标准化原材料、半成品，即便原材料、半成品备多了，还可以后用，用在别的产品上。这样，即便预测准确度低，其影响也不会太大。当然，这是长周期的解决方案，需要从产品研发入手。

实践者问

对于趋势，我们可用霍尔特法，也可用线性回归法来预测。这两种方法有什么区别？

刘宝红答

让我们举个例子来说明。如图 1-29 所示，用线性回归法预测趋势时，我们是用一条直线来拟合，直线的斜率是固定的，比较"僵硬"，可优化之处很少，响应度、准确度也相对更低。用霍尔特法时，斜率是变动的，我们在用一条折线来拟合，而且可通过调整两个平滑参数来优化模型。整体而言，霍尔特法更加灵活，拟合度一般会更高，预测的准确度也更高。当然，霍尔特法比线性回归法更难掌握、更不直观，但还是值得花时间来学习掌握。霍尔特－温特模型同理。

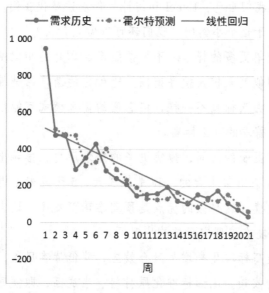

图 1-29　霍尔特法比线性回归法更灵活、更响应

选择预测模型的一些考量

预测模型的选择是个复杂的过程，需要考虑多方面的因素，再配以职业判断。计划软件往往按照特定的指标判断预测模型的优劣，但很难综合考虑多种因素，特别是历史数据没有反映的信息。这就是对计划软件建议的模型，有经验的计划人员总是戒心重重的原因了。

在选择合适的预测模型时，我们首先要看**预测准确度**。前面说过，常用的准确度指标有两个：平均绝对百分比误差、均方误差。前者的好处是直观，但有可能误导；后者的好处是更能够避免极端误差，但不直观。

我还看到，有人用预测"成功率"来评判模型的好坏。比如准确度目标是 70% 或更高，选 100 个样本，用预测方法 A，有 60 个样本达到 70% 以上的准确度；用预测方法 B，只有 55 个，所以就得出 A

优于 B 的结论。这看上去有道理，但如果 A 没有预测"准"的产品中，误差极端大的案例很多，而 B 没有预测"准"的产品中，误差都相对挺小，怎么办？

我们当然希望更多的产品能够预测更准，但害死我们的是那些预测**极端不准**的，这在上面介绍的评判方法中没有覆盖到。打个不恰当的比方，这有点像木桶理论，每个桶板当然是越长越好，但真正害死我们的是那些最短的板。

所以，围绕多个产品选择一种更优的预测方法时，我们也要观察那些预测误差极大的产品，通常有 3 种方法来应对。

方法 1 是把所有产品的预测误差加起来，看哪种预测方法的整体准确度最低。

方法 2 是采取两种**互补**的预测方法，比如方法 A 的优势是预测需求变动大的产品，方法 B 的优势是预测变动较小的产品，每个产品根据自身的特点，在 A 和 B 中选择一种方法，以尽量避免出现大错特错。我们后面要讲的预测方法择优，就是基于这样的思路。

方法 3 是用多种方法预测，求其平均值作为最终的预测。有些学者会说，这样做可以提高预测的准确度。这有点集思广益的意思，跟"三个臭皮匠，能顶一个诸葛亮"一样。针对具体的案例，我们可以通过复盘的方式，来验证其效果。

对预测来说，**我们与其说是在追求"更准"，不如说是在避免"更不准"**。我们要尽量避免极端错误。这就如长寿和早死的关系：虽说我们都在追求长寿，但其实更多是在力求避免早死。长寿充满偶然性，但早死有必然性；⊖你很难对偶然做点什么，你是通过控制必然来应对偶然，也就是说，避免早死，才会长寿。

或许这也能够解释，至少是部分解释，为什么人们不愿接受人工

⊖ 长寿充满偶然性，这就是为什么一个老先生都活到 96 岁了，也说不出长寿的原因：如果他真知道长寿的秘诀，那他太太为什么 30 年前就过世了？不过早死存在一定的必然性：如果一个人喝很多酒，吸很多烟（偶然喝点、吸点还行），在 ××× 公司上班压力太大，你知道这人十有八九会折寿。

智能（AI）和计划软件的建议：凡是我见过的AI和计划软件，整体的预测准确度都要比计划人员更高；但是，由于这些信息系统不知道促销、活动等需求历史没法完整体现的信息，往往会出现大错特错，而计划人员一眼就可以看出。在精益求精的优化上，计划人员虽然斗不过软件；但在避免大错特错上，他们往往做得更到位，或者至少觉得他们做得更好。出于避免"更不准"的心理，人们不敢用或者不愿用AI和软件系统做预测，也就不难理解了。

预测模型的选择还要考虑业务结果：**现货率**、**库存周转率**和**运营成本**。

预测对现货率和库存的影响比较直观，我们可以通过复盘模拟来评估：假定期初的库存水位，然后根据预测和实际需求，模拟每期末的库存水位，来计算相应的现货率和整体库存水平，就如图1-14中表述的例子。

预测对运营成本的影响如何，我们很难直接量化。但是，我们可以用预测的平滑度来帮助评估：预测不平滑，表现为起伏较大，对供应链运营的影响大，相应的运营成本就高，产能利用率也低。而平滑度，我们可以用标准差来量化：对于同一产品，预测的标准差越大，表明平滑效果越差，反之亦然。不同产品之间的比较，可以考虑用离散度（标准差除以平均值）。

比如对于一个产品，我们用不同的方法，基于第1到第9期的需求历史，复盘预测第10到第26期的需求，再计算预测的标准差，借以判断预测的平滑性。如图1-30所示，我们比较幼稚预测、移动平均法（分别用2期、3期、6期和8期移动）、简单指数平滑法（平滑系数分别为0.05，0.10，0.15和0.20）。幼稚预测没有任何平滑效果，预测值的变动最大，表现为标准差最大；移动平均法和简单指数平滑法都有平滑效果，预测值的标准差也明显更小。更具体地说，移动平均法的移动期数越高，简单指数平滑法的平滑系数越小，平滑效果越明显，都是意料中的事。

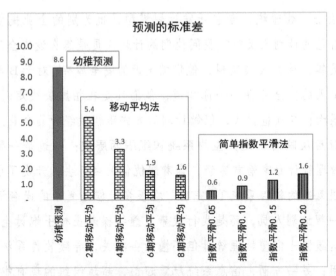

图 1-30　预测的平滑度会影响到供应链的运营成本

预测方法的择优，要尽量考虑对供应链执行的影响，在预测准确度差不多的前提下，预测要尽可能平滑，以降低供应链的执行难度，降低供应链的运营成本。

最后，**预测模型的选择还要考虑实施的难易度**。人们难以理解的模型，就不信任；不信任，就很难推广。就整体预测效果而言，简单的模型往往比复杂的更理想，很大程度上是因为简单的模型更容易落地。这就像给你一件功能100%的武器，你能实现30%，还是功能70%的武器，你能实现50%一样。

真正的计划高手，高就高在用最基本的模型，比如移动平均法和指数平滑法，解决实践中的大多数问题。这就如真正的武林高手不会花拳绣腿，不拖泥带水，而是用最简单、最直观的招数克敌制胜一样。所以，如果有些人一张口就搬出一些你没听过的复杂方法，他八成是在以主题博大，以掩盖在基本方法论上的贫瘠。

小贴士　寻找更优，而不是最优的解决方案

有一家年营收千亿级的大公司，开设了专门的事业部，雇了一帮博士、硕士、数理统计专家开发计划模型，也为别的企业提供咨询。但他们自己的计划人员呢？我问他们的计划人员是怎么设安全库存的。计划人员答，对于 A 类物料，他们放 x 天的安全库存；对于 B 类物料，他们放 y 天的安全库存……你知道，他们还是在拍脑袋决定，虽然公司规模很大，名气也很大，但做计划的方式跟粗放经营的企业无异。

这背后反映的就是典型的**系统和组织两层皮**：一边是一帮博士、硕士、数理统计专家皓首穷经，奔着**最优化**的目标去，开发了很完善，当然也很复杂的软件系统（"完善"在很多时候是复杂的代名词）；另一边是一帮计划人员，还是我行我素，继续操着土枪土炮讨生活。一方面，这跟博士们懂数理统计但不懂业务有关，导致软件系统本身不一定实用；另一方面，信息系统严重超前，超越组织的现有能力两个阶段，也会导致两层皮的问题。

什么叫超越两个阶段？打个比方：一群原始人在赤手空拳与野兽搏杀，你给根棒子，这是超越组织能力一个阶段，他们试后觉得不错，用的可能性很大；但如果给辆坦克，这是超越现有能力两个阶段，他们根本没有能力操控，当然也就不会用了。

寻找渐进式的改良方案，可有效避免上述问题。

比如某企业对于所有的产品，原来都在用 8 周移动平均来预测。我们经过复盘分析，发现部分产品用 6 周移动预测更准确，其余的用 8 周移动预测更准确；或者说整体而言，指数平滑法比移动平均法预测更准确，那我们就适当地进行差异化处理，这就是渐进的改良。

再比如说，每个产品在不同的库存点，最优预测方法都可能不同。但为了简单起见，我们把一个库存点的所有产品作为一个整体，寻找一种或两种方法，让整体胜算更高。相比每个产品都采用最优预测方法，这样做会丧失一些准确度，但希望换取更高的可操作性，降低预测模型的维护成本，也适当提高模型的容错性。

商业问题的本质是寻求更好，而不是最好的方案。就如 NBA 达拉斯独行侠队的老板库班所言，商业上追求完美是件糟糕的事，因为有个投入产出比的问题。[1]等组织的能力提升到一定地步后，我们可以逐步导入更完美且更优化的做法。

|实践者问|

我是做供应链系统的，公司让我主导供应链计划改进项目。我怎么做预测部分的需求呢？毕竟信息化的从业人员很少有供应链体系的从业经历，我的问题比较尴尬。

|刘宝红答|

这是对你们IT人员的不公平。定义需求首先是计划人员的责任，他们得搞清楚需求预测怎么做，库存计划如何设，哪些地方需要改进。他们定义好需求后，你们IT部门可以帮助自动化。有趣的是，另一家公司的IT人员也有同样的问题：他们在公司CFO的驱动下，给供应链设计了一整套的预测、计划模型，整体思路很好，但根本没法落地。反过来想想，如果让一个计划经理设计一套IT解决方案，其可行性会有多高。

这也反映了有些公司对计划的误解，认为计划就是分析数据，而IT部门似乎是数据的对口部门。跟任何职能一样，计划的能力要从组织、流程、信息系统三个方面来改进，IT部门可以改进信息系统，但信息系统要围绕组织的目标和做事的流程来开发，这些都需要计划职能来定义。

|小贴士| 预测模型的优化要提防过度拟合

案例企业的产品是快消品，生命周期从2个月到2年不等，但以几个月居多。该企业以电商业务为主，在导入新产品时，前3周会进行大幅度的上新促销活动，比如通过微信公众号、平台网站、粉丝群

---

[1] Mark Cuban: Why perfection in business is a bad thing, YouTube.com.

宣传，并借助打折等促销措施，所以这3周的需求一般较高。促销活动结束了，从第4周起需求进入正常状态后，后续的需求就会回落，有的产品回落幅度很大，有的产品回落幅度较小，但整体趋势是逐步回落，直到消失。

图1-31所示就是该企业的一个典型产品。对案例企业来说，3周的上新促销结束后，首要问题就是要不要补货，要补的话该补多少。这是个需求预测问题，特别是预测上新结束后的需求，因为这对补货决策的影响最大。而企业面临的挑战，就是销售数据较少，而且受促销等因素影响，需求历史扭曲严重，波动太大：为时3周的上新促销后，只有3个数据点，就靠这样的3个数据点来"撬动"（预测）未来那么多数据点（虚线表示），真是难上加难。

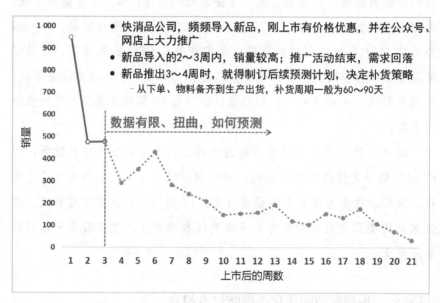

图1-31　新品数据有限，预测后续需求充满挑战

对于这种情况，案例企业自然想到的就是分析一些产品，看上新促销和正常销售期间的需求有没有某种关系，以此来预测未来的需求。以图1-31中的产品为例，该企业进行复盘，把21周的实际销量导入SPSS统计软件，让软件分析数据，用各种不同的方程来拟合。如

图 1-32 所示，SPSS 尝试了线性、对数、复合、二次和三次函数等多种方程，每种方程的拟合度通过 R^2 来表示：R^2 越大，表明拟合度越高，即该方程能更好地匹配实际值。

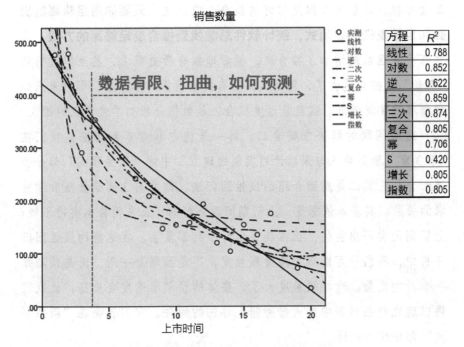

图 1-32　新品数据有限，很难通过数据模型来预测

看得出，二次、三次、复合方程比较好地拟合了实际数据；次数越高，拟合度就越高。用一条曲线拟合事物发展的趋势，也是预测方法中的一种：**趋势外推法**。采用趋势外推法常用指数曲线、对数曲线、多项式曲线（一次、二次、三次曲线）等。但是，在用趋势外推法，特别是用多次多项式曲线时，要特别留神下面两个问题：

其一，**需求历史的代表性问题**。在正常销售期间，上新阶段的各种促销行为是不可重复的。基于需求历史的预测模型有个最基本，也是最重要的假设，那就是需求历史的可重复性，或者说，至少有相当的可重复性。在这个案例中，这一假设很难成立。再想想，即便假设成立，就靠上新期间的 3 个数据点，要预测未来那么多周的需求，可靠度能有多高。

其二，**过度拟合的问题**。新品导入与正常阶段的需求模式大不相同，如果用同一个方程来模拟，往往得用次数更高的二次、三次甚至四次方程，才能跟数据足够好地拟合。或者说，**只要你用足够高的次数和足够复杂的多项式，统计软件总能找到拟合度足够高的方程**。这些高次方程虽然增加了拟合度，很好地拟合历史需求，甚至把随机的"杂音"也拟合进去了，但是反倒没有找出数据的规律来，那对未来的预测准确度就很低。这就是过度拟合，是数据分析初学者常犯的错误。

这个问题的解决方案有二。其一是德尔菲专家判断法，我们在"第3章 新品导入与滚动计划机制的建立"中的"新品预测"部分会详细介绍。其二是前面介绍的线性回归法，建立前3周销量跟后续需求的关系。其基本依据是，上新期间卖得好的，正常销售也卖得不错；上新期间卖不出去的，正常销售也好不到哪里去。在这样的线性回归分析中，我们也可以适当增加颗粒度，不是预测每一周，而是预测每一个月的销量。这样颗粒度大了，整体的预测准确度会更高，让我们得以避免新品预测中的大错特错。详细的做法，我们也会在"新品预测"部分继续探讨。

💡 案例　中心仓的预测方法择优

改善不是寻找最佳方案，而是寻求更好方案，不断迭代改进。

在供应链网络上，轮辐结构是常用的方式，即由一个中心仓支持多个前置仓，每个前置仓再给特定的店铺、客户供货。

如图1-33所示，案例企业就采用这种方式：他们的中心仓设在国内，支持各地的前置仓；前置仓设在美国、欧洲、日本等不同国家，支持当地的店铺。对于新近发展的B2B业务，他们也设立了专门的仓位支持，性质与其他前置仓类似。案例企业有自己的生产线，但只负责简单的组装，关键零部件都是供应商生产，由几个主要的供应商组装成半成品，发送到案例企业的生产线做最后的组装和包装，然后通

过中心仓发送到各个前置仓,以及支持 B2B 业务的专门仓位。⊖

在供应链上,中心仓的计划扮演关键的角色:①制订整体需求预测计划,驱动生产和供应商;②支持前置仓、直发客户和官网的补货需求;③平滑需求,提高生产和供应商的产能利用率,控制整体运营成本。而这关键中的关键,就是制订准确度更高的需求预测计划。

图 1-33　中心仓和前置仓的轮辐结构

长期以来,案例企业的需求预测采取分散汇总的方式:对于前置仓,负责的各位销售经理每月提交需求,跨度覆盖未来 3 个月;对于直接由中心仓支持的客户、官网等,中心仓的 PMC 负责预测;两类预测由 PMC 经理汇总后,成为整体预测,驱动后面的供应链,包括生产线和供应商。

严格地讲,案例企业没有专门的需求计划职能——PMC 在代行一部分需求计划责任,但 PMC 属于供应,只有生产、物控经验,不熟悉销售端的业务,没有市场分析能力。多位销售经理提需求的话,预测的颗粒度太小,预测的准确度注定不高;销售与运营、销售经理之间互相博弈,比如一旦短缺或者担心短缺,销售经理就系统拔高预测,

---

⊖ 设置自己的生产组装线,一部分原因是自我保护:担心单个供应商掌握了全部的生产、组装,成为自己的竞争对手。这种情况也屡见不鲜:好不容易开发出一款好产品,结果没多久供应商换了个牌子,也在市场上卖,而且价格更低。

这进一步降低了预测准确度。

除销售提需求外，案例企业还存在多重需求预测的情形（见图1-34）：销售在前置仓做3个月预测来驱动PMC；PMC整合、调整后，做3个月的预测来驱动生产；为获取规模效益，采购独立做6个月的预测，下达给供应商。这三套预测并存，准确度低，相互脱节。

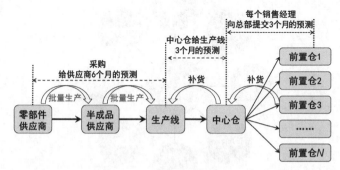

图1-34　现状：销售、PMC、采购多重预测，集成度低

多重预测的结果是，中心仓的成品设置1个月的成品库存，生产线设置1.5个月的半成品库存，供应商大致做3～6个月的库存，放在手头，供案例企业每周调用。从供应商到生产线、中心仓，再到前置仓，在库加上在途，总共有6个月左右的库存。考虑到供应商的正常交期是4周，生产线组装、中心仓发货用2周，空运和入库验收需要2周左右，6个月的整体库存实在太高，库存风险太大。

我着手分析案例企业的计划改进后，首要建议就是需求预测由中心仓统一做，基于需求历史，预测所有前置仓、B2B客户和官网的需求。毕竟，计划是个集中行为，如果人人都在做计划，那本身往往就是问题。销售经理不再做数据分析，不再提交3个月的需求预测，但得管理需求变化，关于促销、活动、客户端的显著变化，要尽快告诉中心仓。

这样，需求预测的职责划分如下：中心仓的计划人员"从数据开始"，前置仓、店铺的销售人员"由判断结束"，数据分析结合职业判断,得到准确度最高的"错误的预测"——所有的预测都是错的,但整合后端的数据分析和前端的职业判断的预测错得最少。

需要指出的是,这并不意味着前置仓从此就跟计划无关:前置仓不做预测,是指不做跨度为3个月的需求预测;严格意义上,前置仓还是要做预测,即向中心仓的要货计划。从中心仓到前置仓,补货周期很短,要货计划的时间跨度短多了,即便预测错了,也只影响到它自己,不会影响到整体的生产和物料预测;纠正也容易,让中心仓赶紧再发一票货,几天后就收到了。

对于供应链,如图1-35所示,我们的目标是建立**拉动机制**,即基于统一的成品需求预测,拉动生产制订半成品的需求计划;基于半成品的计划,拉动采购制订物料的采购计划;基于采购计划,拉动供应商供货。这背后的逻辑是物料需求计划(MRP),通过层层打开物料清单(BOM),扣除在途和在库,计算净需求,拉动生产线和供应商,实现**需求驱动的供应链**。

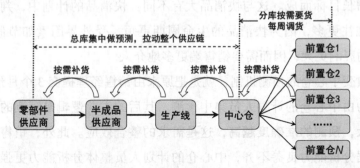

图1-35 中心仓集中预测,前置仓按需要货,建立需求驱动的供应链

改进前,就库存和服务水平而言,案例企业处于第一阶段:**高库存、低有货**。改进计划体系的目标是从高库存、低有货过渡到第二个阶段——**高库存、高有货**,然后再到第三个阶段,也是供应链改进的终极目标,就是**低库存、高有货**。

到现在为止,我们完成了第二个阶段的过渡,主要是通过下述举措完成的:

第一，把需求预测由前置仓集中到中心仓，在颗粒度大的地方做预测；

第二，选择更好的预测方法，做好数据分析，提高基准预测的准确度；

第三，用同一套需求预测拉动生产线、半成品供应商和零部件供应商。

前两个举措提高了预测的准确度，第三个举措协同了供应链的不同环节，减少了多重需求预测带来的库存问题。伴随这一改进过程的，是需求计划职能的建设。下面我们分享一下这段经历。

需求预测的集中化

案例企业的最终用户是消费者，以 B2C 业务为主，但产品的表现却有点儿像工业品，除了新品预售期外，促销、活动较少，需求相对平稳，需求预测主要是基于需求历史，以数据分析为主，再适当结合业务增长目标而成。这与快消品大有不同：快消品的计划中，判断的成分往往更多，因为快消品的生命周期更短，受外界因素如节假日、竞品的影响更大，因而需要销售端更多地介入。

改变中心仓的预测机制，就是把原来由销售经理提交 3 个月预测，调整为由中心仓的计划人员集中预测。其后的主要逻辑是**预测的颗粒度越大，预测的准确度越高**，这是需求的整合效应。此外，销售经理的数据分析能力良莠不齐，中心仓的计划人员整体分析能力更强，处于更好的位置来优化预测模型，做好数据分析。

为了帮助案例企业更好地理解颗粒度越大，预测越容易，我们分析了他们的产品，掐头去尾，除掉新产品和即将下市的老产品，挑选了 558 个量产阶段的产品做分析。在这些产品中，每个产品平均在 3 个多前置仓销售，在前置仓共有 1885 个库存点需要计划。也就是说，在前置仓层面预测的话，每月要应付 1885 个预测对象；但如果汇总到中心仓，统一做预测的话，预测对象则只有 558 个。

我们截取 1 个季度（13 周）的需求历史，针对每个产品、每个库位统计两个指标：13 周频率⊖和离散系数。前者是我自己设计的指标，后者是标准的数理统计指标。

13 周频率是在过去 13 周里，一个产品有需求的周数：在特定周，如果有需求就算 1，没需求就算作 0。所以，13 周频率的取值在 0 和 13 之间。比如在过去 13 周里，如果 8 周有需求，那么 13 周频率就是 8。同一个产品，在某个前置仓的 13 周频率是 7，到了中心仓则可能成为 12：中心仓的需求频率一般会更高，是因为聚合了多处前置仓的需求。

13 周频率越高，表明该产品的需求越频繁，越像"短尾"；越是"短尾"，需求预测一般也越好做，准确度也越高。如图 1-36 所示，如果在前置仓层面做预测，预测的颗粒度小，需求更分散，更多的产品就表现为"长尾"，只有不到 60% 的产品是"短尾"⊖；当集中各分仓的需求，在公司层面预测时，预测的颗粒度大，"短尾"的比例就大幅提升，接近 80%，预测的难度也就更低。

离散系数是标准差和平均需求的比值。比如在过去 13 周，某产品的周平均需求是 6.5 个，每周需求的标准差是 2.8，那么该产品的离散系数就是 0.43（2.8 除以 6.5）。离散系数越大，表明需求变动越大，越难预测，预测的准确度也越低；反之亦然。所以，从预测的角度，我们希望降低预测对象的离散系数。在更大的颗粒度做预测有利于实

⊖ 13 周频率的思路来自"12 月峰值"：我以前在硅谷的小批量、多品种工业品行业从业时，用一个产品在过去 12 个月中有需求的月份数，来评估其整体需求频繁度。比如产品 A 在过去 12 个月中，只有 2 个月有需求，别的月份都是 0，那么那 2 个月的需求就会出现"峰值"（peak），其 12 月峰值便是 2。这些年我介入很多本土企业的计划，发现有些企业用订单数来描述产品的需求频繁度，订单的个数可以从 0 到 N，导致分类太多，不同产品之间的可比性就很差。于是我导入 13 周频率的概念。之所以是 13 周，是因为很多产品是快消品，生命周期可能只有几个月，13 周是一个季度，也更加符合这些企业的实际情况。对于小批量、多品种的慢动产品，还是可以用 12 月峰值。

⊖ "短尾"在这个案例中定义为在过去 13 周里，有 8 周或以上有需求，表明需求相对频繁。当然，这只是我个人的经验，建议读者根据自己行业、业务情况甄别。

现这点。

同一个产品在前置仓，其离散系数一般比中心仓更大，因为中心仓的需求有聚合效应。如图 1-36 所示，当销售经理在前置仓层面做预测时，需求的离散程度相对更高，平均离散系数接近 1.4；如果在公司中心仓层面做预测，经过整合，需求的变动性也降低，平均离散系数就大幅降低到 1。离散系数越小，表明需求相对越稳定，也更容易预测。

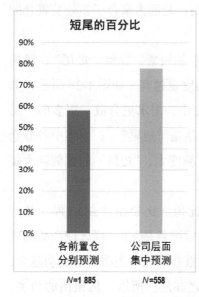 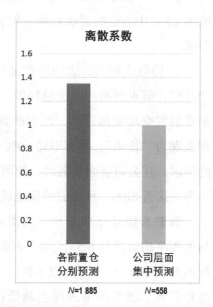

图 1-36　集中预测降低了预测的难度

对于需求预测的集中化，道理讲清楚了，销售经理们就没有意见，计划专员也同意。但是，计划职能的资源不够，要增加；数据分析能力不足，要加强，比如找到更好的预测模型。

在案例企业，中心仓原来只有一位计划主管，带着两名计划专员，却要负责几百个产品的需求计划、生产计划和物料计划，资源明显不足。在计划职能的组织建设方面，他们招了一位高级经理级别的职业经理人，增加了一位生产计划经理，增加了数名计划专员，大大壮大了计划的力量。

销售脱离了兼职计划的"苦海",并不是说他们跟需求预测没关系了。要知道,一个好的需求预测是"从数据开始,由判断结束",销售人员虽然脱离了"从数据开始",但还是要负责"由判断结束",需要管理促销、活动及竞品、客户的异常变动,及早跟计划沟通,给供应链尽可能多的响应时间,所以仍然是需求预测的关键一环。

另外,我说销售,特别是一线销售不做的是"需求计划",并不是说他们不要做销售计划:想不到就做不到,很多影响需求计划的举措,比如促销、打折、活动,都应该在其销售计划里面,通过督促销售定期做销售计划,让他们更有效地做好需求计划的"由判断结束"工作。

需求预测的集中化,也是计划职能专业化的一部分。企业规模小的时候,专业化程度较低,销售是最早发展起来的职能,所以他们在做销售、计划和执行的很多任务。企业规模大了,专业化就上了议事日程。

就拿案例企业来说,这几年营收每年翻两三倍,从3000万元做到8000万元,再到2亿多元,还在继续翻倍;业务从B2C延伸到B2B,产品有几百个,前置仓有十几个,复杂度越来越高,客观上也要求各个职能专业化,计划职能也要求组织、流程和信息系统上做出实质性的改进。

小贴士 为什么在颗粒度小的地方做预测

有人会问,既然颗粒度越小越不好预测,为什么有这么多的企业要求一线人员在颗粒度小的地方做预测?

其一是误解,管理层认为一线人员更熟悉业务,做的预测也更准;而一线人员呢,也错误地认识到,通过提需求,会让他们更好地控制,其实这只是增加了虚幻的"受控感"。其二是责任机制,谁预测了,谁没预测,容易考核;谁预测谁负责,门店自己提预测,不准的话也不会怪总部。更深层次的原因,是销售与运营没法有效对接,没法真正做到"从数据开始,由判断结束",就只能由单一职能来做需求预测这一跨职能行为。这后面的分析就有点长，详情可扫描二维码，阅读我和赵玲所著的《供应链的三道防线：需求预测、库存计划、供应链执行》的相应章节。

我想还有一个重要原因，那就是供应链的**免责心态**：一线人员提需求，预测准确度当然非常低，以后拿不到货，供应链就拿这个做说辞。也就是说，供应链通过要求一线人员在颗粒度小的地方做预测，从一开始就让这些内部客户处于"有罪"的位置，好堵住他们的口。在分销端，让每个渠道、每个客户做预测，也是同样的逻辑，除非那个渠道、客户的需求集中度相当高。

从另一个角度看，一线人员提需求，在颗粒度小的地方做预测，也是职能之间**长期博弈**的必然结果。企业一般下意识地知道，预测的颗粒度越大，预测准确度越高；但一旦供应链集中做预测，预测失败了（那是必然的，因为所有的预测都是错的），销售端给的压力就很大。销售经理抱怨多了，供应链就拧成一股绳，把预测的职责往销售端推，让一个个销售承担预测风险。这没有解决问题，无非是把问题转嫁给内部客户罢了。我每每见到供应链的人，听到的都是销售如何如何"虐待"供应链；殊不知，"暴政出暴民"，处于弱势地位的供应链也就屡屡"欺负"销售。

从公司老总层面看，也是同样的逻辑。供应链做预测，预测准确度低，销售就三天两头往公司老总那里告，并动不动就拿这当作销售业绩不达标的理由；时间长了，公司老总不堪其烦，就让销售提需求，"自己做饭自己吃"，做好做坏不要怪别人。现在轮到销售老总头痛了，如果让手下的几个销售独立出来，专职做预测，就面临供应链和公司老总同样的困境，于是就层层博弈，最后的结果是一线销售成了"掌勺"的：你自己提需求，做预测，错了的话不要怪别人，当然也不能拿这作为业绩不达标的借口。这不，看上去司空见惯的情况，后面有这么深厚的"公司政治"。

当然，话又说回来，当不确定性非常大的时候，分解下来，在颗粒度比较小的地方做预测，层层累进，也是个两害相权取其轻的选择。这就如对于"长尾"产品，要么由销售提需求，要么由客户下订单一样。但这种情况非常少，因为大部分的业务有一定的可重复性，即便不在成品层面，也会在半成品、原材料、生产工艺层面，可以选择在更大的颗粒度上做预测。

实践者问

究竟应该在什么样的颗粒度上做预测？

刘宝红答

这取决于企业的实际业务，也就是，在哪个层面，数据和判断能最有效地对接，"从数据开始，由判断结束"的效果最佳。比如有个手机厂商，因为业务的全球化，各个主要国家、大区的情况大不相同，颗粒度选在国家或大区层面，看上去比选在全球层面更靠谱。有家啤酒公司，省一级的分公司看上去是合适的颗粒度，因为啤酒业务有很强的地方性，一般是以省公司为单位，制定促销、活动、渠道政策等，数据和判断在这个层面更容易对接。

预测方法的优化

需求预测集中到中心仓层面做，颗粒度更大，准确度更高；专职计划人员的数据分析能力更强，这都是改善需求预测的组织措施。下一步，我们要改善预测方法，从方法论的角度，确保专职计划人员能把预测做得更准。

在中心仓，案例企业原来用简单的移动平均法，考虑一定的业务增长目标加以调整，制定未来13周的需求预测。对于移动平均法，他们用的是8周的需求历史。这里的问题是：移动平均法是不是最好的方法？8周移动是不是最好？别的方法能否产生更好的结果？几种预测方法相结合产生的结果如何呢？

预测方法的择优可以很好地回答这些问题。常见的择优就是复盘过去一段时间的预测，通过比较各种预测方法的准确度，来选择更合适的预测模型。在这个案例中，我们聚焦最常用也是最基本的两种方法论——移动平均法和指数平滑法，来阐述预测方法的择优。

我们先看样本选择。剔除新产品和即将下市的老产品，按照是否有足够长的需求历史，我们选择了 336 个产品为样本，占案例企业营收的 80%，作为我们的分析样本（见图 1-37）。我们截取 2018 年第 6 周到第 35 周的数据，之所以用这段时间来复盘，是因为其间节假日、促销等较少，需求数据真实度高，不用做清洗即可采用。⊖ 其中一部分数据用于构建模型，剩余数据用来测试模型，用不同的模型复盘的是第 23 到第 35 周（13 周）的需求预测。

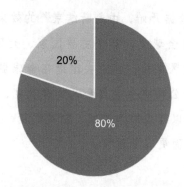

图 1-37　样本产品覆盖了 80% 的营收，有相当的代表性

再看我们要预测什么。移动平均法和简单指数平滑法预测的是下一步的需求，但鉴于供应链的响应周期，已经来不及响应了，从执行的角度看，我们需要的是**提前期外**的预测。比如在本案例中，采购提前期是 4 周，那我们需要的是第 5 周及以外的预测，以及时驱动供应商备料和生产。

⊖ 对于后半年，"双 11""双 12""黑色星期五"等时间的促销较多，我们要分成两部分：①清洗数据，做出促销外的基准预测；②单列促销，用单独的方法来预测促销的需求。两者加起来就是整体预测。

如图 1-38 所示，假定现在是第 0 周，我们做未来 13 周预测。因为前 4 周已经进入供应商的提前期（冻结期），所以不能变动，我们就沿袭以前的预测值 a；但从第 5 周开始，我们可以调整预测，假定预测值是 b。因为我们用的移动平均法、简单指数平滑法都假定未来的需求一样，所以从第 5 周到第 13 周，预测值都是 b（案例企业的中心仓需求也的确相对平稳）。

再假定每 2 周滚动一次预测。2 周后，我们更新预测时，第 1、2 周已经成为历史，第 3 到 6 周成为 4 周的冻结期，沿用上期的预测 a, a, b, b，不能调整；从第 7 周开始，我们可以真正更新预测，假定更新了的预测值为 c；后续第 8 到 15 周沿用第 7 周的预测，预测值都是 c。

4 周后，我们再次更新 13 周预测。这时第 5 到 8 周进入 4 周的冻结期，沿用上期的预测，而第 9 到 17 周可以更新为 d。依次类推，就形成 6 周锁定，每 2 周滚动更新的 13 周预测。之所以说是 6 周锁定，是因为每次更新预测时，前 4 周已经进入交期，不能变动；紧接的 2 周一经做出预测，下次预测的时候就不能再调整，因为届时也进入了 4 周的交期，其实也是锁定的。对供应商来说，每次更新预测，供应商看到的是 6 周锁定，可以排定未来前 6 周的生产安排；其余 7 周作为参考，帮助长周期物料的准备，以及中短期的整体产能规划。

图 1-38　6 周锁定，每 2 周滚动预测 13 周需求

这样滚动，该怎么统计预测的准确度呢？我们要看真正驱动生产的预测，总结在图 1-39 中。从第 5 周起，才是真正影响生产的预测，跟每周的实际需求比较，就得到误差，然后计算预测的准确度，以帮助选择更优的预测方法，并设置安全库存来应对预测的不准确。

周	5	6	7	8	9	10	11	12	13	14	15	16	17	18	19
预测	b	b	c	c	d	d	e	e	f	f	g	g			
实际															
误差															

图 1-39 需求预测与实际需求的误差示意图

计划要基于供应链的合理执行能力。之所以 6 周锁定，是因为考虑到生产线和供应商的刚性，尽量不改变交期内的预测，避免打乱交期内的排程，以提高生产效率，降低运营成本。

从单纯的计划角度看，我是倾向于每次滚动预测时，如果提前期内的需求预测变了，我们应该更新预测，告诉供应商，"我知道你不喜欢这样的变动，但我还是想告诉你最新的、最准确的需求真相，你能做到的话，是情分，谢谢；做不到的话，是本分，我也不怪你"。因为有时候提前期内的预测拔高了，供应商或许已经有货，不增加额外负担就能供应；有时候提前期内的预测降低了，也正好让供应商把资源用于其他更紧急的需求。

这就是说，任何事物都有两面性：这里的 6 周锁定，在保护供应商的同时，也让他们失去了一些潜在的灵活性；对案例企业来说，现阶段规模较小，相对供应商的话语权较小，难以驱动供应商基于最新的预测而做出响应，是 6 周锁定的根本原因。如果 6 周不锁定，那意味着相应的订单也要调整交期、数量，没有电子商务的支持，也很容易让双方都陷入混乱。

之所以 2 周滚动，是因为可适当提高规模效益，比如供应商一次投产，可生产 2 周的需求。当供应商的经济批量较大的时候，规模效益尤为重要。

从批量上看，案例企业规模较小的时候，产品以小批量居多；现在规模较大了，中等批量的产品越来越多。但主要的供应商，还是典型的大批量生产。中小批量的需求，面对的是大批量的供应，这是另一种形式的需求与供应不匹配。其解决方案有二：

一种解决方案是让供应商小批量化，但除非供应商能够让生产线更精益（这往往意味着产线升级，需要相当的投入），否则会导致单位成本上升，要求最终产品的差异化优势足够明显，有足够高的毛利来应对。案例企业的毛利虽然不错，但主要还是靠性价比竞争，对供应商的价格相当敏感。所以，就中短期而言，改变供应的可行性微乎其微。

另一种解决方案，就是这里介绍的方法，适当延长预测锁定的时段、降低滚动的频率，为供应商创造更好的批量环境。但风险，即供应链的库存，会增加，原因有：其一，预测提前期越长，预测的准确度就越低，整体库存就会越高；其二，正因为预测准确度低，所需的安全库存就更高。好在案例企业的产品生命周期较长，需求的变动性较小，设计变更也较少，库存的呆滞风险相对可控。

我们接下来探讨预测方法的择优。在本案例中，我们主要是比较简单指数平滑法和移动平均法。

对于简单指数平滑法，我们的平滑系数从 0.1 开始，按照 0.05 的增幅，依次增加到 0.6，共模拟了 11 次。针对每个平滑系数，我们复盘模拟所有样本产品的 13 周预测，计算每周的误差，把误差平方，得到 13 周的均方误差；把所有样本产品的均方误差加起来，用均方误差总和来判断该平滑系数下整体预测的准确度。

如图 1-40 所示，平滑系数越小，需求预测越平稳，但对于变动大的产品越预测不准；平滑系数越大，需求预测越灵敏，但对于需求平稳的产品，却因导入更多的变动而越预测不准。对于案例企业来说，平滑系数在 0.3 左右时，整体的预测准确度最高。这是对于 336 个样本产品作为一个整体而言的。对于每个具体产品而言，完全可能是另一个平滑系数更准确。我们之所以用这样的一揽子方式，主要是因为考虑到案例企业的执行能力：没有预测软件，用 Excel 做计划，很难实现每个具体产品层面的最优。

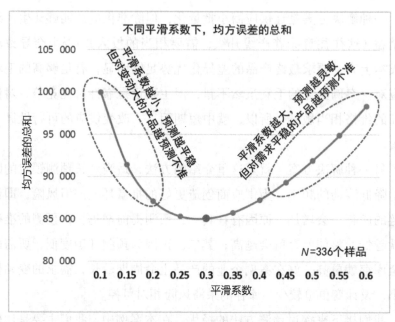

图 1-40　平滑系数为 0.3 的时候，样本产品的综合预测误差最小

对于移动平均法，我们用 6 周、8 周和 13 周移动平均三种方法。针对样本数据复盘，跟简单指数平滑法类似，计算每种移动平均法下，每个产品的预测准确度，然后与简单指数平滑法（平滑系数为 0.3）比较，看每个产品最准确的预测方法是什么。如图 1-41a 所示，简单指数平滑法在最多的样本产品上预测最准确（97 个），13 周移动平均第二，6 周移动平均第三，但与 13 周移动平均的差距甚微。

如图 1-41b 所示，我们继续分析对营收的影响。我们取 2018 年第 23 周到第 35 周的营收（正好一个季度），发现简单指数平滑法最准的产品占总营收的比例最高（29%），第二位是 6 周移动平均（28%）。13 周移动平均虽然在产品的数量上比 6 周、8 周移动平均都多，但那些产品只占营收的 20%，在四种预测方法中最低。

一种可能的解释是，13 周移动平均预测最准确的产品中，价格较低的更多，这样的产品需求变动一般也较小，所以跟预测平稳的 13 周移动平均更匹配；相反，6 周、8 周移动平均最准的产品中，价格较高者更多，需求的变动性也更大，因而与灵活度、响应度更高的6周、8周移动平均更匹配。我们也可以按照不同的产品类别、所处生命周期等做进一步的分析，更好地了解产品特性，以及各种预测方法的优劣。

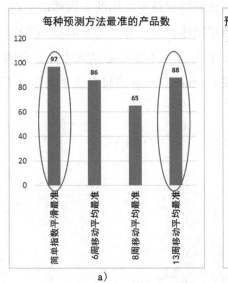 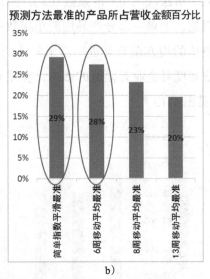

图1-41 每种预测方法最准的产品数量 vs 占营收金额百分比

鉴于上述分析，我们建议选择简单指数平滑法（平滑系数0.3）和6周移动平均，作为案例企业中心仓的主要预测模型。在具体操作中，如果是新品上市，需求历史还不够长，或者老品下市，那么就手工预测。对于其余的每一个产品，我们都要做两版预测，一版用简单指数平滑法（平滑系数0.3），另一版用6周移动平均法。对于每版预测，我们都保留过去13周的值，计算每周的预测误差，求出均方误差，根据均方误差的大小，动态决定下次预测该用什么方法。

说是"动态"，是因为对于同一个产品来说，现在6周移动平均预测最准，随着需求模式的改变，一段时间后，简单指数平滑法就可能成为最准的；反之亦然。这就是说，每次定期滚动预测前，首先要分析过去13周里这两周预测方法的准确度，选择最准的那种方法，用于下一期的预测。这对信息系统的要求不高，在Excel中就可以实现。

我们再看，在上述建议下，整体的预测准确度如何。如图 1-42 所示，对于这 336 个样本产品，如果我们一刀切地用一种预测方法，13 周移动平均的预测准确度最低（体现为均方误差的总和最大），简单指数平滑法次之（平滑系数 0.3），而最好的就是现在用的 8 周移动平均。但是，如果一部分产品用简单指数平滑法，另一部分用 6 周移动平均，整体的均方误差会进一步下降 4 个百分点。不要小看这 4 个点，预测准确度对企业有显著的影响，参照 Gartner Group 的研究成果就知道了（见图 1-13）。

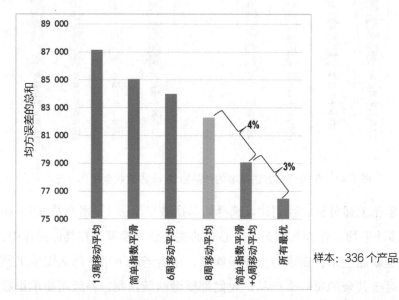

图 1-42　简单指数平滑与 6 周移动平均相结合，显著提高预测准确度

当然，如果每个产品都选择准确度最高的预测方法，样本产品的整体均方误差还会降低 3%（见图 1-42）。但在没有计划软件支持的情况下，要实现每个产品层面的预测方法优化，执行起来就相当困难——要在 Excel 里实现的话，公式太多，复杂度太高，可行性低，出错的概率就大。所以，我们这里为了增加可操作性，就牺牲了部分准确度，不过仍然比原来的方法有了实质性的改进。毕竟，持续改进的本质是**寻求更好而非最好的解决方案，不断迭代改进**。

计划的改进得兼顾供应链的执行能力

对案例企业而言,我们在优化中心仓的预测方法时,说是改进计划,却时时得跟供应链的执行能力打交道。这对有些读者来说或许有点儿费解,让我详细道来。

其一,**端对端的需求信号传递延迟严重,没法及时落实更新了的计划**。案例企业当时的年营收为2亿多元,有针对门店的信息系统,但没有串联计划、生产和采购的 ERP 系统,相应的工作都在 Excel 表格中做。从需求计划开始,几百个产品,几百成千个原材料、半成品,一步步把物料清单(BOM)打开,算好净需求,排好生产计划;生产计划导出物料计划,物料计划导出采购计划,再到供应商排定生产日程,整个过程要1个多星期。案例企业原来本着"尽快纠偏"的宗旨,每周都在更新需求预测,很快发现后端没法及时跟进,于是不得不调整为每两周更新预测。

其二,**需求、生产、物料和采购计划经常脱节,多重计划问题没法根治**。在信息系统完善的企业,通过 ERP 系统环环相扣,需求计划驱动生产计划,生产计划驱动物料计划;通过电子商务,需求计划的变动可以一直传递给供应商,供应的日程也可一环一环汇总上去,以达到需求和供应的动态平衡。但是,在案例企业中,一环一环的转换都是靠 Excel,考虑到每层的经济批量、数量和时间经过层层手工"翻译",失真严重,导致没法通过需求计划来拉动整个供应链,而是至多能"拉"到生产计划、物料计划。一旦到了采购计划,又变成了"推"式作业:供应商先按照预测做出一堆库存放着,然后按照每周的提货表来送货。

其三,**供应商大批量生产,与需求的规模效应不匹配**。案例企业以中小批量为主,而主要的供应商是大批量生产。从计划的角度看,我们想尽快调整预测,比如每周更新预测,那意味着每次有1周的需求进入交货期,给供应商新增1周的订单;从供应商角度看正好相反,他们最想看到的是半年的订单,那就有更好的规模效益——刚开始时,有些供应商的确是按照半年的量生产，但要给半年的订单的话，意味着我们得提前半年做预测，预测准确度低，库存风险高。最后的妥协是每2周更新预测，每次给供应商2周的量。围绕这个，我们做了上述的预测方法优化。

人们看到"需求驱动"的供应链，往往会想，还有供应链不是需求驱动的？其实在现实中，特别是在管理相对粗放、信息化水平较低的企业，你会发现很多供应链是"供应驱动"的：信息系统不完善，需求信号没法层层传递，或者传递严重失真，没法有效驱动供应，供应端就自己做计划，推式供货；规模效益下，供应端的批量生产越来越难以有效应对需求端的小批量化，就基于更长期的预测，大批量生产，也是推式供货。这些在案例企业中都有充分体现，"需求驱动"任重道远。

对于供应端的规模效益问题，我们最终还是得回到产品设计和工艺设计上。

在**产品设计**上，就是通过标准化、模块化、通用化来增加零部件层面的规模效益。案例企业一直在做，但很难抵消产品线越来越长、产品型号越来越多增加的复杂度，以及相应的规模效益递减。

在**工艺设计**上，就是通过精益制造等措施，让供应商能够减小经济批量，能够更好地与需求的批量匹配。这在执行上难度也很大，因为涉及设备投资、产线调整等。大供应商不愿意——案例企业的业务相对较少，难以驱动；小供应商没能力——有些小供应商一年就做几百万元的生意，朝不保夕，手头的十来台设备还没有折旧完，哪有资源投入更多的产线改造？

上述执行上的问题，或多或少都让我们的计划改进打了折扣，越是往供应商端，折扣越大。不过，不能因为这样就不改进计划：在相同的执行条件下，我们的预测做得更准的话，还是会带来整体效益的提升。

这个案例也再一次印证了，企业规模越来越大的时候，信息系统的短板就越来越明显,信息化是必经之路。案例企业导入 ERP 系统,以期能够把生产计划到物料计划再到采购计划串联起来,解决多重 Excel 操作导致的失真与延误。对于 ERP 系统的选择,我们也总结了一些经验,见下面的"小贴士"。

实践者问

在"图 1-35 中心仓集中预测,前置仓按需要货"的模型中,要不要在生产线建立半成品的安全库存?

刘宝红答

在需求拉动的供应链上,这取决于半成品供应商的能力。如果供应商的执行能力到位,能够完全按照我们的需求预测、生产计划来供货,供应的不确定性很小,那么这个供应链就是需求驱动的,不用在生产线建立半成品的安全库存。

但是,如果半成品供应商的供应不稳定,我们就需要想办法来应对,比如建立半成品的安全库存。如果是前者,这个安全库存要基于供应的不确定性,而不是需求的不确定性——需求的不确定性已经由成品层面的安全库存覆盖。供应的不确定性与需求的不确定性量化方式一样,不同的是量化对象是交期,即对过去一段时间,每个订单的交付周期(从下单到到货),详细的计算方法可参考我和赵玲所著的绿皮书。⊖

问题是,每个订单的交期在很多公司难以统计,比如公司给供应商一个季度甚至年度订单,分次送货。作为应对,我们可以考虑简单法则,比如设立一定天数的安全库存,或者给供应商的提前期统一延长一定天数。当然,这都属于一刀切,要承担的风险是有的切多了,有的切少了。

⊖ 《供应链的三道防线:需求预测、库存计划、供应链执行》,刘宝红、赵玲著,第 171 页。

小贴士　电商如何选择 ERP

伴随着业务的快速成长,从销售到配送、生产,再到采购,案例企业的供应链复杂度也在快速增长。比如电商门店越来越多,各种平台上的门店加起来有一二十个;SKU 越来越多,虽然一直在精简,但是线上销售的也有几百个;需求预测、库存计划和补货配送的难度也在增加。原来的手工操作跟不上了,信息化就上了议事日程。

电商选择 ERP 系统,最初是为了实现三个目的:订单处理更高效、财务数据更清晰、库存管理更规范。好的 ERP 系统一方面可以提升效率,降低运营成本;另一方面可以积淀数据,固化业务流程和管理模式。⊖企业大了,整个运作模式其实是在信息系统中,基本任务如订单处理、进出存业务处理、各种报表处理,是由系统来驱动的,这样也减轻了能人依赖症。

对于电商来说,理想的信息系统要能对付两类任务:**销售端**的订单、配送和进出存,以及**供应端**的计划、生产和采购。遗憾的是,市面上能对付销售端业务的系统,在供应端的计划、采购等功能上比较薄弱;能对付供应端业务的系统,往往没法有效应对销售端的业务,如跟不同的电商平台高效对接。

比如传统的 SAP、Oracle、金蝶和用友等能跑 MRP,能有效应对计划、生产和采购的任务,但与电商的前端业务集成度低。而市面上那些标榜"电商 ERP"的,其实在 ERP 的核心计划功能——物料需求计划(MRP)上并不见长,甚至没有任何优势,主要还是支持需求端的订单、仓储、配送等进出存业务。

对于很多电商来说,前端支持销售端的系统一般比较健全,自动化程度较高;而后端支持供应链的信息系统就相当滞后,很多企业都是手工操作。甚至有些电商都实现几十亿、上百亿元的营收了,计划、生产、采购还是在 Excel 表格中做。"前端在云上飘,后端在地上爬",

---

⊖ 选择电商 ERP,如何才能不被忽悠？搜狐,www.sohu.com。

很形象地描述了这些电商的信息化处境。

这也是案例电商的现状：销售端已经上了易仓系统（一个专门针对电商开发的系统），而供应端的计划、生产和采购，还在手工操作，在 Excel 表格中做。现在业务越来越多，越来越复杂，该电商在积极探讨上专业的 ERP 软件，主要目标有二：其一，能够跑 MRP，做计划，把生产、采购通过 ERP 做；其二，与前端的易仓系统对接，打通从客户订单到生产、采购订单的整个流程。该电商调研了市面上常用的 ERP 软件，一时还拿不准该选用哪个。

我通过微信公众号"供应链管理专栏"向众多的电商实践者求助，问他们在 ERP 选择上有什么建议。众多读者热心留言，这里摘取一部分。需要说明的是，我对这里提到的大多 ERP 都没有一手经验，所以不是推荐或者不推荐这些 ERP，只是如实总结留言，仅供参考。

一位微信名为"小花花的大太阳"的读者说：首先，主要是看自己做什么平台，现在的主流平台也就那么几个，如速卖通、eBay、Wish、Amazon 等；其次，要看主营业务、主要的需求是怎样的，再去选择 ERP。目前按业务来说的话，如果是做速卖通、eBay、Wish 这几个平台，可以考虑马帮、通途、全球交易助手等，它们在打单发货方面做得比较不错。如果专做 Amazon 平台或者是 Amazon 占大部分，可以用积加 ERP，它在这方面做得行，主要看重前段运营。

一位微信名为"Garfield Liang"的实践者说，他的上一家企业和现在的企业都是电商公司。他的上一家企业有 100 多人，销售额有 3 亿元，用的是旺店通做前端，后端用的是金蝶。但因为这两个系统没有打通，所以更多是服务了销售和财务团队，供应链大部分还是处于手工处理状态。现在的企业是上市公司，系统都是自己开发的，手工处理的都是一些分析类型的工作。

微信名为"WSK"的实践者说，有点儿规模的电商企业都是自己开发 ERP。电商业务主要借助第三方平台的企业大多是传统企业，ERP 用的是金蝶等。自有互联网平台的企业，都是自己研发 ERP。微信名为"William"的实践者说，他们有一支 50 人的大数据工程师团队，自己编写 ERP，从 0 开始。微信名为"吴镇宇"的实践者说，他所在的一家出口"独角兽"，也是自行研发 ERP。

还有几位实践者提到一些具体的软件。比如微信名为"陈习勇"的实践者说，金蝶 EAS 与第三方电商平台都有很好的集成度，而且金蝶也有自营商城产品管易云，后端供应链、制造和业财一体化都是基本功能配备了。微信名为"五羊萍"的读者说，他们公司现在用的是积加，虽然没有支持多平台，但是在亚马逊上的支持够用了。微信名为"Allen"的读者说，马帮、通途、易仓自主研制的 ERP 比较低端，主要问题是容易出现忌机，功能太多而实际使用功能少，费用高，为 10 000～50 000 元/年。

微信名为"Ben 洪"的读者说，目前国内最好的 ERP 是易仓，该系统集成度高，功能完善，支持平台接口多。他们公司现在用的是网店精灵（下载订单），自己的二开系统/Excel 等（数据分析）。还有读者提到 Yigo ERP 和 E 店宝。也有读者说，SAP 在供应链、电商等方面都已经与 ERP 集成。

顺便插一句，我自己用了 SAP 近十年，用的是 SAP 最基本或许也是最完善的部分：物料管理和计划模块。SAP 是个巨无霸，什么都能做，但也因为大而且复杂，二次开发和维护还是挺有挑战的，特别是对中小企业来说。至于 SAP 的最新发展，比如电商方面，我不熟悉，不敢妄言。

微信名为"无尤"的实践者说，他们公司用的是观云长 ERP。这位实践者还总结了选择 ERP 的三准则：第一，要与自己的业务模式和经济实力匹配；第二，对方公司要有一定的实力；第三，服务要到位。

微信读者的分享就介绍到这里。我想补充的是，选择合适的 ERP 要特别注意以下三点。

其一，**定义需求**。你要 ERP 软件究竟用来干什么？就案例公司来说，我刚开始以为是要提高效率，更好地管理订单。但进一步了解后，我发现他们已经上了易仓系统，能有效地处理客户订单和进出存；他们的目标是使用传统意义上的ERP功能，即需求信息录入后，物料清单层层打开，驱动生产、采购和供应商。这显然跟客户端的订单管理不一样。

其二，**试用**。跟买鞋子一样，你可以看评论，也可以听销售人员讲，但穿上是否合脚，还得靠自己来试穿。自己的两只脚都是不一样的，遑论别人的脚（是的，你的左脚跟右脚是不同的，大小、宽窄都可能不同）。企业的规模、业务、能力不同，对ERP的要求也会有差异。很多ERP有免费试用，你可以多试试。

其三，**问过来人**。希望经过分析、试用，你会缩小选择范围，锁定最后的两三种ERP。当然没有一种是绝对令人满意的——每个系统都会有不足之处。那你可以找几个有深度使用经验的人，问问他们的建议。找不到有使用经验的人怎么办？相信六度分离理论：最多通过六个人，你可以跟世界上任何一个人联系上。

最后，综合所有信息，"矬子里面拔将军"，从一堆不完美的软件中选出最合适的。

当然，上了ERP，并不是说就能够运行ERP里的核心功能，比如物料需求计划（MRP）。原因有很多，数据的准确度不高是主因。首先是库存数据。库存账实不符，准确度低，就不能基于系统里的库存数据来计算净需求。在管理粗放的企业，库存数据不准确是个普遍问题。其次是物料清单（BOM）：BOM不准确，比如没有及时更新，当然没法跑MRP。最后是主数据，比如提前期不准、采购价格没有更新、供应商信息不全，都会导致没法运行MRP。

企业在选择和运行ERP时，往往忽视了ERP对数据准确度的苛求，希望通过ERP来倒逼业务。但现实是，数据问题的主要根源在组织行为，是各种不规范的组织行为导致的结果，ERP这样的信息系统没法解决组织问题。这也是为什么很多企业上了ERP，但只能满足财务的需求，比如通过每月对账一次，让月度、季度的财务账准确，而对于供应链呢，还是在手工做计划、下订单——供应链对数据的时效和准确性要求最高，需要实时数据。

魔鬼藏在细节中：需求历史数据的清洗

清洗数据的过程，其实也是理解业务、分析数据的过程。

有个代理商的库存和交付一直是个问题：短缺时有发生，而手头的整体库存却居高不下。他们想从需求预测和库存计划着手，对付这个问题。他们的计划主管首先导出几个产品的历史销量，做了折线图，想从中发现规律，却看不出什么门道，问我该怎么办，我就把数据要过来——谈到具体的计划问题，不看数据就无异于瞎谈。

我拿到他们的历史数据，一眼就发现不对劲儿：一年是52周（有时候多出来的一天或两天会成为第53周），为什么这些历史数据只有50周的？剩余的2周数据到哪里去了？我问他们的计划主管，她也不知道，因为她拿到的是二手数据。这就是计划要解决的首要问题：**数据的准确性**。

作为计划人员，**我们对任何数据都要心怀戒备，尤其是汇总整合后的数据**：一定要从最基本的数据，即原始的客户订单开始。

对于上面的案例，我就向他们的计划人员索取原始的客户订单数据，比如订单是什么时候接到的，要什么货，要多少，什么时候要，什么时候发货等。案例公司的计划人员说，订单接到日期和发货日期在不同的系统里，很难凑到一起。那好，那就给我发货的数据：但凡企业都会有发货数据，不然怎么跟客户收钱呢？但作为计划人员，你得意识到用**发货数据**做计划有风险，这里举几个例子。

第一，短缺未发货的订单没有进入需求历史。比如客户上月要100个，你如果有货的话上月就发了，这就形成上月的需求，在需求历史中出现，指导未来的预测；如果没货，要到3个月以后才发货，意味着如果依赖发货历史来计划的话，你会低估需求，在计划上滞后。

这在业务暴增,如出现爆款而大面积短缺时就会更糟糕。解决方案就是按照客户的**需求日期**来识别需求。比如客户说3月7日要100个,那100个就算作该日的需求,不管何日发货。

第二,需求可能被匹配到错误的地方。比如客户默认的是由仓库A来支持,A仓没货,于是从B仓发货。如果按照发货历史的话,需求就算到B仓的头上,导致以后B仓过量计划,而A仓则计划不足。解决方案就是在信息系统里提取数据时,不管实际是从哪里发送的,需求都匹配到默认的发货仓。

第三,有<u>些</u>企业是每天接订单,但每周或几天集中在一起发货,比如每周五发本周收到的订单。把发货历史当作需求时,你会发现周一到周四的"需求"是0,而周五的"需求"有一大堆,人为增加了需求的变动性,错误地导致增加安全库存来应对。

在有些管理粗放的企业,订单数据里没有"客户需求日期"这一项。那好,就用接到订单的日期,默认客户是随订随要,或者按照约定的交期来算。但这也有风险,比如客户一次给一个大订单,分批要货的话,我们会高估需求的变动性,从而可能增加了不必要的安全库存来应对。

解决方案就是按照每次的客户需求日期来归置数据,这要求接单时跟客户确认。比如客户在3月1日下了个大订单,总共要100个,分解为3月8日30个,15日50个,22日20个。那客服在接单的时候,就要在系统里把该订单拆分成三行,注明这三个需求日期,以及相对应的需求量。这是基本数据,在接收订单的时候就得搜集。

再回到这个案例。我拿到了最原始的发货数据,不完美,但也只能将就。这是逐日的流水账。为了便于进一步的分析,我先把数据按照年、月、周来拆分。对于具体的日期,Excel中的YEAR( )函数可以求出对应的年,MONTH( )函数可以求出对应的月,WEEKNUM( )函数可以求出对应的周。我把这些公式在Excel中展示出来(见图1-43),因为我发现很多人不熟悉这些基本的公式,经常花了很多时间在手工分类数据。

A	B	C	D	E	F	G	H
序号	型号	客户	发货日期	数量	年	月	周
1	A	客户500	2017-01-13	4	=YEAR(D2)		2
2	A	客户105	2017-01-13	4	YEAR(serial_number)		2
3	A	客户107	2017-01-13	10	2017	1	2
4	A	客户572	2017-01-13	20	2017	1	2
5	A	客户392	2017-01-16	1	2017	1	3

图 1-43　Excel 中计算年、月、周的函数

然后我把数据按月、按周来汇总，做出透视表。这时候要注意，某一时段没有需求的时候，相应的时段在透视表里就不出现，或者出现但当作空格。在计算平均值、标准差等参数时，要把相应时段的需求设为 0，否则会误导。比如在表 1-8 中，过去 13 周中有 4 周的需求为 0，正确的做法是把这些周设为 0；否则，Excel 会把它们当作空格，在计算时排除在外，把本来 13 个数据点当成 9 个，计算出的周平均和标准差就大不一样。

表 1-8　在 Excel 中，空格与 0 不一样

周数	需求（包括 0 需求的周）	需求（不包括 0 需求的周）
1	0	
2	774	774
3	7	7
4	2	2
5	0	
6	840	840
7	0	
8	0	
9	148	148
10	1 194	1 194
11	284	284
12	197	197
13	259	259
周平均	285	412
标准差	396	420

我讲的这些方法看上去很琐碎，但魔鬼藏在细节中，这么做都是为了提高数据的准确性，避免垃圾进、垃圾出。过去十几年里，我手把手辅导过几十名计划人员，见过的基本数据问题真是数不胜数，尤其是在新兴企业，或者管理粗放的企业。数据不好，分析自然好不到哪里去，就如英语中有句话说得好：Your analysis is only as good as your data。

在上述案例中，案例公司请我对一个产品 A、B 两个型号的需求历史做分析。这就引发另一个重要概念——**产品替代**。比如 B 是新型号，要替代 A 的话，那么，A 的需求历史要归到 B 上去。如果 A 和 B 能够互相替代的话，就更复杂了。比如客户要的是 A，但因为手头没货，我们给的是 B，那按照发货历史的话，这就成了 B 的需求历史，而实际应该匹配到型号 A 上去，否则，我们会低估 A 的预测，而高估 B 的需求。

类似的有**客户替代**：原来的客户甲，后来被客户乙并购了；或者原来这个地区的经销商是 A，现在换成了 B，前者的需求历史都要并入到后者。**供货点替代**也是：原来客户的需求由仓库 A 供应，后来改由仓库 B 供应；或者说原来的 A 仓关闭，跟 B 仓合并了，那相应的需求历史要并入 B 仓。

此外，同一客户，可能有多个收货地址，以及相应的编码。而这些地址对应的编码，都得归并到同一客户编码，确保相应的需求都归到这个客户上。

在这两个型号的需求历史中，我发现有些需求是负数，那意味着**退货**。这是个传统的代理商，两个型号的退货比例为 4%；而在电商环境下，这一比例可能高得多。比如有个做服装的电商，有些款式的整体退货率高达 60%。

因此，要解决的第一个问题是，退货后，从计划的角度怎么办。分两种情况：如果退货可以再销售，那就抵消需求历史，降低收到退货时的需求（而不是接到订单时的需求——接到订单时，我们不知道是否会退货，还得按照正常需求来计划）；如果退货没法重新销售，那就不能抵消需求历史。在这个案例中，退货还可以再销售，那就抵消收到退货时的需求历史。

计划要解决的第二个问题就是**促销**。如果三天两头做促销，就如小贩每天都在吆喝做生意，或如店里的服务人员每天都站在门口让行人进去看看，对整体销量的影响不大。那这种促销其实有一定的重复性，可以算作需求历史——这不完美，但我们在分析需求历史的时候，往往很难把这样的促销识别出来。但是，对于"618""双11""黑色星期五"这样的大节，促销产生的需求是不可重复的，需要从需求历史中剔除。当然，上一年的"双11"促销对下一年的"双11"促销或许会有借鉴意义，但你不能不加区分地用11月的销量来预测12月的需求。

如何识别促销数据？售价可帮助判断促销，如打折。相关的活动也可以，如团购。还有日期——6月18日是"618"节，11月11日是"双11"节，12月12日是"双12"节。要注意的是，促销影响的不光是节日当天，前后多天也可能受到影响。我分析了一个电商的数据（见图1-44），发现"双11"开始前两周，需求就显著下降——消费者开始观望，等着过节打折。而"双11"结束后的一周，需求也明显降低——网购者在"双11"把钱花光了，手已经被"剁"了，节后自然不能再"败家"了。

美国的"黑色星期五"（感恩节的第二天），促销往往提前几天开始，节后延续到星期六、星期日。那几天，购物中心人山人海，都没地方停车。接下来的星期一，则是网购的高峰期：大家都上班了，人坐在办公室里，心却还没有回来，就用上班的时间来网购。法不责众，老板也只能睁一只眼闭一只眼。"黑色星期五"这段时间就是波峰，而前后一段时间则是波谷，其需求历史需要清洗。

数据如何清洗？**削峰填谷**，即促销期间以及相邻的时段，用之前一段时间的平均需求来代替。至于时段要有多长，取决于具体业务特点,跟移动平均法要用多长周期的历史数据的道理类似。削峰填谷后就得到基准数据,然后用合适的预测模型来制定基准预测。对于后续的促销,则需要另行预测,叠加到基准预测上,就是最终的预测。比如基准预测是 100 个,预计促销能带来 300 个额外需求,那需求预测就变成 400 个。上帝的归上帝,恺撒的归恺撒,这样,操作上就很清楚——重复性的需求由计划基于数据分析预测,非重复性的需求由销售、市场基于判断来制定。

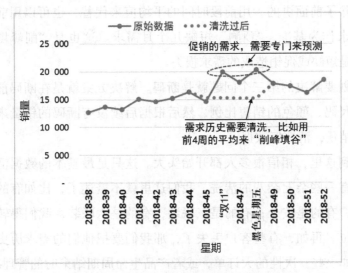

图 1-44　电商节日促销数据的"削峰填谷"

有些计划软件有识别异常数据的能力,并能剔除异常,拿相对正常的数据,比如之前一定时段的平均值,来替代异常数据。风险是,这种识别主要是基于数据分析,如数据的变动性,把变动性超过一定幅度的当作"异常",自动剔除或修正,导致得出错误的结论:让需求历史更加平缓,人为低估了需求的变动性,造成计划偏低,安全库存设置太低等。有些人拿到需求历史,会剔除最大值、最小值,然后预测未来的需求和设置安全库存,这样做也有同样的风险。

所以,对于异常值,要非常小心。这方面,典型的例子就是南极上空的臭氧层空洞:多年来,由于氯氟烃的危害,南极上空的臭氧含量一直在减少，相关数据是监测到了，结果却被软件当作不可靠的异常数据给自动剔除了，并被代以看起来更靠谱的数据。更具讽刺意味的是，美国宇航局也记录下了臭氧含量的变化，却又被当成操作人员笔误，是又一个"数据清洗"造成的悲剧。㊀

此外，短缺造成的订单损失，从需求历史中也往往能看得出。比如前几个月的需求都是每月 100 个，接下来两三个月的需求都成了十几个，如果没有别的原因的话，那很可能就是短缺造成的。在数据处理上，除了前面讲的，用前段时间的平均值来代替，也可以用前段时间的需求作为基准，"预测"短缺几个月需求。这也是"削峰填谷"，填上的是短缺或促销造成的需求损失。

计划要解决的第三个问题就是**断码**。解决方案就是在断码前，看看各种尺码、颜色的销售比例，然后根据后续没有断码的销量来推算断码的销量，清洗好数据。

看到这里，相信很多人都开始头大。这只是最基本的数据清理工作，还有一些杂七杂八的清洗，我们这里就不赘述了，比如有的订单是按箱，有的是按个；有的是三联装，有的是六联装，我们得转换成统一单位。再如，有些客户丢失了，那我们要把他们的需求历史拿掉等。又如一些一次性的大订单，或者产品生命周期结束时的管理决策，都会造成非重复性的需求，需要清洗。

相信很多人有同感：本来要解决的是预测模型和库存计划问题，但项目进行了大半，却发现还在整理、清洗数据，而这只是漫长征程的开始。垃圾进、垃圾出，数据质量直接决定模型的效果，因此，数据清洗是不可缺少的一环，通常占数据分析 50% ~ 80% 的时间。㊁

网上常说的数据分析，主要对象是这几年流行的"大数据"，而清洗工作也主要是通过计算机完成。比如检验数据的一致性，发现超出

㊀ 原来南极上空破了个洞，《周末画报》第 754 期，http://www.modernweekly.com。

㊁ 关于数据清洗的步骤及方法的理解，作者道法 – 自然，https://blog.csdn.net/wyqwilliam/article/details/84801095。

正常范围、逻辑上不合理或者相互矛盾的数据，供进一步核对和纠正；用样本均值、中位数或众数代替无效值和缺失值，删除特定样本，甚至删除整个变量等。⊖

公司大了，有成千上万的产品、成百上千的客户、成百的库存点，这些零零碎碎的数据清洗工作，如果人工来做，几无可能。我的老东家，硅谷的一家高科技制造企业，数据清洗和整理工作由计算机来做。每到周末，几台功力强大的服务器就火力全开，把基本数据从 ERP 中提取出来，做好清洗和整理工作，更新到计划部门的数据库中，支持下一周的需求预测和库存计划。

在日常工作中，数据清洗和整理是计划人员的基本功，他们花在数据清洗整理上的时间，往往要比花在数据分析上的多得多。这就如习武的人，大部分时间其实在站桩一样。基本功无法替代：有些公司不愿意花时间清洗和整理数据，建好基本的数据库，就只好每次计划的时候人工清理，既重复劳动，又难以确保每次都做得一样好，后续的需求预测和库存计划就很难做到位。

还有些企业，计划职能的人手、能力严重不足，根本没有资源做数据清洗。比如有家公司，每年实现好几亿元的营收，共有 700 多个产品，上万个款式、颜色、尺寸，却只有一个计划专员。这位计划专员做预测完全是靠需求历史，对于"618""双 11""双 12"这样的节假日促销，都没有做任何数据清洗。可以想象，结果就是造成一堆一堆的库存。

实践者问

中心仓做预测的时候，需求历史取什么值？是前置仓的补货指令，还是前置仓卖给最终客户、消费者的销售数据？

⊖ 百度百科，"数据清洗"词条。

刘宝红答

取卖给最终客户、消费者的销售数据。这样取值，是为了避免信息不对称造成的"牛鞭效应"。比如刚开始铺货时，渠道需要相当数量的库存，向中心仓的要货量会相当大，我们当然不能基于要货数据来预测后续的需求。再如，中心仓短缺时，前置仓争相拔高要货量，以期分配到更多的库存。如果用要货数据来预测，势必会高估需求，加剧"牛鞭效应"。

所以，对于中心仓，我们要用销售给最终客户、消费者的需求数据来做基准预测，力求总进与总出的平衡。

实践者问

中心仓要以最终客户、消费者的销量为需求历史，我能够理解，但我还有个问题，最终客户有很多，需求有整合效应，整体需求的变动性较小，而前置仓的数量较少，针对中心仓的实际要货的变动量会更大。在中心仓，如果围绕最终销量的变动性来设置安全库存的话，则有可能低估需求的变动性，导致前置仓的有货率达不到目标。怎么办？

刘宝红答

这是个很普遍的问题。我们的解决方案是需求预测仍旧用给最终客户的销量，但是安全库存的设置可以用前置仓的要货数据。这就是说，我们围绕实际的要货数据，计算其标准差，作为需求的变动性，来计算安全库存。安全库存的计算方法见"第2章 库存计划和库存的优化"。

===== 本章小结 =====

最基本的方法也是最重要的

一提到预测方法，人们就容易联想到复杂的模型，求新求异，似乎越是没有听过的名词，就越能解决问题。要知道，如果有人拿着一些你都没听过的方法来解决你的问题，你就得非常小心才行。"貌似辉煌宏大的作品很多。它们面具相似，以晦涩复杂，修饰内容的虚浮投机，以主题博大，覆盖思想的贫瘠平庸。"这是多年前"思维的乐趣"网站的片头语（www.mindmeters.com），放在预测方法上也适用。

另外，一提到预测，人们想到的往往是最难的问题，但那些简单的问题呢？不要假定它们都得到解决了。我们大多时候被两根棍子痛击：一根是那些难对付的问题，这还好理解；另一根是那些基本问题，这就不值得同情了。人们以为找到了困难问题的解决方案，简单的基本问题就迎刃而解。其实正好相反，你必须先解决那些基本的问题，就像你在吃饱前必须先拿4个包子垫底儿，而不能直奔第5个包子去。你必须回归基本面。不要小看那些最基本的方法，它们能解决大部分的问题。

在需求预测中，基本问题就是常见的随机变动（整体需求平稳）、趋势和季节性变动，以及它们的组合，用常见的移动平均法、指数平滑法就可相当不错地解决。只有解决了这些基本问题，我们才有可能有效应对促销、节假日，以及其他管理行为导致的需求变动。

我学过几年太极拳。太极拳法中有一种对抗练习手法叫"推手"，而推手最基本的招式就是掤、捋、挤、按：不管是杨式太极还是吴式太极，那些习武者都是两两成对，就练这四种招式。真正的高手，几十年如一日，基于这些基本招式，自创出许多新招式，练就一身功夫。当然，有人可能会说，这些太极高手在"格斗狂人"徐晓冬面前不都得败下阵来吗？这话没错，不过，格斗只有左直拳、左勾拳、右摆拳、上踢腿、抬膝、右压腿等基本招数，徐晓冬的一身本领，也是苦练这些基本功的结果。

移动平均法、指数平滑法和线性回归法，这三种基本的方法论有多种变化，纷繁复杂，能应对几乎所有的时间序列，也能应对相关性，从无序中找到有序。我把这些留给读者自己来探索，我会在以后的版本中进一步介绍。

💡 资源

更多关于供应链管理的文章、案例和专题培训资源如下：

- 供应链管理专栏网站：www.scm-blog.com
  - 这是我的个人专栏，我写了10多年了，有600多篇文章
- 我的三本供应链管理专著
  - 《采购与供应链管理：一个实践者的角度》(第3版)
  - 《供应链管理：高成本、高库存、重资产的解决方案》
  - 《供应链的三道防线：需求预测、库存计划、供应链执行》(与赵玲合著)
- 我的微信公众号"供应链管理专栏"，每天推送一篇原创文章，包括最新的培训信息。

公众号：供应链管理专栏

Demand Forecasting and
Inventory Planning 第二章

库存计划和库存的优化[一]

库存计划是个技术活，要交给专业的计划人员做。

十几年前，我刚进入计划领域时，看到预测值和实际值的差别很大，预测准确度很低，总是觉得很焦灼：这样的预测怎么行呢？后来渐渐明白了，我们有安全库存：凡是放库存的地方，都有某种形式的安全库存，整个供应网络里，相当一部分库存都是安全库存。这也让我意识到，预测不是很准，我们不喜欢，但不会要了我们的命，因为有安全库存这个保护伞；预测的一大目标是避免大错特错，否则要么是击穿安全库存造成严重的短缺，要么是导致严重的过剩。

再后来，接触了越来越多的库存网络，我意识到，库存计划的任务不光是设定合理的安全库存，还有通过设立再订货点等，把合适的库存分配到合适的地方。要知道，需求预测一般是在颗粒度大的地方做，比如中心库，力求**总进与总出的匹配**；合适的库存进来了，**放到合适的地方，放多少**，同样重要，否则即便总需求与总供应匹配了，局部的短缺和过剩也可能存在，降低了库存的利用率，也影响了客户

[一] 本章相当多的内容在我和赵玲合著的《供应链的三道防线：需求预测、库存控制、供应链执行》中也探讨过，这里会更详细、更全面、更深入地探讨，并补充一系列实际案例。

服务水平。

如图 2-1 所示，相对而言，中心仓"窄而深"：料号数较少，但补货周期长，一旦计划失败，可不是一天两天就能恢复过来。前置仓"浅而宽"：补货周期一般更短，如几天到几周，但挑战是料号众多（同一料号往往备在多个库存点）。**按时交付**的保障要靠中心仓的计划——短缺先短中心仓，一旦有短缺，中心仓会首当其冲。**库存控制**要靠前置仓的计划——前置仓众多，每个料号在每个前置仓多放一个，累计起来就不得了。

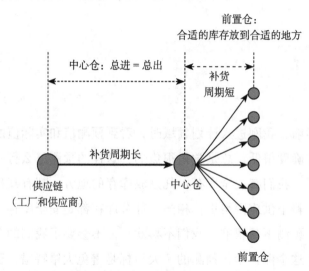

图 2-1　从前置仓到中心仓的优化

这一章，我们从库存的**空间维度**出发，探讨中心仓、前置仓、VMI（vendor managed inventory，供应商管理的库存）的库存计划，包括安全库存如何设置、再订货点如何计算，以及短尾产品如何计算、长尾产品如何计算。计划对象也主要是成熟产品（新产品的计划放到下一章）。如果说新产品计划是**避免大错特错**，有时可以适当牺牲库存周转，以获取更好的交付，那么成熟产品务必**追求精打细算**，要寻求更好的需求预测、库存计划方法，以优化库存和交付为目标。

我们先来看库存计划的看家本领——安全库存的设置。

量化不确定性，设定安全库存

我们知道，安全库存是应对不确定性的。对于需求和供应的不确定性，供应链的自然应对就是放安全库存。安全库存有三个驱动因素（见图2-2）。①**需求的不确定性**，比如平均需求是每周100个，但有时候是120个，有时候是70个。②**供应的不确定性**，比如供应商的标准交期是4周，但有时候都5周了，货还没有送来。③**有货率的要求**：有货率要求越高，就得放越多的安全库存来应对。

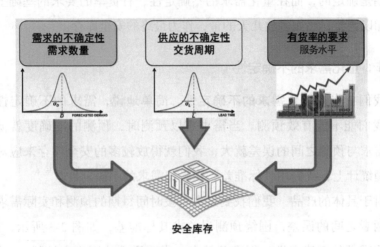

图2-2　安全库存的驱动因素

资料来源：http://elearning-examples.s3.amazonaws.com/Safety-Stock/player.html。

注：有货率也叫现货率、库存达成率、服务水平等。

对于安全库存，很多企业的做法是凭经验一刀切，设定一定天数的用量作为安全库存，比如A类物料放3周的量，B类物料放2周的量等。这些经验值凝聚着组织的很多智慧，简单易行，好沟通，不能一棍子打死。但是，一刀切注定有一刀切的问题。比如同样是A物料，但需求的不确定性不一样；或者同样的供应商，但不同的工艺下，供应的不确定性不一样；或者同类的产品、同样的供应商、同样的补货周期，但对有货率的要求不一样，这都会要求有不同的安全库存。一刀切的结果，注定是有的切多了，有的切少了，造成过剩的过剩、短缺的短缺、短缺与过剩并存,这些都是典型的计划问题。

解决方案,就是量化需求的不确定性、量化供应的不确定性、量化有货率的要求,来计算安全库存。在实践中,供应的不确定性比较难以量化,比如有时候我们给供应商一个大订单,让分次送货,或者我们给供应商订单,又要求他们推迟交货等,都会导致没法客观统计订单的交付周期。另外,如果跟供应商建立VMI、JIT的话,就根本没有订单,自然就没有简单、可靠的方法统计交付周期了。所以,我们往往假定供应周期是确定的,而在量化需求的不确定性、有货率的要求的基础上,适当加以调整,比如多放几天的量,作为最终的安全库存。⊖

第一步:量化需求的不确定性

我们首先来量化**需求的不确定性**。简单地说,需求的不确定性,就是我们能不能有效预测。当需求难以预测时,预测的准确度就低,实际需求与预测之间的误差就大,我们就得放较多的安全库存来应对。在数理统计上,我们用"标准差"来量化需求的不确定性。⊜

对于具体的产品,我们找到过去一段时间每期的预测和实际需求,计算两者之间的误差,围绕预测误差求其标准差,如图2-3所示,就能量化需求的不确定性。标准差越大,表明需求的不确定性越大,因而要放更多的安全库存来应对。这里有个基本假定,那就是需求历史的代表性,即过去和未来需求有一定的重复性。此外,我们也假定预测误差符合正态分布。⊝

从数理统计的角度看,为了让标准差的可靠性高,我们一般要求

⊖ 量化供应周期的不确定性,在我和赵玲所著的《供应链的三道防线:需求预测、库存计划、供应链执行》一书中,有详细的公式可供参考(P171)。

⊜ 标准差反映了数据的离散程度。通俗地讲,量化需求的不确定性就是量化各个数据点与平均值之间的差距。标准差越大,表明数据点离平均值越远,数据越离散。在Excel中,可以用STDEV()函数来计算标准差。

⊝ 正态分布曲线呈钟形,两头低,中间高,左右对称,经常被称为钟形曲线。放在需求预测上,简单地说,正态分布就是我们知道平均需求为x,实际需求有时候比x多,有时候比x少,但大部分时间都在x左右。

30个以上的数据点。但是,在实际操作中,我们往往没有那么多数据点。我会尽量要求不少于13个数据点,这是一个季度的需求历史,按周统计。如果低于10个数据点的话,我会对统计结果非常谨慎——试想想,如果画一条像样的正态分布曲线,你至少得需要十几个点吧,从数理统计角度描述也是同样的道理。

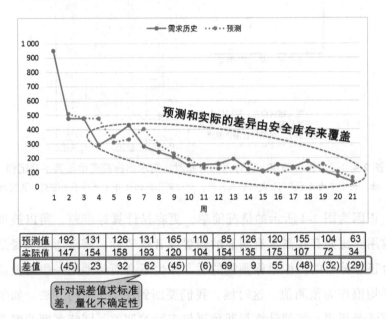

图 2-3 量化需求的不确定性

当需求相对稳定,需求历史本身符合正态分布的时候,我们可以直接围绕需求历史来求标准差,作为需求的变动性量化指标,如图 2-4 所示。这其实相当于把**平均值**当成预测值,预测误差等于实际需求与平均值的差异,围绕差异求标准差。采用这种方式的好处是简单直观,容易理解,不用保留需求预测历史。

让我们实际演算一下来说明。在图 2-4 中,第②列是过去 20 周的实际需求,第③列是过去 20 周需求历史的平均值,第④列是平均值与每周实际需求的差值(误差)。看得出,围绕第②和第④列求标准差,两者的结果完全相同。这就是说,我们可以求需求历史的标准差,用它来量化需求的不确定性。

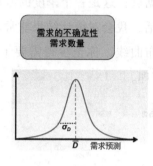

星期	需求	平均值	差值
1	83	49.6	33.5
2	48	49.6	(1.6)
3	43	49.6	(6.6)
4	58	49.6	8.5
5	72	49.6	22.5
6	63	49.6	13.5
7	34	49.6	(15.6)
8	47	49.6	(2.6)
9	55	49.6	5.5
10	58	49.6	8.5
11	65	49.6	15.5
12	26	49.6	(23.6)
13	33	49.6	(16.6)
14	25	49.6	(24.6)
15	83	49.6	33.5
16	50	49.6	0.5
17	31	49.6	(18.6)
18	51	49.6	1.5
19	46	49.6	(3.6)
20	20	49.6	(29.6)
标准差		18.20	18.20

图 2-4　需求相对稳定，符合正态分布时，需求的标准差就是其不确定性

注：由于平均值（③列）是四舍五入的，所以第④列的值并不严格等于②列与③列的差。

正因为图 2-4 所示的情况简单，更容易计算标准差，所以被很多人滥用。比如有些需求有明显的趋势或者季节性，需求历史本身是不符合正态分布的，如果你预测的话，你也不会简单地用一段历史需求的平均值作为预测值。这时候，我们要回到图 2-3 中的方法。如果你以前已经预测，那就计算每期预测与实际的偏差，围绕多期的偏差来求标准差；若你未测，你可以用以后要用的预测方法，复盘预测过去一段时间的需求，来计算误差及其标准差。

这里的假设是，特定的预测方法会有误差，而在历史上的误差与未来的误差整体上一致，也就是说，误差的历史有代表性，错的方式差不多。这就如员工 A 做事一直很仔细，很少出错，那你以后也不会花很多时间检查他做的事；员工 B 有点儿马大哈，出错较多，那你以前花了很多时间，以后也会花很多时间来检查他的工作。你都在假设两个员工的差错（误差）有延续性，过去的历史可以代表未来。

让我们看一个具体的例子。

很多人经常问我：需求呈现明显的趋势或季节性时，安全库存该怎么设置？这时候，你不能简单地摘取过去一段时间的需求历史，求其实际需求的标准差来量化需求的不确定性——那样的话，需求的标准差会很大，比如在图 2-5 所示的案例中是 4704，导致我们高估需求而多放安全库存，造成更大的库存风险。

合适的做法是摘取一段需求历史，比如 8 到 20 周（13 个数据点），找到每周的预测（如果没有，我们可以复盘，用以后要用的预测方法，来复盘这段时间每周的预测），计算每周的预测误差，围绕误差计算标准差，这个例子中是 2163。然后，基于这个标准差计算安全库存（具体的计算稍后再详细介绍）。

要记住，因为需求变动，所以预测不准，安全库存的一大任务是应对预测的不准确，即预测的误差。所谓的需求变动性，是相对预测的变动性，表现为预测的误差。这就是为什么这里要围绕误差求标准差。当然，这里或许有人会问，那么这里的预测是怎么做出来的？这就又回到第一章的内容：先清洗需求历史，消除促销等不可重复活动的影响，得到基准的需求历史；基于基准的需求历史，选用合适的预测方法，做出基准预测；另行预测未来促销活动等能带来的需求，叠加上去，就得到总的预测；然后计算每期的误差，围绕误差计算标准差和安全库存。

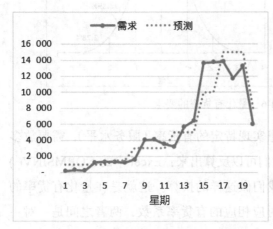

图 2-5　需求呈现明显的趋势、季节性时，如何量化需求的变动性

第二步：量化有货率的要求

接下来我们量化**有货率**的要求。有货率，简单地说，就是需求来了，库存能够现货马上满足的概率。如果不设安全库存，光靠预测来驱动供应的话，有货率是50%。直观的解释是，假定预测是每天100个，供应也是每天100个，一半的情况下，实际需求会超过100个，我们没法完全满足；一半的情况下，实际需求会低于100个，我们能够完全满足，这就得到50%的有货率。

要提高有货率，就得增加安全库存。如图2-6所示，增加一个标准差的安全库存，有货率提高了34个点，达到84%；再增加一个标准差的安全库存，有货率提高了13个点，达到97%；增加第三个标准差的安全库存，有货率提高了2个点，达到99%多。由图2-6可知，安全库存的边际效应在递减，为了达到最后几个点的有货率，需要投入很多安全库存，投入回报率太低。所以，对于追求100%的有货率，如果你是销售，可以原谅；但作为供应链职业人，则不可原谅。

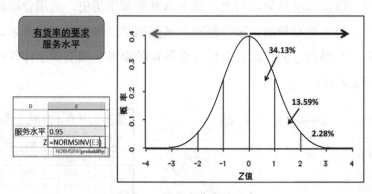

图2-6　量化有货率的要求

反过来看，如果我们想实现特定的有货率（服务水平），需要放多少个标准差的安全库存？我们可以反算出来：Excel中的NORMSINV( )函数（见图2-6），能帮助我们做这样的换算。这就是在量化有货率的要求。简单地说，有货率对应相应的有货率系数，两者之间是一对一的关系，有货率要求越高，这个倍数越大；反之亦然。在数理统计中，这就是在计算正态分布的 Z 值，也可以通过查正态分布的表格得到。

直观地说，有货率可以折算成一个系数（Z 值）。有货率越高，这个系数越大，不过两者不是简单的线性关系。

小贴士　有货率怎么定

什么是有货率？近几年在计划类培训中，这是学员问得最多的问题之一。

简单地说，有货率就是需求来了，不管是来自客户还是生产线，有多大的概率我们手头保证有货，能够立即满足需求。行业不同，公司不同，有货率的名称也不同，比如现货率、库存达成率、服务水平等。有人会问：我们不是现货供应，该怎么定义有货率？不是现货，一般会用按时交付来度量，比如 95% 在 1 周内交付，98% 在 2 周内交付。这相当于另一种形式的有货率，即接到需求后，1 周内的有货率是 95%，2 周内的有货率是 98%，道理上是一样的。

还有人问：我们是电商，没库存的话就没法接单（这是由京东、亚马逊这样的平台决定的），没法接单就不知道没有满足需求，简单地说，就是你不知道你不知道的东西。那也好，你们可以直接统计手头有没有库存，来大致计算有货率。比如每天运行库存报表，如果某个产品的净库存为 0，即可假定当天没法满足需求。比如某个产品在过去的 30 天里，有 3 天没有货，那就可以认为这个产品的有货率是 90%。这有近似的成分，因为有时候没货的时候也没需求，不算严格意义上的缺货。

知道了有货率，那什么是合适的有货率呢？有货率目标取决于以下三个因素。

其一，**客户的期望**。客户究竟希望有货率多高？对于生产工人用的手套，等几天或许没什么问题，但关键备件缺失，如几千万元一条的产线停机待料，那可是要命的大事。我在负责全球备件计划时，半导体芯片厂商的期望是，在 4 个小时内（台湾等地甚至要求 2 小时），这样的关键备件在 95% 的情况下要送到客户的门口（有的关键客户的目标甚至更高，达到 98%）。这意味着得在客户附近放一堆库存，用高库存来取得高有货率。

其二，**同行的表现**。这点自然不用解释。不过有趣的是，在财务指标的驱动下，有的企业不是向上而是向下标杆，说竞争对手只能做到 92%，我们的目标为什么要定在 95%？这听上去没错，不过你知道我们的市场份额为什么比竞争对手高吗？这跟我们的服务水平有关。有货率就像你的工资，你的期望是只能升不能降。数字专家往往不懂这点。当一个企业开始向下标杆的时候，就是开始走下坡路的时候。

其三，**企业的能力**。有货率是企业的组织、流程和系统能力的体现，需要投资人员、库存和产能，有相应的成本。比如目标设定为 95%，而历史绩效为 92%，那这 3% 的差距，我们要么通过提高能力来关闭，要么投入更多的库存。我们的能力很难在短期内提高，那就意味着要投入更多的资源，且面临投资回报率下降的挑战。

一个相关的问题是，该由谁来设定有货率目标？不是供应链职能，因为他们不了解营收；也不是销售，因为他们不了解成本。有货率太低，我们的风险是损失营收；有货率太高，我们就得承担库存和运营成本风险。当这两方面风险的期望值相等时，这就是合理的有货率目标。所以，设定有货率目标是销售和供应链的联合行为：销售能够评估营收风险，供应链能够评估成本风险，再结合客户的期望和竞争对手的表现，才能设定最合理的有货率目标。

第三步：计算安全库存

在量化了需求的不确定性，量化了有货率的要求后，安全库存的计算其实很简单：需求的标准差乘以有货率系数，就是安全库存。特别要注意的是，这里的标准差指的是**补货周期内**的标准差；而我们在图 2-3 和图 2-4 中计算的标准差，一般是以 1 周或 1 个月为单位。如果两者不一样，我们要做一定的转换，图 2-7 中有详细的公式。但要注意在转换的时候,时间的单位要一样,如果需求历史的标准差是按周计算的,那么补货周期也要换算成周。

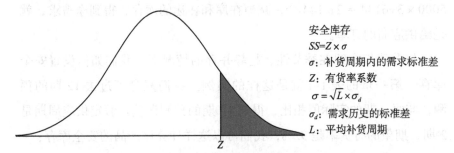

图 2-7 安全库存的计算公式

需求历史、预测误差按周统计,而补货周期是 28 天的话,图 2-7 中的公式就是把每周的标准差转换为每 28 天(4 周)的,后者是前者的 $\sqrt{4}$ 倍(注意时间的单位要统一,如果用 $\sqrt{28}$ 就大错特错了)。这也符合常识:补货周期越长,补货周期内的不确定性就越大,需求的标准差也就越大。这个倍数是开根号的关系,而不是一对一的线性关系,这从数理统计学的角度可以证明。如果时光倒流到 20 世纪 90 年代初我在大学里学习数理统计时,我还可以现场证明给你看,如今我虽然未老,但对数理统计的很多细节,却是不能推演了。

让我们回到图 2-5 中的例子,假定该产品是由供应商加工,采购提前期是 3 周。假定期望的有货率是 95%,我们可以在 Excel 中计算该产品的安全库存:

$$Z 值 = NORMSINV(95\%) = 1.64$$

$\sigma_d = 2163$(用 Excel 中的 STDEV( ) 函数,图 2-5 已经计算出了)

$$\sigma = \sqrt{L} \times \sigma_d = \sqrt{3} \times 2163 = 3746$$

$$安全库存 = Z \times \sigma = 1.64 \times 3746 = 6144$$

计算出来的安全库存是 6144 个,意味着基于这样的需求历史和我们预测需求的能力,我们需要设 6144 个安全库存,才能做到 95% 的情况下一有需求,我们马上有现货。对这个例子中的供应商来说,我们要给他们提前期内的预测，比如从第 8 到 10 周的 3 周，每周 5000 个，同时保持 6144 个的安全库存。所以我们的"毛需求"等于 5000×3+6144 = 21 144 个，减掉在库和在途的库存，得到净需求，就是给供应商的订单。

接着我们介绍在季节性、趋势并存的情况下，我们如何设置安全库存。第一章的表 1-4 就是这样的案例。我们复盘了过去 12 期的预测，与每一期的实际值相比，得到 12 期的预测误差。假定供应周期是 2 期，期望的有货率是 92%，我们可以这样计算该产品的安全库存：

$$Z 值 = NORMSINV(92\%) = 1.41$$

$$\sigma_d = 11.1（用 Excel 中的公式 STDEV( ) 函数）$$

$$\sigma = \sqrt{L} \times \sigma_d = \sqrt{2} \times 11.1 = 15.7$$

$$安全库存 = Z \times \sigma = 1.41 \times 15.7 = 22$$

这意味着，对于这个既有趋势又有季节性的产品，我们按照前面的方法来预测每一期的需求，同时设置 22 个安全库存，以期达到 92% 的有货率。当然，这里假定供应没有不确定性，否则，可根据经验，适当再增加一点安全库存来应对供应的变动性。

"卖一补一"原则下，安全库存该如何设置？"卖一补一"原则就是昨天卖掉多少，今天就补多少，拿上次的实际需求作为下次的预测，亦即预测中最为简单的"幼稚预测"。相应地，我们能够计算每期的预测误差；围绕误差，我们能够计算标准差，以量化需求的不确定性。对供应链来说，每次看到的需求是上次的销量，外加这里计算的安全库存，减掉库存就是净需求。如表 2-1 所示，假定该产品的补货周期是 1 周，有货率目标是 95%，其安全库存的计算如下[⊖]：

$$Z 值 = NORMSINV(95\%) = 1.64$$

$$\sigma_d = 13.3$$

$$安全库存 = Z \times \sigma_d = 1.64 \times 13.3 = 22$$

⊖ 如果补货周期更长，比如是 3 周，那就意味着第 1 周的需求成为第 4 周的预测，跟第 4 周的实际需求相比，得到预测误差，再用这里的公式来计算安全库存。

表 2-1 "卖一补一"原则下的安全库存计算

周	需求	买一补一	误差
1	24		
2	3	24	21
3	1	3	2
4	16	1	(15)
5	32	16	(16)
6	20	32	12
7	24	20	(4)
8	3	24	21
9	20	3	(17)
10	20	20	0
11	17	20	3
12	17	17	0
13	28	17	(11)
标准差			13.3

安全库存的计算本身不难，关键的是：通过量化需求的不确定性、量化有货率的要求，基于数据分析，计算出安全库存的数值，然后再根据具体情况，做适当的调整。比如一个新产品，需求相对旺盛，呆滞风险很低，我们可以考虑多放点；相反，对于生命周期末期的产品，我们可考虑少放点。看得出，安全库存的设置也遵循"从数据开始，由判断结束"的决策方法论。

对很多企业来说，产品动辄几百几千，规格、型号众多，中心仓、前置仓众多，凡是放库存的地方，十有八九都有安全库存。那么多库存点，没有人知道得比数理统计还多，也没有人能把那么多安全库存设置得比数理统计的更合理。当然，这些公式要求有一定的前提，比如符合正态分布，我们不一定能完全满足，但这样的计算至少给我们一个相对可靠的起点，让我们来调整。否则，我们就只能完全靠判断、"拍脑袋"了。要知道，数理统计就是基于大数据，更加科学地取代"拍脑袋"。

对于很多读者来说，平日可能是按照经验值来设定安全库存，比如 A 类物料放 2 周的安全库存，C 类放 3 周的安全库存等。这不科学，但我想补充的是，这种做法也整合了很多历史经验，包括你们吃过的苦、受过的罪，比如库存太多导致的过剩，库存太少导致的短缺。所以，对于这些经验值，也不要一棍子打死。一方面，有些产品不符合上述公式对正态分布的假设，在我们找到更合适的公式之前，还得靠老经验来计划；另一方面，这些经验值也可以帮我们初步判断按照公式计算出来的安全库存是否大错特错。

对很多人来说，刚开始用这些公式，经常会有这样或那样的问题，比如公式套错、数据整理有问题、公式的基本假定不满足，导致计算的结果跟经验值大相径庭。这很有可能是"算错了"的信号，企业要特别重视。对于一个企业来说，经营多年，积累了很多经验，现在选择的做法肯定有一定的合理性，如果新的方法让老的方法看上去非常不合理，那八成是新的方法有问题。

看上去对不对？这是另一种形式的"从数据开始，由判断结束"。尊重自己的直觉。如果你觉得错了，那八成是错了。

小贴士　按日、按周还是按月汇总需求历史

在计算安全库存的时候，当需求相对平稳的时候，需求本身符合正态分布，我们一般把过去一段时间的平均值当作预测值，计算这段需求历史的标准差，来量化需求的不确定性。这里有两个问题要考虑：其一，样本的数量，即用多少个数据点来计算；其二，数据汇总的颗粒度，比如按日，按周，还是按月汇总需求。

关于样本的数量，数据点太少，会影响标准差在数理统计上的可靠性，从而影响安全库存的准确性[○]；数据点太多，意味着取更长时间段的需求历史，可能导致需求历史的代表性下降——这期间需求的模式可能发生大的变化。关于正态分布，如果你看那些数理统计的书，一般会要有30个以上的样本，其统计指标的可靠性才比较高。我们

[○] 究竟至少得有多少个样本，是一个长期争论但未有定论的话题，取决于数据质量等多方面因素。

往往没有那么多的数据。不过少于13个样本（1个季度为13周），我会非常担心——我会尽量用过去13～26周的需求历史，这样就有13～26个数据点。

关于需求汇总的颗粒度，太小不好，因为可能"放大"了需求的变动性，导致安全库存多放，甚至可能让需求历史不再符合正态分布，因而没法用上面正态分布的公式来计算安全库存；太大也不行，因为可能掩盖了需求的变动性，标准差会低估，导致安全库存设置得太少。

让我们看个具体的例子。

图2-8所示为某产品过去3个月的销量。我们先按照日来汇总销量，得到91个数据点；然后按照周来汇总销量，得到13个数据点；最后，我们按月汇总，得到3个数据点。按日汇总，汇总的颗粒度最小，需求的变动性最大；按月汇总，汇总的颗粒度最大，需求就相对平稳多了。直观地讲，汇总方式直接"影响"需求的变动性。这里的"影响"加引号，是因为它体现出不同的变动性，而实际上并没有改变需求的变动性。

接着，我们根据按日和按周汇总的数据，计算各自的平均值、标准差，用标准差除以平均值，得到每组数据的离散系数（按月汇总的数据点太少，不能计算这样的参数）。如图2-9所示，很明显，当按日汇总的时候，离散度要比按周汇总的高——离散度越大，表明数据的变动性越大。

这很正常，因为时间颗粒度越大，期内的需求变动越可能互相抵消（"东边不亮西边亮"）。例如，假定每周的需求是210个，分配到每日，一个极端是每天都是30个，另一个极端是其中一天是210个，其余6天都是0。两种情况下，需求的变动性可大不一样，对安全库存的要求也不同，但如果汇总到周，这样的变动性就被掩盖了。这也意味着，按照两种不同的汇总情况，计算出来的安全库存可能不一样。

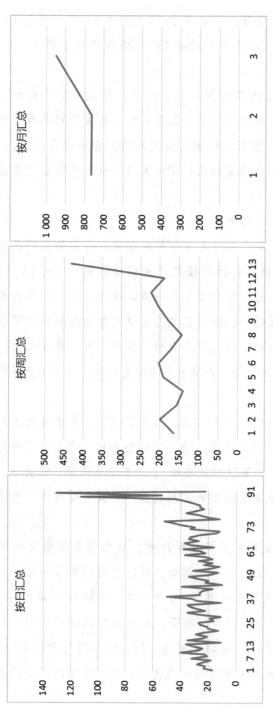

图 2-8 不同的汇总方式会"影响"需求的变动性

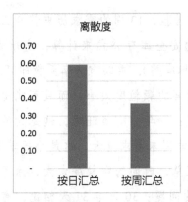

图 2-9　按日汇总"放大"了需求的波动性

更糟糕的是，在这个例子里，如果按日汇总，需求历史不符合正态分布（我做了卡方检验[⊖]，验证的结果是的确不符合）。既然不符合正态分布，前面图 2-4 中简化的正态分布公式就不适用。要计算安全库存，我们就得计算每日的预测误差。而预测误差也可能不符合正态分布，至于该如何计算安全库存，我还没看到合适的公式。

博士和教授们在研究安全库存时，总是假定需求符合正态分布，或者需求预测的误差符合正态分布；但我们在实践中，却有很多不符合正态分布的情况，我们这些实践者没有很好的模型来对付，学者们则继续把头埋在沙子里，踩着那些不现实的假设，在象牙塔尖越钻越深，不管不顾地自娱自乐。

就这个案例产品来说，这是中心仓给前置仓（店铺）的补货，虽然店铺每天都在卖货，需求每天都在发生，但中心仓给前置仓的补给则是按照每周一次的频率。所以，这里的需求历史按周汇总，看上去

[⊖] 关于什么是卡方检验，你可以在百科词条中查询。当然，不要期望能读懂那些晦涩难懂的文字——数理统计的任务是从纷繁复杂中找出规律，指导我们这些可怜的实践者。但很多统计学家正好相反，把本来就纷繁复杂的世界，解释得更加复杂难懂。这些统计学家用晦涩难懂的术语，把我们与冥冥中苦苦追寻的真相联系起来。可怜我们这些外行，因为不懂，也就只能"信则灵"了。当然，也有例外，比如我在简书上看到一篇题为《结合日常生活的例子，了解什么是卡方检验》的文章，作者是 Yan 文怡。该文章相当生动易懂（https://www.jianshu.com/p/807b2c2bfd9b）。外行人能把简单的东西搞复杂；能把复杂的东西简单化的，才是真正的专家。

是一种更靠谱的做法。我做了卡方检验，13周的需求历史符合正态分布，我们可以用图2-4中简化了的安全库存公式来计算，也就是说，计算出补货周期内的需求变动性（标准差），乘以有货率系数即可。

在我的经验中，按日汇总，时间的颗粒度太小，而且可能出现大的季节性中套着小的季节性的情况：一年中有淡旺季，这是大的季节性；每周中有大小天，比如周末比非周末需求量大，这是小的季节性。这会增加需求预测的难度。按月汇总，时间的颗粒度太大，除可能掩盖了太多的变动外，还有大小月的问题：30天与31天相比，有略高于3%的误差，28天的话误差就更大了。有的月份有4个周末，有的有5个周末，工作日的数量也可能不同，对需求都可能带来显著的影响。按周汇总，不仅给我们相对多的数据点，还符合供应链运营的特点：管理精细的企业，一般都是按周来汇总运营指标，以周为单位管控过程的。

顺便提一下，在汇总数据的时候，还要考虑一些非阳历节日的影响，比如中国农历的春节和伊斯兰教的开斋节，每年可能在不同的月份和周，给相应时段的需求带来显著的影响。

|实践者问|

我们正在做现有产品的预测模型。在计算安全库存时，我们按照周来汇总需求，有部分周次需求数据为0。在计算标准差时，去掉和不去掉0需求的周次对结果肯定有影响。究竟去掉，还是不去掉？

|刘宝红答|

不去掉。那一周的需求是0，表明没有需求，我们要尊重实际数据，否则可能高估平均需求，也不能准确评估需求的变动性。当然，更重要的是，0需求的周次较多的话，我们要细究是否符合正态分布；如果不符合，那我们或许要考虑用泊松分布的公式（在后面"长尾产品：库存计划的终极挑战"部分会讲到）。

|实践者问|

读了您的《供应链的三道防线：需求预测、库存计划、供应链执行》一书，我的思路更加明确了，但是在技术层面上，我感觉还有所欠缺，比如如何判定一组需求是否符合正态分布。

|刘宝红答|

这本书就是来解决技术层面的问题的。这里的"技术层面"不过是需求预测和库存计划的"技术层面"，而不是数理统计的技术细节，比如如何判定一组需求是否符合正态分布。数理统计中有一系列方法，如卡方检验，用来验证一组数据是否符合正态分布；SPSS 软件等也有这样的功能，不过并不很直观，需要基本的数理统计知识。从经验来看，如果每期的平均需求低于 4 或 5 的话，那大概率是不符合正态分布的；如果高于 10 的话，符合正态分布的概率就更大。这只是经验，在后文的"泊松分布"部分还会提到。

会设安全库存，计算再订货点就很容易

在库存计划领域，除了安全库存，经常打交道的还有**再订货点**（或者就叫**订货点**）。其逻辑是，一旦库存降到预设的水位（再订货点，ROP），就启动订货机制，驱动供应链补充一定数量的货（订货量，ROQ）；在货到来之前，库存继续下降，直到订的货到达，拉高库存的水位，然后开始下一个循环，如图 2-10 所示。⊖再订货点法在企业里使用很广，它的几个参数，在此稍作解释。

先说**再订货点**。

再订货点由两部分构成：①**补货周期内的平均需求**。这是平均需求预测 × 补货周期（如果需求相对稳定的话，一般会用过去一段时间

⊖ 在这里，ROP 是 reorder point 的缩写，亦即再订货点；ROQ 是 reorder quantity 的缩写，亦即订货量。

的平均需求来代替)。②**安全库存**。这是为了应对需求和供应的不确定性，以及提高有货率，我们在前面已经详细探讨过，这里不再赘述。

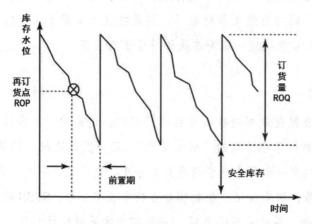

图 2-10　再订货点法示意图

举个直观的例子：假设你每周买一次菜（这意味着补货周期是 7 天），每天平均吃半斤小白菜，那你要把小白菜"库存"至少建到 3.5 斤，就是"补货周期内的平均需求"；有时候斜对门的邻居来蹭饭，那是"需求的不确定性"，你就得多备点，于是再加 1 斤，就是你的"安全库存"。这样，你的"再订货点"就是 4.5 斤。

再说**订货量**。

直观地讲，订货量是指每当补货时，需要补多少。订货量，至少要达到或超过再订货点（取决于不同的计算机系统：在一些系统中，库存水位达到再订货点，就触动补货；而在另一些系统中，需要低于再订货点）。但同时，还要考虑补货相关的成本。

在订货量方面，有如下几点说明：①**订货成本**越高，订货量就越大。为了几根葱，就让你跑一趟菜市场，你会很愤怒。因为你跑一趟的"订货成本"很高，你当然希望多买些东西，把单位订货成本降下来。②**需求量**越大，订货量就越大。这能解释为什么你会一次买 50 斤米，但不会买 50 斤盐。③**库存成本**越高，订货量就越小。你不会买半年的水喝，因为占地方没处放；你也不会买一个月吃的青菜，因为青菜会坏掉。两种情况下的库存成本都很高。

经济学中有一个经济订货量（EOQ）的概念，就是平衡上述订货成本、需求量和库存成本的订货量，生产的最小批量、采购的最小订货量也是来源于此。⊖这些都告诉我们，每次补货的时候，订货量不能低于经济订货量——之所以是"不能低于"，是因为有时候还有别的因素，如最小包装量、使用习惯等。比如你是零售商，你对矿泉水的经济订货量是42瓶，但厂家是24瓶一箱，不零卖，那意味着你得订两箱48瓶。再如，球拍一般都是成对卖，你最好不要单数进货，导致最后有一只卖不掉。

式（2-1）经济订货量的公式。其中 Q 是我们要找的经济订货量，即每次订货综合成本最低的订货量。D 是需求预测，注意要转换成每年的量（这里假设每年的需求相对稳定）。S 是每个订单的订货成本，主要是发生在公司内部的成本，比如下订单、跟踪订单、催货、验收、付款等（这里假定运输等物流成本已经包括到供应商的单价里，如果不包括，还得加上这些成本）。库存持有成本，包括资金成本、仓储成本、呆滞成本等，要换算成单位库存持有成本。

$$Q=\sqrt{\frac{2DS}{H}} \qquad (2\text{-}1)$$

式中　Q——每次的经济订货量；

　　　D——每年的需求；

　　　S——每个订单的订货成本；

　　　H——单位库存持有成本。

对于库存的持有成本，这里再稍作补充。

简单地说，持有成本就是为持有库存而产生的成本。你马上能联

⊖ 经济订货量（EOQ）是一个叫福特·哈里斯（Ford Harris）的人于1913年开发的。有趣的是，他只有高中学历，也不是研究者，后来成为一位律师。这也说明，你不需要是个数学家，才能做数据分析等。资料来源：How to Understand the History of the Economic Order Quantity, by Shaun Snapp, https://www.brightworkresearch.com。

想到两个主要部分：①资金成本——中小企业的资金成本动辄在10个百分点左右；②呆滞成本——库存放久了，会过期、老化、被新产品取代等（如果你是做生鲜生意，八成对呆滞成本深有体会）。此外，租仓库的费用、买保险的费用、付仓储人员的费用等，所有这些成本加到一起，对电子产品来说，大概能占到产品单位成本的20%～30%（当然，对快时尚产品来说，这个比例可能更高）。这就是说，100元的产品，在库里放上1年，就会产生20～30元的库存持有成本。

所以，不要忽视库存的持有成本。很多计划人员不大接触公司的财务运作，不能全面理解库存的持有成本，往往低估了库存的持有成本。当然，这也跟绩效考核有关：很多企业在快速增长的时候，对计划人员的考核以交付为主，短缺会挨板子，甚至丢了饭碗；但过剩的话，最多是挨点儿骂。于是计划人员就备货，超额备库存。库存太多，就没有短缺来触动纠偏行动，直到老板缺钱的时候。所以，**如果企业一直有货，那也可能是个问题，表明它在牺牲股东利益。**

我熟悉的一家公司就是这种情况：计划人员没有金额的概念，只有数量的概念。这家公司在优化计划方法，一位计划经理告诉我，用了您的新方法，库存数量变化了××××个；或者说，这次补货，我们总共要补××××个。我花了很长时间给他们解释：库存不但要提数量，更重要的是要折算成金额。比如这位计划经理告诉老板，要设一个新仓库，需要放14 500个产品，老板对这个数量没概念；但如果计划经理说需要放230万元的库存，老板马上就懂了。

如果你的计划人员谈到库存，只谈数量，不谈金额，他八成在牺牲你的库存，浪费你的资金，那他就不是个合格的计划人员。

像经济订货量这样的经典公式，主要是在过去一百多年内研究出来的，是典型的传统经济的产物，表现为节奏较慢，"从前的日色变得慢／车，马，邮件都慢／一生只够爱一个人"[⊖]，人们思考的"单位时

[⊖] 选自《云雀叫了一整天》，来源于"木心．从前慢[M]．桂林：广西师范大学出版社，2013"。

间"也就比较长,比如这里经济订货量的需求是按年来计算。在20世纪80年代以后,信息技术发展迅速,特别是这些年的电商经济飞速发展,使得工业节奏更快了。如果经济订货量的这些研究是在现在完成的话,那对于快消品而言,我想更可能会用周、月或季度来做计量单位了。

信息技术显著改变了订货成本。以前下订单、发送订单、跟踪订单、收货验收、付款等都是手动操作,成本相当高;现在大部分任务,包括付款都可以自动化,成本显著下降——ERP自动产生订单,自动通过电子商务发给供应商,仓库收货验收时扫码,相关信息自动录入ERP,付款周期一到,自动付款,人工参与很少。这也意味着经济订货量会更小。这也是为什么我在硅谷的老东家取消了经济订货量(当然另一个原因是在小批量行业,经济订货量带来的呆滞风险相对较高)。

在再订货机制中,再订货点相对简单,但补货机制相对复杂,还有很多细节,比如是定量还是不定量,是随时补货还是定期补货,下面我们接着讲。

补货机制:定量 vs 不定量

补货量的上限,也就是说最高补到多少,分两种情况,即定量和不定量。

在**定量**的补货机制中,我们根据经济订货量和其他因素,确定订货量,然后当库存水位达到或低于再订货点的时候,我们就补一个订货量的货;如果还没达到再订货点,我们就再补一个订货量的货,直到超出再订货点。

在这里,订货量是固定的,会参考经济订货量,也会考虑别的因素。比如有些材料要成对成双地用,即便经济订货量是5,我们也要把订货量定为双数6。最小包装也类似。举个例子:在超市,某瓶装水的再订货点是120瓶(这是再订货点),一旦在库和在途库存总量低于 120 瓶，ERP 就会发出补货指令，最少补 1 箱 24 瓶（这是订货量）；如果还没达到 120 瓶，就再订 1 箱 24 瓶，直到库存水位超出 120 瓶。

在定量的补货机制下，如果需求没有波动，在库库存的低点会是安全库存，高点会是安全库存加订货量（见图 2-10）。当有需求变动的时候，最低点会上下浮动，不过平均值会是安全库存；最高点会是再订货点加订货量（假定订货指令发出后，就没有任何需求）。在库库存的期望值如下：

$$在库库存 = 安全库存 + \frac{订货量}{2} \quad (2\text{-}2)$$

也就是说，在库库存的平均值等于安全库存加上一半的订货量。这可以帮助我们更好地理解在设定再订货点、订货量后，整体的在库库存量。

在**不定量**的补货机制中，持续监控库存水位，当库存水位降到或低于再订货点时，就启动补货机制，补货补到最高库存水位（Max）。这里的库存水位包括在库库存和在途库存。在一些 ERP 系统中，这种补货方式叫 Min/Max。从本质上讲，最高库存水位 Max 要考虑补货的规模效益，也要考虑仓储、物流、库存持有成本等因素。

如果你想更科学地计算的话，公式如下：

$$Max = ROP + ROQ \quad (2\text{-}3)$$

式中　ROP——再订货点，见再订货点公式；

ROQ——经济订货量，见经济订货量公式。

Min/Max 方式的优点是沟通方便，大家都能懂；缺点是每次补货的量可能不同，增加了补货的复杂度，比如可能得把大包装拆开，导致增加供应商的失误——每次订货量一样，对供应商来说，可预见性就更高。Min 在这里一般就是再订货点。⊖ 就整体补货成本、库存持有成本而言，Min/Max 是保持总成本最低的做法。

⊖ 在有些 ERP 系统里，订货机制的设置略有不同，比如到 Min 还不订货，而是要降到 Min-1 才订货，那么这时候再订货点和 Min 之间只差 1。

在 Min/Max 订货机制下，平均的在库库存水位如下（其实跟前面定量补货的情况类似）：

$$在库库存 = 安全库存 + \frac{Max - Min}{2} \qquad (2-4)$$

上面谈的是补货的**数量维度**，即每次的补货量是固定还是变动的。下面我们要接着讨论补货的**时间维度**，即定期还是随时补货。

补货机制：定期 vs 随时

到现在为止，我们讲的再订货点法都是**随时**补货。这要求**持续**监控实际库存水位（包括在库和在途库存），一旦达到或低于再订货点，就触动补货机制。这对库存的实时管理要求较高。在信息化水平高的企业，库存的监控、订货机制的触动、订单的生成都在 ERP 系统里自动化了，所以这种再订货点法的运行就流畅很多；对于信息化程度低的企业，就做不到实时监控、即时补货。

比如我的老东家，一个年营收达几十亿美元的制造商，中心仓在硅谷，全球有二十几个前置仓，分布在亚洲、欧洲的主要工业地区。该企业采用的主要是不定量、随时补货：ERP 系统实时监控库存水位，一旦低于再订货点，就发出补货指令，补到最高库存。随时也就是可能每天都补货，因为有规模效益。比如一般的前置仓有几千个料号，每天总有相当多的料号要补货，满足物流运输的最低批量等。

再如，有些跨境电商，由于信息化水平太低，订单处理流程完全是手动操作，用 Excel 表格来判断是否要订货，所以效率低下。他们没法做到随时补货，对每个料号，只能定期，如每周补一次货。这就是**定期补货**。还有些企业，虽然信息系统在实时监控库存，能做到随时补货，但鉴于业务量较小，也采取定期补货的方式，如每周发货，以提高货运、进出库的规模效益。

定期补货机制下（以每周补货为例），意味着需求产生了，库存消耗了，但可能得等待多达 7 天才能启动补货机制，这也意味着整个补货周期增加了相应长度的时间。关于再订货点的计算，最简单的做法就是在原来补货周期的基础上，加上延误的最长时间，用同样的公式计算再订货点。补货周期延长了，系统地增加了库存。⊖

补货的数量、时间维度结合到一起，就是4种典型的补货方式：定量不定期，不定量不定期；定期定量，定期不定量。⊖这有点儿太拗口，让我们总结成一个简单的表格，来指导我们选择合适的补货机制，如表2-2所示。在表2-2中，对于A类物料，不管是定期还是随用随补，我们都倾向于补到最高点Max。对于B类物料，我们采取更简单的补货方式，也就是定量补货。这种做法简单，一旦达到或低于再订货点，就补一个订货量；还达不到再订货点，那就再补一个订货量，直到超出再订货点。

表2-2 选择合适的补货机制

补货机制	不定量	定量
定期	A类	B类
不定期	A类	B类

有人可能会问：这么复杂的补货机制，除了让我们看上去更有学问，跟我们有什么关系？

关系大着呢。如何设置补货机制，直接影响你的整体运营成本和库存成本。显然，就**运营成本**来说，定期、定量最低——不是每天都补货，省却很多麻烦；补货的时候一补就一箱或一定数量（定量），不够就再补一箱，操作简单。但是，这种做法却以库存为代价：定期补货，增加了补货周期，拔高了再订货点；定量补货，本来再有1只就超过了再订货点，却补了1箱12只。定期补货和定量补货都增加了库存。

⊖ 这里的问题是究竟增加几天。保守的做法是增加7天，这是为应对最坏的情况，比如周一刚补了这周的货，仓库里就有一大票货被卷走了，需要再补货，但一直得等到下周一。

⊖ Inventory and Production Management in Supply Chains, Edward A. Silver, David F. Pyke 和 Douglas J. Thomas, CRC Pres, 2017, 4th edition, P245.

相反，不定期、不定量对于**库存控制**最有利，但以牺牲运营成本为代价：因为随用随补，你得随时盯着，用一个补一个，提高了补货频率；因为不定量，要补不能超出库存上限 Max，这意味着有时候得把完整的一箱给拆开，只取其中几个。不定期补货和不定量补货都增加了运营成本。

对于这些，学者们研究了几十年，最终得出的结论如下[1]：

（1）因为单价高，库存影响大，A 类物料采取不超上限 Max 的补货法，**不定量**，即要几个补几个，避免库存过高。

（2）因为库存金额相对低，产品数量大，运营成本更突出，B 类物料就用**定量**的补货方式，牺牲一点库存，但节省运营成本。

（3）对于最便宜数量也最多的 C 类物料，我们可用更简单的方法，如双桶法。一桶空了，就驱动供应链再补一桶，这样对库存金额影响有限，但也能节省不少运营成本。

特别是高价值的 A 类物料，库存、运营、短缺总成本最低的方案是定期不定量，也就是定期查看库存水位，要补货的话补到最高库存 Max。

不要小看这些：企业动辄有几百、几千甚至几万个产品，几十、几百个仓位，每个产品、每个仓位多放一个还是少放一个，就是成百上千甚至过万的库存；每个产品多补一次还是少补一次，整包地补还是拆分零补，时间长了，运营成本就是几百万元甚至几千万元。作为计划人员，我们处于最佳的位置做这些决策，能够直接显著地影响成本和库存。

再订货点机制也假定补货周期是**固定**的。当然，如果补货周期有

---

[1] *Inventory and Production Management in Supply Chains*，Edward A. Silver，David F. Pyke 和 Douglas J. Thomas，CRC Pres，2017，4th edition，P243。在库存计划方面，这是本很经典的书。我曾经请教沃顿商学院的 Morris Cohen 教授，希望他推荐一本实践者能够看得懂的关于库存计划的书，他就推荐了这本。我看了这本书觉得确实不错，本书很成体系。如果要做这方面的研究的话，这是本不错的专著。不过读起来还是很吃力：这毕竟是本学术专著啊！

不确定性，我们就得增加安全库存来应对。再订货点机制假定需求相对稳定、需求的连续性较高等，还有一些别的假设、变种，感兴趣的读者可以参考百度百科词条"订货点法"。

最后补充一下，再订货点法看上去是库存计划的一种方式，其实是供应链的三道防线的结合体。

再订货点包括"补货周期内的平均需求"和"应对不确定性的安全库存"。前者是基于需求预测的，跟供应链的**第一道防线**相关；后者是安全库存，跟供应链的**第二道防线**相关。需求预测的准确度太低，直接造成周转库存的过剩或短缺；安全库存设置得不合理，也会造成同样的库存和交付问题。

供应链执行作为供应链的**第三道防线**，其执行力度也直接影响再订货点法。执行不到位，如信息延迟，造成信息不对称，使不确定性增加，最终导致库存升高（"拿信息换库存"的反面）。比如 VMI 或寄售库存的信息流不通畅，客户往往一周更新一次信息，结果就是要放更多的库存来应对延误，从而导致不确定性增加。执行不力，供应的不确定性增加，供应链的自然反应就是增加安全库存，也导致同样的库存过剩问题。

对于库存计划来说，最基本的其实就三个概念：**安全库存**、**再订货点**、**订货量**。熟悉这三点，计划人员做库存计划就入门了。其实就概念而言，我们天生就懂得安全库存、再订货点和订货量，至少会买菜的人都懂这些。天生懂得，并不意味着我们做得就精；而做不精，就不是个优秀的计划人员。

做库存计划要精打细算，打的算的都是数字。数据给我们**理性**，数据分析让我们从无序中找到有序，也让我们拿理性来平衡感性。**我们其实不缺数据**，尽管搜集起来不容易；**我们缺的是分析**。很多库存计划员，虽然干的是计划的活，但一路走来凭的都是经验，不是靠分析而是靠"拍脑袋""一刀切"，注定做不好库存计划。

案例　随时补货机制下再订货点的计算

让我们看一个例子,来加强对安全库存和再订货点计算的理解。

一个产品的需求历史如图 2-11a 所示。假定是随时监控库存水位,一旦在途库存和在库库存之和低于再订货点,就触动订货机制。再假定供应商的补货周期为 4 周,如果要达到 95% 的有货率,再订货点要设多高?其中安全库存是多少?补货周期内的平均需求是多少?

周	需求(个)
1	24
2	3
3	1
4	16
5	32
6	20
7	24
8	3
9	20
10	20
11	17
12	17
13	28
平均每周的需求=	17
周需求量的标准差=	10

a)

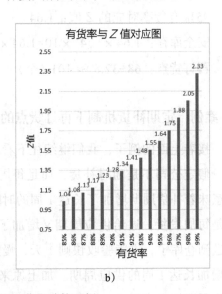

b)

图 2-11　再订货点计算示例

我们这里是用 13 周的需求历史,需求相对平稳,没有明显的趋势、季节性等,而且符合正态分布(这一点从数理统计的角度,如卡方检验,可以验证)。我们围绕这 13 个数据点,就可以求出平均每周的需求为 17 个,每周需求的标准差为 10 个。在图 2-11b 中,我们用柱形图展示了有货率与有货率系数 Z 值的关系。有货率和 Z 值是一对一的关系,可以通过查表或者使用 Excel 表格中的函数(见图 2-6)计算出每个有货率对应的 Z 值。

再订货点等于补货周期(4 周)内的平均需求加上安全库存。安全库存等于 Z 值 × 补货周期内的需求标准差。95% 的有货率对应的

Z值为1.64。每周需求的标准差已知（10个），那补货周期4周内的需求标准差也可以算出：$\sqrt{4} \times 10=20$（个）。公式见图2-7。安全库存就等于1.64×20=32.8（个），加上补货周期内的平均需求68个，就得到再订货点100.8个。当然，你不能订0.8个货，那就四舍五入为101个。具体归纳如下：

补货周期内的平均需求：17×4=68（个）

95%有货率对应的Z值：1.64

安全库存：$1.64 \times \sqrt{4} \times 10 = 1.64 \times 2 \times 10 = 32.8$（个）

再订货点：68+32.8≈101（个）

案例　定期补货机制下再订货点的计算

接着上面的例子，我们继续往下看。

假定公司不是随时补货，而是每周给供应商下一次补货指令，这就意味着补货周期增加了长达1周的时间。供应商也不是每天都发货，而是每周发货，这给供应周期又增加了长达1周的时间。供应商的货物送到仓库了，进库验收快则1天，慢则1周，"翻译"过来，又意味着增加长达1周的供应周期。加上原来的4周生产、运输时间，整个补货周期就变成长达7周（见图2-12）。

1. 公司每周给供应商下补货指令：	1周
2. 供应商接到指令，每周发货：	1周
3. 海路运输，4周补货到达：	4周
4. 进库验收需要1～7天：	1周
总的补货周期：	7周

图2-12　批处理、定期补货增加了总的补货周期

让我们再重复前面的计算，你会发现，安全库存增加了33%，再订货点增加了61%，如图2-13所示。由图2-13可知，补货周期对安全库存、再订货点都有显著的影响。而企业"批处理"的营业方式，比如每周下一次订单、每周发一次货，虽然在运营成本上获得了一定

的规模效益，但却付出了高昂的库存成本。库存如此，产能也如此。精益之所以提倡小批量、多批次，原因也在这里。

补货周期内的平均需求：17×7=119（个）

95% 有货率对应的 Z 值：1.64

安全库存：$1.64 \times \sqrt{7} \times 10 = 1.64 \times 2.65 \times 10 \approx 43.4$（个）

再订货点：$119 + 43.4 \approx 162$（个）

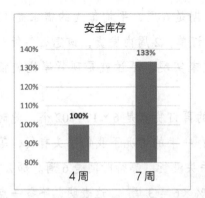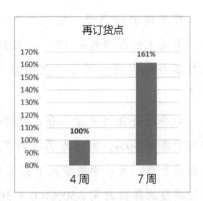

图 2-13　补货周期对安全库存、再订货点都有显著影响

这种订货方式可以说是定期不定量。在这个案例中，每周订货，补货到再订货点，每次订多少不确定。这种订货方式很普遍，国内有很多跨境电商向亚马逊补货时，一般是每周补货；再如家电行业，整机厂向分销商发货，也有很多是每周发一次；我以前负责全球计划时，给客户寄售库存点有八九十个，大多是每周清点一次库存和消耗量，每周补一次货。贩卖机上的饮料，也不是随买随补，而是定期补货。

定期补货这种"批处理"的好处就是运营成本较低，比如每周下一次单、每周发一次货，当然比每天下单、每天发货更有规模效益。但是，**批处理的代价是高昂的库存**。我以前的一些客户的寄售库存点到补给仓虽然只需要十几分钟的时间，但那里却放着两三周的库存甚至更多。后面要讲到的跨境电商，虽然空运补货本身不过两三天时间，但亚马逊的仓库里放着三四周的库存，再加上一两周的在途库存。作为管理者,我们要权衡运营成本和库存成本,做出更均衡的决策来。

小贴士　不是现货供应,再订货点如何计算

到现在为止,我们谈的都是现货供应,也就是说,需求来了,手头就有库存来应对。那对非现货供应的情况,该怎么计划?

接着前面的例子,假定补货周期是6周,平均每周的需求是17个,周需求的标准差是10个。接到订单,2周内发货,该怎么备货?这其实也可以通过再订货点的方式来实现,不过就是现货率比较低罢了。

如果不备任何安全库存,此时的再订货点是6×17=102个,此时的有货率是50%,意味着需求到了:一半的情况下我们手头有货,等待时间为0;另一半的情况下我们手头没货,等待时间是6周。那么,我们期望的等待时间=50%×0 + 50%×6 = 3周[⊖]。这表明,不备一点儿安全库存,没法满足2周交货。

那我们反算一下,如果期望的交期等于2周,假设有货率是x,那缺货率就是$1-x$,我们得到如下方程:

$$x \times 0 + (1-x) \times 6 \leqslant 2$$
$$x \geqslant 0.667$$

这就是说,有货率不能低于66.7%。在正态分布表中,它对应的有货率系数 Z 值是0.43,安全库存就是 $0.43 \times 10 \times \sqrt{6} = 11$ 个,再订货点就是17×6+11=113个。

如果是接到订单,5周内要交货呢?用同样的方法,就能算出有

⊖ 刚开始,因为供应渠道里有供应,即使没有现货,客户也不会等太长时间。但"寅吃卯粮"的结果是,后续需求来的时候,期望的等待时间更长;等到了均衡状态,期望的等待时间就是3周。很多人对此比较费解,我也在想用更好的办法来解释。大家慢慢琢磨琢磨,我相信你们会想通的。如果模拟的话,你们应该能得到这个结果。

货率不得低于 16.7%。它对应的 Z 值是 −0.97，再订货点就是 17×6−0.97× $\sqrt{6}$ × 10 =78 个。

再往极端想，如果 6 周内交货的话，再订货点就等于 0，需求一到，得等待完整的补货周期。假定有货率不得低于 0.001%（如果是 0 的话，正态分布的公式就没法用），对应的 Z 值为 −4.26，相应的再订货点是 17×6−4.26× $\sqrt{6}$ × 10 = 102−104 =−2。计算的结果之所以不是 0，是因为在有货率极低的时候，用正态分布计算 Z 值，可能受四舍五入等因素的影响，存在误差。

现在你应该明白了吧，即便你们的供货方式不是现货，手头也得有一定的安全库存，除非你要客户等待整个补货周期。

案例　轮辐式的全球库存网络计划

前面谈了安全库存、再订货点的计算方法。这里分享一个案例，看这些内容是如何应用在企业的库存网络计划上的。

案例企业是一个工业品企业，总部在美国，中心仓也设在美国。这里谈的主要是备品备件。该企业在全球各地设有二十几个前置仓，来满足当地客户的需求，也支持给客户的八九十个寄售库存点。中心仓对应的是供应商，大部分物料由供应商寄售在中心仓。

就整个网络而言，案例企业的中心仓相当于我们经常看到的CDC，前置仓相当于 RDC，寄售在客户端的库存点相当于店铺，[⊖]跟消费品常见的仓到仓、仓到店结构相似。整个库存网络有几亿美元的库存、上万个独特的料号、10 万级的产品 / 库存点组合（一个料号可有多个库存点）。这里通过介绍案例企业在不同的库存点采用什么样的计划方式，你可以了解这些计划方式的优缺点，以便更好地运用它们。

⊖ CDC 是 central distribution center 的首字母缩写，意即中央配送中心；RDC 是 regional distribution center，意即区域配送中心。

前置仓的库存计划

案例企业采取典型的轮辐式库存网络体系，如图 2-14 所示。轮辐方式较好地平衡了库存成本和运营成本，以期达到总体成本最低，因而被广泛使用。这后面的驱动因素是规模效益，以及库存的聚合效应。单就库存而言，在中心仓与客户寄售库存点之间增加前置仓一环，会增加整体库存；但从运营成本，特别是物流成本上讲，总体运营成本一般会降低。比如没有前置仓时，我们需要从中心仓直接向那八九十个客户寄售库存点发货，这在物流运输上是个挑战；有了前置仓，我们可以把客户寄售库存点归并到不同的前置仓，这样从中心仓到前置仓，在物流运输上增加了规模效益；从前置仓到客户寄售库存点，响应周期缩短，这样补货的不确定性也降低，客观上能降低寄售点的库存（不过降低的幅度没法抵消前置仓增加的幅度）。

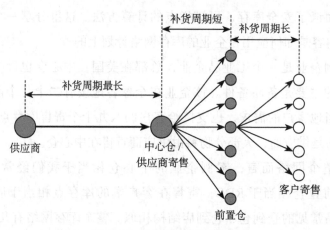

图 2-14 轮辐式的库存网络

从库存水位计划角度看，做案例企业的前置仓库存计划有两种方法：安全库存和 Min/Max。我们一一解释如下。

安全库存针对的是那些用量比较低的产品。ERP 系统只设置安全库存，一旦库存低于安全库存，就启动补货机制，补到安全库存水位。这种安全库存其实是 Min/Max 的特例，就是 Min 和 Max 相等——平均用量很低，加上中心仓的补给速度较快（空运过来，整个补货周期就几天时间），补货周期内的平均需求几乎可以忽略不计，所以 Max 等于 Min，等于安全库存。

对于需求量大的产品，案例企业采取 Min/Max 的计划方法：设定再订货点作为 Min，一旦库存水位低于再订货点，就启动补货机制，补到最高库存 Max，但不超过。从补货机制的时间、数量特性来讲，前置仓用的是不定时、不定量的补给方式：ERP 随时监控库存水位，一旦低于 Min，就在每天运行物料需求计划（MRP）的时候，启动补货机制。但每次补多少货，取决于当时的库存水位（在库库存＋在途库存）与最高库存 Max 的差值，因为每次的库存水位可能不同，所以每次的补货量也可能不同。

之所以采取随时补货，是因为：其一，案例企业的信息化程度高，库存信息准确，ERP 的主数据准确，有能力实时监控中心仓与前置仓的库存，为随时（不定时）补货创造了先决条件；其二，前置仓的业务量较大，从中心仓每天补给，也能实现物流运输的规模效益（有几个小的前置仓，因为业务量较小，不是每天补货，采取的是定期补货）。

从库存计划的角度看，再订货点等于补货周期内的平均需求再加上安全库存。补货周期一般是几天时间，平均需求一般用最近 13 周的移动平均；安全库存也是用最近 13 周的标准差乘以有货率系数（有货率一般设为 95%，相应的有货率系数是 1.64）。由于没有考虑供应的不确定性，特别是补货周期有时候会因进出口而延误，案例企业一般会在前置仓多加几天的库存来缓冲。

客户寄售点的计划

对于需求量大的产品，比如易耗品，案例企业经常给大客户建立寄售库存点。在全球范围内，该企业有八九十个寄售库存点，大部分由当地的前置仓支持——前置仓设立 Min/Max，驱动中心仓补货，然后在寄售点库存计划机制的驱动下，给寄售库存点补货。一小部分寄售库存点，比如欧洲和日本的一些客户，由中心仓直接发货，这主要是因为当地的前置仓空间有限（如日本），或者当地前置仓离客户寄售库存点本身也很远（如欧洲）。

不管是由哪一级的仓库补给，案例企业的客户寄售库存点在计划方式上都一样，那就是定期、定量的补给方式。也就是说，根据补货周期内的平均需求，再加上一定的安全库存，确定再订货点；每周或者每半周定期更新库存水位，一旦库存水位低于再订货点，就启动补货机制，补一个订货量；如果还达不到再订货点，那就再补一个订货量，直至达到或超过再订货点。

定量补货，一方面是为了简化补货手续，要把一个整包装打开重新分拣、再包装，往往不具备条件（有的产品需要在洁净室内打开，而前置仓的条件一般比较差，没有洁净室）。另一方面也是因为这些产品需求量较高，即便补货较多，也能很快消耗掉，库存风险较小。

定期补货，主要有两个原因。其一，**信息不对称**，没法及时获知需求和库存信息。虽然客户每天都可能在领料，但由于跟大多数客户之间没有 EDI 或其他方式的数据接口，案例企业没法及时得到材料的消耗信息，直到每周或每半周跟客户结账，才能清楚地获知用掉多少库存，手头还有多少库存。其二，**规模效益**。如果每天都结账，每天都送货，由于寄售点的库存一般料号数较少，补货总量也相对少，形不成规模效益，单位运营成本就比较高。所以，定期补货就是自然的选择。

但是，定期补货是一种"批处理"，代价是高昂的库存：从需求发生到探知启动补货机制，动辄就有1周多的延误，这意味着整个补货周期增加了1周多；补给仓也不是随到随发，受限于运输条件，以及追求更高的规模效益，往往也采取定期发货的方式，这又增加了几天的周转周期；周末、节假日是另一个问题，一年365天，周末和节假日加在一起，就有100多天，接近1/3了，平均下来又增加了几天补货周期。细算下来，整个补货周期动辄两三周。

所以，你会看到很奇怪的现象：客户寄售库存点离当地的前置仓就几分钟的路，但放着几周的库存。这点最后反映在寄售库存点的库存周转速度上：周转最快的能达到 18 次左右，意味着寄售库存点有 3 周左右的库存；周转速度一般的也就 10 次左右，平均放着 5 周左右的库存；周转最慢的只有两三次，因为寄售的是一些用量很小、单价很高的产品。

寄售库存点的库存周转慢，还有一个根本原因，那就是对**有货率**的严苛要求。在案例企业中，客户寄售库存点的有货率目标一般是 98%。这么高的有货率是有原因的：寄售库存点的库存一般都是易耗品，客户不再备库存，一旦由于易耗品而导致停产断线，让客户几亿美元的生产线停工待料，罪过可就大了。有货率高，安全库存自然就高，再订货点也就水涨船高，手头放着一堆库存就不难理解了。

就补货周期而言，从中心仓到前置仓，一般需几天到一周；从前置仓到客户寄售库存点，一般需两三周。这些跟中心仓的补货周期相比，就短多了——在案例企业中，中心仓向供应商订货，提前期一般是 6 周，有的甚至高达十几周。从计划的角度而言，前置仓和客户寄售库存点主要应对**库存计划**，即设立合适的再订货点，做好库存分配，确保合适的库存放到合适的地方；中心仓则更多地应对**需求预测**，确保总需求和总供应相互匹配，其核心任务是把整个中心仓这个"蓄水池"放满，确保每个前置仓都能及时得到补货。

这并不是说前置仓、客户寄售库存点不需要做预测。要计算再订货点，当然需要做预测，但因为补货周期短，这些前置仓对预测的依赖度就低，一般用最近 13 周的平均需求代替，即便计划失败了，执行弥补也相对容易：只要中心仓有货，几天工夫就能发货过来。

作为所有前置仓、客户寄售库存点和客户订单的大本营，中心仓的需求预测和库存计划任务相当艰巨，其首要任务是确保有足够的库存，否则大河没水小河干，前置仓和客户寄售库存点很快就会有麻烦来了。下面我们来看看案例企业的中心仓是如何做计划的。

中心仓的计划和预测

在案例企业，中心仓采取的是安全库存加预测的方式，意在给供应商清楚的需求信号，驱动供应商的产能建设和交付计划。为什么中心仓不用 Min/Max，也不用再订货点、订货量的订货模式？这后面有深刻的原因，详情请阅读下面的"小贴士"。

小贴士　设再订货点，还是安全库存+预测[一]

在 ERP 系统中，从计划的角度看，除了客户订单，需求是由需求预测和库存计划驱动的。一般有两种做法：一种是在 ERP 中设**再订货点**，一旦库存达到或低于再订货点，就驱动供应链补货；另一种是按时段设定**需求预测**，外加**安全库存**。在补货周期内，这两种方式带来的总体库存一样，但传递给供应商和供应链的信息可大不一样，对于供应链运营成本的影响也是。鉴于大多数人不熟悉这一点，我在这里专门解释一下。

再订货点＝补货周期内的平均需求＋安全库存。假定需求预测是 10 个/周，采购提前期是 6 周，安全库存是 30 个，那么再订货点就是 10×6+30=90 个。首次设置好后，MRP 跑起来，假定没有在库、在途库存，再订货点对供应链的需求信号是：给我 90 个，马上就要。当然，作为供应链和供应商，你知道不会是 90 个马上都要。但是，你没法系统地知道，究竟什么时候需要多少，因为再订货点没法传递需求的**时间维度**；它传递的只是需求的**数量维度**。

后续的需求进来了，比如今天用掉 1 个的库存，MRP 一跑，就可能产生 1 个的需求，驱动生产线制造或供应商补货 1 个（假定没有最小起订量）；明天用掉 100 个，MRP 就可能产生 100 个的需求。供应

[一] 这部分摘自我和赵玲所著的《供应链的三道防线：需求预测、库存计划、供应链执行》。为了保证内容的完整性，也录入本书，同时做了修改润色。

链和供应商看到的需求忽高忽低,这对追求平稳的生产、配送来说,是个大挑战。究其根本原因,是**再订货点没法使需求变动相对平滑**,除非手工干预,前端的需求波动会直接传递给供应链。当然,再订货点里有经济订货量,这会适当减小波动,但根本问题还是存在。

再订货点的上述两个缺点,在"安全库存+需求预测"的模式下,都能得到相当完美的解决。

在"安全库存+需求预测"的模式下,需求预测的**数量维度**和**时间维度**都能设立,比如每周的预测是6个,供应商看到的指令就是每周送6个过来;而安全库存给供应商的信号是现在就要,因为安全库存是应对不确定性的,而不确定性随时都有。对于后续需求,一旦客户的订单录入 ERP 系统,它会"消耗"预先设好的需求预测,而不是直接转化成给供应商的指令,○这样需求就平滑了。供应链和供应商看到的需求信号还是原来设好的需求预测,按照一定的时段、数量分布。这样,需求就更平滑,有利于控制生产、配送过程中的运营成本(见图 2-15)。

进一步讲,**再订货点没法传递需求预测**。如前面的例子,再订货点是 90 个,说明了什么?如果你不参与再订货点的计算,有多大可能把 90 个分解为安全库存(30 个)、每周的预测(10 个)?安全库存 12 个,每周预测为 13 个,也能得到同样的再订货点 90 个。这样的组合有许多。对于供应商来说,再订货点传递的只是一个一个的订单,很难翻译成准确的预测,难以有效指导原材料备货和产能规划。

在多重供应链的情况下,这个问题更加突出,根本没法在多个供应链伙伴间传递需求预测。当产品特殊性较强时,比如定制化设计,供应方高度依赖需求方的预测,层层库存和再订货点掩盖了真实需求(见图 2-16)。这种多重预测成为"牛鞭效应"的帮凶,是供应链协同的大敌。

○ 这有点儿专业,在 SAP 这种功能齐全、比较复杂的 ERP 系统中,有这项功能。这里不予详细探讨。

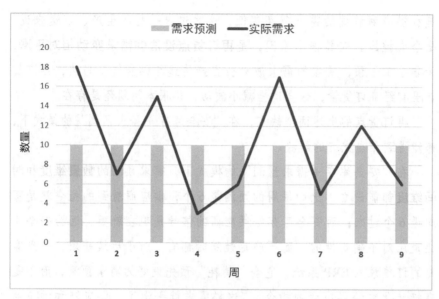

图 2-15　需求预测比再订货点更能让需求平滑

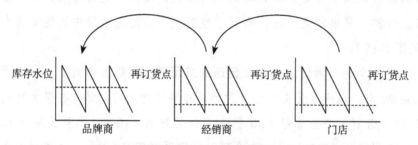

图 2-16　层层库存和再订货点掩盖了真实需求

资料来源：Martin Christopher, Robert Lowson & Helen Peck，Creating Agile Supply Chains in The Fashion Industry, International Journal of Retail and Distribution Management, Vol. 32, 2004。

另外，再订货点没法有效应对**变动**的需求预测。比如前 6 个星期预测的是 10 个 / 周，后 7 个星期是 15 个 / 周，再订货点就没法有效应对，除非到第 7 个星期时调整再订货点水位。而"安全库存＋需求预测"则可以更灵活地呈现需求的变化。这让我们得以更灵活地应对促销、活动、店庆等显著改变需求的因素，以及季节性需求、产品的生命周期变化等（见图 2-17）。

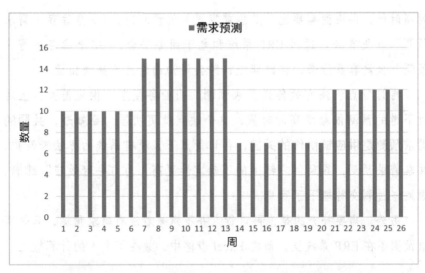

图 2-17　在 ERP 系统中，需求预测比再订货点更灵活

当然，再订货点也不无优点。对于一般人来说，它的最大优点是**简单**，好理解，操作、维护起来容易，因为它只有两个参数：再订货点和订货量。再订货点一经设定，只要需求预测和需求模式没有大的变化，就不用调整，一直在驱动供应链补货。"安全库存＋需求预测"，操作起来则相对复杂，在 ERP 系统中需要设置多个数据点，包括安全库存和多个时间段的需求预测，而且得定期维护，比如每过 1 周，就有 1 周的预测被消耗，需要补上 1 周的预测。维护的间隔越长，每次需要补上的预测周数就越多。

对于简单的情况，比如前置仓从中心仓调货，补货周期较短，一般是几天到一两周，前置仓也不需要向中心仓传递预测，再订货点就能很好地应对。在这些简单的情况下，设好再订货点和订货量，由 ERP 系统持续监控库存，一旦降到再订货点，自动补货即可。如果用"安全库存＋需求预测"，则维护成本较高，有点儿小题大做的感觉。

在供应商给中心仓补货，补货周期动辄几周甚至十几周的情况下，供应商需要依赖采购方的预测来备原材料，准备产能，再订货点就显得力不从心，因为没法传递补货期外的需求信号。特别是需求不稳定，时高时低，供应商需要比采购提前期更长的预测时，"安全库存＋需求预测"就更有效。通过ERP系统和电子商务平台，"安全库存＋需求预测"也更容易传递，在跨职能、跨公司沟通时更不易被扭曲。

再订货点没法有效传递需求预测，当业务复杂，供应链长，上游对下游的预测依赖度高的时候，这个缺点就更明显。要知道，**共同的需求预测是供应链协作的关键**，再订货点下，没有系统的方法来维护、共享需求预测，导致供应链上的不确定性更高，为"牛鞭效应"肆虐、短缺与过剩交替埋下了隐患。

另外，需要补充的是，再订货点并不意味着没有需求预测，只是需求预测不在ERP系统里，而在Excel表格中，放在某个人的计算机上。

在案例企业，中心仓的安全库存和需求预测以两种方式驱动供应商响应：其一是**订单方式**，其二是**供应商寄售**的方式。订单方式很容易理解，一般适用于设计变更、需求变动风险比较大的产品，以及强势供应商不愿意寄售的产品。鉴于案例企业是营收达几十亿美元的大企业，对大多数供应商的议价能力强，所以大部分产品都由供应商寄售。

说是寄售，操作上其实是VMI，即案例企业告诉供应商：你放一堆库存在我家仓库（或者第三方仓库），我给你需求预测和库存水位信息，你来负责维持库存水位，确保库存不要低于最低水位（Min），但也不要超出最高水位（Max），我用一个就给你一个的钱，在我用之前，库存归你们。

对于寄售库存，供应商至少每周要维护，下载最新的预测和Min/Max，根据这些计划参数和库存水位，承诺未来13周、26周每周的交货量，判断在相应时段内，预计的库存水位会不会介于最低水位和最高水位之间，如果低于最低水位，特别是等于或接近0的话，要立即着手改进计划。零库存是非常大的威胁，很容易导致案例企业的生产线停机待料，所以采购和供应商都要随时监控库存水位。

从计划的角度看，寄售/VMI成功的关键有二：其一，制定准确度最高的需求预测；其二，设定合理的最低、最高库存水位要求。需求预测要遵循"从数据开始，由判断结束"的方法论，这里不再详述；最低、最高库存水位的设置在本章后面会详细讲解。

💡 案例　某工业品企业的计划组织[⊖]

我们这里谈谈计划的组织设置。组织模式取决于业务需要。之所以把工业品企业单独拿出来，是因为工业品的产品一般本身比较复杂，前面对应的客户、后端对应的供应商也比较复杂，组织结构也不简单。我不希望读者认为这就是计划的组织形式，特别对于规模较小、业务相对比较简单的企业，或者管理粗放的企业，这种组织或许会太复杂。

案例企业是一家跨国高科技制造企业，每年实现几十亿美元的营收，整个计划团队从计划员、分析员到计划经理，再到计划总监，在全球有几十人。整个团队按照**产品**和**空间**两个维度划分：产品维度指产品的生命周期，比如新产品和成熟产品；空间维度指所负责的库位，比如中心仓和前置仓。

除了产品和空间维度，根据业务是一次性还是重复性的，案例企业又把计划人员分为两类：**计划员**以重复性业务为主，比如SKU层面的需求预测、库存计划水位设置，以及围绕补货订单的日常操作；**分析员**以一次性的分析为主，在大量数据分析的基础上，支持主要的决策，比如整体库存是否在控、整体的有货率是否要提升等。也可以简单地说，计划员每次影响一个SKU，是"单件"工作；分析员每次影响众多SKU，是"批处理"。

在空间维度，案例企业的计划团队切分为两大块：负责中心仓的**总部计划**和负责前置仓的**地区计划**。[⊜]总部计划负责从供应商到中心

⊖ 这是针对成品的计划组织，不包括生产计划、物料计划、采购计划等。

⊜ 总部计划一般叫central planning，地区计划一般叫regional planning。

仓的供应链，而地区计划应对的是从中心仓到前置仓再到客户的供应链。两者加在一起，完成对整个供应链的计划和管控。

在产品生命周期维度，新产品开发阶段的变动很大，案例企业设立专门的新品计划团队；完成新品导入后，转归成熟产品计划团队负责。新品阶段，主要是跟设计、市场、营销打交道，还要考虑供应商和工厂的可制造性问题；成熟产品阶段，主要跟各地区的分公司、客户打交道，比如整体需求的变化，以及市场份额的获取和丧失。

下面我们进一步介绍每个小计划团队，以及他们的职责。

中心仓的总部计划做什么

总部计划的核心任务是合理设置中心仓的需求预测和安全库存，确保中心仓的"大河"有水，众多前置仓的"小河"才不会干。在整个计划体系，总部计划是核心，整个计划的组织、流程、信息系统主要由总部计划负责，整体的改进也是由总部计划推动，比如信息系统的实施、完善。所以，在案例企业，总部计划设总监一名，经理一名，计划员和分析员各若干。

总部计划员的任务一般按采购对象分，比如一个人负责机加件，另一个人负责元器件，第三个人负责货架产品。[⊖]计划员虽然有多名，但主要的库存金额就由那一两名最优秀的计划员负责。这点我在很多企业都看到过。在软件行业，相比一般程序员，最优秀的程序员的产出可不止十倍百倍；在计划领域也是——这就是为什么他们应该得到绝大多数奖金。

总部计划负责匹配中长期的需求与供应，表现为：13周、26周的需求预测要尽可能准，供应商的13周、26周产能安排要合适。鉴于工业品的供应周期长，动辄在数十周左右甚至半年多，一旦库存短缺，要恢复就需要相当长的时间；一旦库存过剩，要消耗掉整个供应链渠道的库存，同样需要很长时间。所以，总部计划更多的是关注需求预

⊖ 或者叫商用现货（off the shelf），即非定制产品。

测,尤其是未来 13 周的预测,基于需求预测设立安全库存,驱动供应链响应。

总部计划提前 13 周、26 周做预测,提前期那么长,预测的准确度自然不会很高。案例企业的总部计划采取以下应对措施。

其一,需求预测不准,第一道防线不够扎实,就设立第二道防线——安全库存来应对。在案例企业,中心仓一般在预测的基础上,设立数周的安全库存。

其二,预测做不准,尽快来纠偏。在案例企业,中心仓的计划遵循严格的每月滚动,有些变动比较大的产品,比如新近由新产品转入成熟产品,滚动预测频率就更高。

其三,计划的先天不足,需要执行来弥补。不可否认,有些产品的需求预测和库存计划会失败,那么计划员就得跟采购密切对接,通过驱动供应商快速响应来弥补。所以,总部的计划员不时得跟采购打交道。

要知道,**计划不光是做计划,还要围绕计划驱动执行**。在案例企业,采购端的力量相当强,因为供应商有很多是独家、战略供应商,属于胳膊粗、拳头大的主,很难驱动,所以采购端配备几十名资深的经理人在管理供应商。这在工业品企业相当普遍。这些采购经理一方面强势驱动供应商,另一方面也时常把计划员的要求给挡回去。这要求总部计划员有相当强的组织协调能力,游刃有余地跟这些采购经理打交道。遇到那些补货周期很长、计划明显失败的情况(这两者经常会一起出现),总部计划的经理、总监时常介入,从更高层面驱动采购组织来补救。

相比于地区计划,总部计划是预测全球需求,预测的颗粒度最大,数据驱动的成分更多,尽管也得不时按照客户端的判断来调整。案例企业投入巨大资源,上了一套计划软件。但由于种种原因,该软件并没有真正发挥作用(这背后的故事很长,以后有机会再细谈),计划员还是基于 Excel 表格做计划,然后在 ERP 中执行。这不是最理想的,但并不意味着就做不好计划：组织和流程相对完善的时候，即便信息系统功能不足，初始决策不是很准确，但通过尽快纠偏，整体的计划还是能做得不错的。

关于预测方法，案例企业是以 13 周移动平均为主。为什么是 13 周，而不是 8 周或 14 周移动平均？为什么是移动平均，而不是加权平均或指数平滑法？主要是因为长期以来约定俗成的，当然有优化改进的余地。关于安全库存，案例企业的大部分总部计划员一般是基于经验，设置一定天数的需求量为安全库存，比如 2 到 4 周。为什么是 2 周而不是 2.3 周，或者 1.9 周？显然安全库存计划仍有改进的空间。

对于案例企业来说，虽然不是基于数理统计的优化，需求预测和库存计划的方法论还是取得了相当不错的效果，那就是避免了大错特错。前面我们说过，所有计划都是错的，小错一般会由安全库存、供应链执行来应对，真正害死我们的是大错特错。为避免大错特错，企业往往依赖冗余，比如系统拔高安全库存。就案例企业来说，它们超越了高库存、低有货的阶段，现在处于高库存、高有货的阶段，但还在向低库存、高有货阶段迈进的路上。

前置仓的地区计划做什么

总部计划的特点是"深而窄"："深"在需要覆盖 13 周到 26 周的预测，但产品的数量相对较少（"窄"），如图 2-18 所示。地区计划的特点是"浅而宽"："浅"是因为要覆盖的就是中心仓到前置仓的补货周期，一般也就几天的时间；"宽"在于要面对更多的计划对象，比如同一个产品，可能在多个前置仓、客户的寄售库存点都做计划。

案例企业是工业品企业，经营 B2B 业务，其特点是促销、节日等影响需求的活动较少。所以，对于地区计划团队来说，大部分的计划工作可以基于需求历史来设置安全库存、再订货点等。就方法论而言，地区计划一般以 13 周的需求历史为基准，拿 13 周移动平均预测，而安全库存会参照正态分布的公式来计算。所以相对总部计划而言，地区计划的数理统计成分更多。

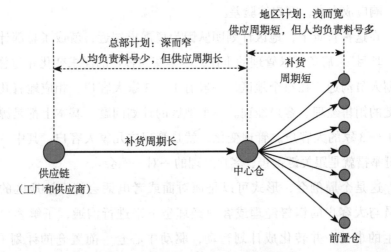

图 2-18 总部计划与地区计划的区别

案例企业有 7 大主要地区，每个地区都有独立的地区计划团队。在比较大的工业区，比如日本、韩国和中国台湾地区，地区计划有专职的计划人员；但在欧洲、新加坡等较小的工业区，兼职做计划的情况就比较普遍——名义上是计划员，其实往往还兼仓储、物流、客户服务等职能，结果大部分的时间都花在行政杂务上面，真正做计划的时间很少。

作为应对方案，案例企业把 20 多个前置仓的计划任务集中起来，收归两名最优秀的计划主管负责。于是，地区计划团队分为两大块：一块的任务是基于历史数据做计划，由这两位计划主管负责；另一块的任务是管理需求，尽早探知客户端的需求变化，作为中心仓和前置仓的"耳目"，把这些变化及时传递给前置仓、中心仓的计划人员，以便及时调整需求预测和库存计划。

很多工业品企业的特点是客户集中度高。比如在案例企业，占该企业绝大多数业务的是其前 10 名客户，而该企业大的需求变化也主要是由他们驱动的。这些客户体量大，需求量也大，一旦需求变化了，对供应链的影响就很显著，导致要么短缺，要么过剩。长期以来，案例企业面临的挑战是不能及时获知潜在的变化，屡屡陷入被动反应局面，响应成本高，客户体验差。

在这种背景下，地区计划团队因为离需求端近，就成了总部计划的"耳目"，肩负需求管理的重任，尽早探知客户的需求变化并与总部计划人员沟通。在每个地区，一般有1～3家大客户，相应地有几位关键的销售经理、客户经理。一个地区的计划问题，基本上都是源自那1～3家的大客户。管理变化，就是管理这几家大客户，其中一项关键举措就是跟关键销售、客户经理的一对一例会。

这是个周例会，形式可以是面对面或者电话会议。该地区的计划员与大客户的销售经理或客户经理坐下来进行沟通，了解客户端发生的事情，并转化成计划行动，驱动中心仓、前置仓的计划（见图2-19）。

固定的议程
— 产能利用率的变化，比如从下季度起，产线A的利用率由70%上升到90%
— 市场开拓计划，比如客户的试产计划、量产进程
— 关键产品的替代计划，比如导入产品A，替代产品B
— 关键产品市场丧失，比如被低成本竞争对手抢走
— 高风险、高影响的产品
— 主要质量问题

具体的产品、料号、客户产线细节
— 比如高风险、高影响的产品
— 主要设备类别，产能变化状况
— 与销售共同判断、制定需求预测

具体的行动
— 需求计划变动表（定量）
— 需求变动状况E-mail（定性）
— 会议纪要

计划提供数字；营销提供判断
营销聚焦0到1；计划聚焦1到N

图 2-19　地区计划员与销售人员的周例会（示例）

周例会有三个特点：①**会议有固定的议程**，比如客户产能利用率的变化，销售的市场开拓计划，关键产品的替代计划，以及高风险、高影响的产品，等等；②**落实到具体的产品、规格、型号**，以及客户端的具体信息，比如产线、设备等；③**有具体的行动**，定量的变化通

过需求计划变动表传递给计划部门，定性的变化通过 E-mail、会议纪要来沟通，供计划和供应链来调整预测、采取行动。比如通知生产和供应商，如果这个项目能够拿下来，有没有足够的产能、长周期物料来支持。

管理关键客户的变化，其实是在颗粒度小的地方做预测，准确度注定不高，不管是数量还是时间。但是，未能准确预判到，跟一点都不知道，可大不一样。比如销售人员在开发一个新客户时，可能成功，也可能不成功。没关系，因为如果产品的客户群规模相当大，必然有一定的成功概率，我们就可以在成功概率为 50% 时提前为该新客户拔高需求预测，大不了让别的客户消耗库存，无非是多花几个月的时间。相反，如果产品的集中度高，特别是新客户的潜在占比高，那么计划人员可以及早告知销售人员，要么承担库存风险来调整需求预测，要么及早管理客户期望，让他们尽快用订单方式驱动。

就供应而言，总部计划是地区计划的内部供应商；就需求管理而言，总部计划是地区计划的内部客户。好的计划是"从数据开始，由判断结束"——数据分析基于需求历史，由总部计划驱动；职业判断来自客户端，由地区计划来获取（源自销售人员、客服人员、现场服务工程师等）。两者结合，构成案例企业计划职能的主体框架。

总部计划与地区计划切割的一个根本原因是长而复杂的供应链：在供应端，供应商的交期动辄十几周，保供挑战很大，计划与采购的互动很频繁，需要总部计划来应对；在需求端，客户遍布各主要工业区，地区差异、时区差异、客户差异都很大，很难集中由总部计划来管理，地区计划就应运而生。

当然，案例企业的一些同行中，也有把总部计划与地区计划集中到一起的情况——在那些企业中，计划主要是基于需求历史来做，主要决策都由总部做出。其中我熟悉的一家企业，从库存计划的角度来看，库存很高，有货率很低，尚处于库存控制的第一阶段。

新品计划做什么

了解了案例企业的计划职能在空间维度的切割,我们接着谈按照产品**生命周期维度**的分工。

工业品企业,特别是小批量、多品种、定制化程度高的企业,产品的开发周期长,设计变更多,计划团队需要跟研发、产品、市场等职能长期、频繁接触。当企业规模小的时候,新品计划一般由总部计划兼任;但在像案例企业这样的大公司,往往有专职的计划团队来应对新产品,这就是新品计划。

在案例企业,新品计划、总部计划、地区计划都汇报给同一个计划总监。所以,从组织上讲,案例企业的计划也分为相应的三大块。这种组织的划分,根本上是为了更好地支持内部客户(研发和销售),完成"从数据开始,由判断结束"的计划任务。

在计划领域,不变的不需要计划,正是因为有变化,才有计划。全球各地的客户在驱动变化,有很多客户端的信息没有固化到信息系统里,之所以设立**地区计划**,就是为了发挥组织能动性,紧密对接销售端,以便及时管理、沟通需求变化,管好需求端。在新品开发阶段,同样有很多信息还没有固化到信息系统里,这就是为什么需要**新品计划**团队,专门跟众多的研发、市场、产品管理人员对接,做好新产品的计划,包括产品的更迭交替,以更好地应对新品开发的不确定性。

在案例企业,新品计划团队又细分为两个小组:一个小组负责产品的生死交替,主要是设计变更和产品的替代;另一个小组负责新品导入,主要是新品预测和库存计划。如图 2-20 所示,设计变更小组从新品开发阶段就介入,这时候主要是一帮工程师的游戏;到销量达到一定高度的时候,新品导入小组就要介入,开始计划上的从 1 到 N;进入增长期、成熟期,不需要产品、研发人员的帮助,完全可以按照需求历史来计划时(这是个重要前提),接力棒就传给了负责量产的总部计划;到了衰退期,设计变更小组再一次介入,确保现有库存消耗完毕,有合适的替代产品,完成产品的从生到死。

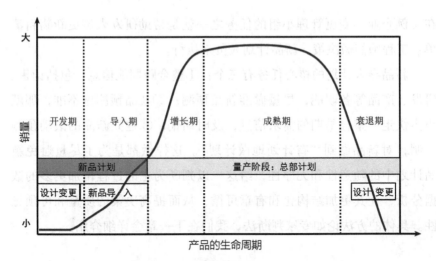

图 2-20　按照生命周期切分计划职能

工业品企业一般比较复杂，需求在变化，技术在发展，工艺在改进，再加上料号众多，产品的更迭替代相当多，**变更管理**小组的任务就是做好衔接工作。比如新料号、新版本要导入了，那老料号、老版本的库存是否消耗完了？中心仓、地区仓、生产线、供应商等各处会受到什么潜在影响？所有包括老料号的物料清单（BOM）是否更新了？很多企业都存在以下两个问题：① BOM 不准确；②设计变更导致很多库存呆滞，一大原因就是产品变更管理不到位。

作为工程师，你现在要导入一个新料号，取代一个老料号，你怎么知道这老料号在生产线上有多少，成品有多少，半成品有多少，供应商那里有多少，客户端有多少尚未发货？作为计划职能的一部分，变更管理小组的人员最熟悉这些。不知道就不能管理，设计人员不知道完整的库存信息，就会导致库存出现问题。

物料清单（BOM）不准确，这可是个大问题，直接导致物料需求计划（MRP）没法运行，ERP 也就成了摆设。物料清单的维护看上去是设计人员的任务，但设计人员往往并不擅长：他们熟悉 CAD，却不一定熟悉 ERP 系统中的物料清单维护。由于设计人员很多，要培训每个人熟悉 ERP 系统中物料清单维护的每个细节，操作难度往往很大。

在案例企业，变更管理小组的任务之一就是帮助研发人员更新物料清单：工程师们做决策，新品计划人员来执行。

新品导入计划的核心任务有三个：①整合跨职能信息，包括销售、研发、产品等各职能，尽量做准新品预测；②新品预测做不准，那就小步快走，整合早期的需求信息，及时纠偏；③建立新品的滚动预测机制，对新品做到"**有计划地做计划**"。这样做都是为了尽量避免新品计划中的随意性和无序性，给这一以判断为主的过程增加更多的数据分析，让其更加结构化和有章可循，从而提高决策的质量和可预见性。具体的方法论如专家判断法，我们在下一章会详细介绍。

小贴士　计划职能的绩效如何考核

对于执行职能来说，计划就是计划，好像是个单一职能；但对于计划职能来说，计划还能细分，从需求计划到库存计划到生产计划，从中心仓到前置仓的计划，从新产品到成熟产品的计划，在具体职责上的侧重点都有所区别。不过就绩效考核而言，这些计划职能有很多共性，主要表现在**客户服务水平**、**库存周转率**和**呆滞库存**三方面。

客户服务水平

客户服务水平是指计划职能对内部客户、外部客户的服务水平。对客户而言，客户服务水平是指成品的按时交货率；对中心仓而言，客户服务水平是指对前置仓的按时补货率。这里的关键有二：①具体的交期长短；②交付的稳定性。

交期长了不好，交期不稳定的话更糟糕。要知道，让我们睡不着觉的是那只没落下来的鞋子——客户最抓狂的，其实是交期不稳带来的不确定性。所以，计划职能的目标是不但要更快，而且要更精准，说到做到。按时交货率统计的就是交付的稳定性。有些企业把交付周期、交付稳定性放在一起考核，比如现货率是95%（等待时间为0），三天内交付97%，一周内交付100%等。

库存周转率

客户服务水平一定要跟库存周转率相匹配，形成一对表面上矛盾、实际上统一的指标，才能驱动计划职能真正做好计划工作。表面上矛盾，是指计划能力不够的时候，客户服务水平和计划周转率这两个指标是"按下葫芦浮起瓢"，实现一个是以牺牲另一个为代价的。实际上统一，是指计划能力提高了，知道计划客户要的，客户服务水平就高；知道不计划客户不要的，库存就少，库存周转率就高。

库存周转率是用过去一段时间的销货成本，除以期末、期初的平均库存。一般我们用1年或1个季度的时间。如果是后者的话，我们会把1个季度的销货成本转换成1年的。当然，有些企业采取月度周转率，原理都一样。常见的做法是统计最近3个月的销货成本，折算成1年，除以这3个月期初、期末的平均库存。这个指标每个月滚动更新一次，跟库存周转率指标比较，指导计划团队及时采取改进措施。

这里要注意的是库存周转率的边际效益：在快速增长的时候，业务量越大，库存效率越高，周转率也越高。比如每年做1亿元的生意，整体周转率是4次；每年做到2亿元的时候，整体周转率可能变成5次。相反，业务量下降的时候，库存周转率也会降低。库存周转率的边际效益问题对设定合理的库存指标很重要，具体做法可参阅我的绿皮书[⊖]。

呆滞库存

库存对企业的影响有两个方面。①库存金额高，占用资金，是资金成本、机会成本（即把资金投入别的用途会带来的收益）。②呆滞库存多，形成成本，直接影响企业利润率。库存周转率对付的是整体库存金额，而呆滞库存则是库存的构成：相同的整体库存金额、库存周转率下，库存结构可能大不相同，对公司的影响也不同。

顺便提一下库存的合理性，这就涉及库存四分法（见图2-21）：周转库存和安全库存整体上是合理的；过剩库存，你不喜欢，要降低，

⊖ 刘宝红，赵玲.供应链的三道防线：需求预测、库存计划、供应链执行[M].北京：机械工业出版社，2018.

但不会要了你的命；**风险库存**是个大麻烦，要力求避免。通过考核库存周转率，可以驱动计划职能设置更合理的安全库存，提高预测准确度，降低过剩库存；通过考核风险库存，可以驱动计划职能降低高库龄的库存，控制乃至消除库存注销——当库存被注销或计提时就形成成本，直接影响企业的盈利水平。⊖

1. 周转库存：平均需求 × 周转周期，是维持正常运营所必需的
2. 安全库存：基于一定的服务水平，应对需求和供应的不确定性
3. 过剩库存：超出"安全库存+周转库存"，但可在一定时段消耗掉，风险较低
4. 风险库存：超出"安全库存+周转库存+过剩库存"，风险较高

图 2-21　库存四分法和相应的库存风险

呆滞库存的具体指标一般有两个：①库龄考核，比如超过特定库龄的库存金额、比例；②库存计提，即对于达到一定库龄的库存，财务要计提，形成成本。当企业资金宽裕的时候，库存周转率考核可以适当宽松；但呆滞库存的考核在任何时候都不能放松。

需要注意的是，呆滞库存的两个指标都有**滞后性**，也就是说，我们不能等到库存呆滞了，再采取措施。相反，我们得按照库存四分法，定期评估每个料号的四类库存，及时采取补救措施。

与库存周转率相比，呆滞库存更能体现计划的整体能力：需求预测不准，但如果及时纠偏，一般只会造成一定的过剩，降低库存周转率；需求预测既没做准，又没及时纠偏，最终会形成呆滞库存，计划职能罪过就大了。

⊖ 库存四分法详情，可参照我和赵玲合著的《供应链的三道防线：需求预测、库存计划、供应链执行》。

当然，有些呆滞库存来自项目风险，是企业风险的一部分。但是，这并不是说计划人员的任务就是抱怨销售，而是要积极管理库存风险，定期、不定期地跟销售对接，尽量把风险降到最低。不要忘了，及时纠偏是计划人员的一大职责。我们不能把项目的不可控因素变成我们不作为的借口，就如一句祷告语说的，要有耐心，忍受不能改变的；要有勇气，改变能够改变的；要有智慧，分清哪些是可改变的，哪些是不可改变的。

细心的读者可能已经注意到了，我们没有提到预测准确度指标。但是，这三类指标中的任何一类，其实都跟预测准确度息息相关：它们都是预测准确度的**结果**，也是股东和客户真正关注的。这样，计划就跟企业层面的目标结合起来了，也提高了计划的重要度。

除了上述三个方面的考核外，计划职能对运营成本有显著影响。比如频繁下单，可能造成更高的运营成本；赶工加急、加急运输等，当然也以运营成本为代价；生产、仓储、物料的生产效率，也直接受计划职能影响。不过这些指标一般难以直接量化到计划决策上，往往由相应的执行职能负责，这里就不予详细探讨。

VMI 的库存水位如何设置[⊖]

VMI 的英文全称是 vendor managed inventory，即供应商管理库存，最早在零售行业出现（传统上，零售行业习惯于把供应商称为 vendor，更正式的叫法是 supplier），由沃尔玛和宝洁于 20 世纪 80 年代率先导入。我们这里把 VMI 当作一个专题讨论，主要是因为这些年来 VMI 应用广泛，但由于计划和管理不善，又造成了诸多问题，不光是给供应商造成损失，也严重影响到采购方。

简单地说，VMI 就是根据库存的最高、最低计划水位和需求预测，

⊖ 这部分摘自"刘宝红，赵玲. 供应链的三道防线：需求预测、库存计划、供应链执行[M]. 北京：机械工业出版社，2018"。为了知识结构的完整性，也摘录在这里，我们做了修改和补充。

由供应商自主安排补货,包括补货数量和补货时间,目标是把库存维持在最低水位和最高水位之间,并达到一定的服务水平(有货率)。操作得当,VMI 简化了客户与供应商之间的**产品流**、**信息流**和**资金流**,降低了双方的交易成本和供应链总库存,也减少了双方的博弈,因而被广泛应用于各个行业⊖。

在 VMI 运作中,供应商得到的指令就像这样:这是给你的预测,每周 100 个,实际库存不要低于最低,如 200 个,但不要超过最高,如 600 个,你自己安排生产、配送吧。在这里,最低库存、最高库存水位是 VMI 顺利运作的关键。那么,它们是如何设置的呢?

计算最低、最高库存水位

让我们先看最低库存 Min。如图 2-22 所示,最低库存目标(Min)其实就是**安全库存**。理想情况下,供应商按照既定的预测定期供货,客户按照既定的预测消耗,两者都没有变动性,两相抵消,实际库存应该高于或等于 Min。但是,不确定性是不可避免的,有时候需求会高于预测,有时候供货会迟到,实际库存就可能低于 Min。

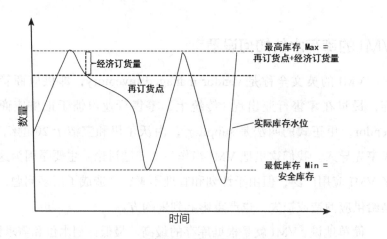

图 2-22　VMI 的最低、最高库存计划水平

⊖ 对于 VMI 的优缺点,可参考刘宝红、赵玲所著的《供应链的三道防线:需求预测、库存计划、供应链执行》一书第 190 ～ 195 页。

从理论上讲，最高库存 Max = 再订货点 + 经济订货量 =（最低库存 Min + 补货周期内的平均需求）+ 订货量。为什么还要加上个订货量呢？我们可以这么想：假定供应商是随时监控库存水平，并安排补货，所以任何时候，VMI 的在库与在途库存之和都大于或等于再订货点；当在途与在库库存降到再订货点时，供应商就安排补货，发送一个"订货量"的库存（很多时候就是经济订货量）；最糟糕的是这段时间客户没有任何消耗，等这批货和其他在途订单到达时，在库库存就达到"再订货点 + 经济订货量"，这就是最高库存 Max 的水位。

实际操作中，最高库存 Max 的设置要综合考虑经济订货量、需求预测、仓储空间、补货频次、供应商的执行能力等多个因素。经济订货量越大，需求预测越高，供应商执行能力越弱，Max 就越大；仓储空间越小，补货频次越高，Max 就越小。在数据分析和经验操作的基础上，有些公司采取简单原则，比如把 Min 的 1.5 倍或 2 倍定义为 Max，虽然直观、易沟通，但缺乏科学依据。

作为客户，你也不想让 Max 太大，让自己成为供应商的仓库，这样供应商的仓库一旦不够用了，就把大量的货送给你；或者说供应商一下子生产半年的量，一股脑儿都送给你。当然，你也不能为了追求所谓的"精益"，或者单纯为节省仓储面积，把 Max 设得太低，导致供应商的送货频次大增，增加补货的运营成本。

在一些北美公司中，Max 跟客户的最大库存责任有关。比如有家北美公司规定，公司对供应商的 VMI 负责，以后用不掉的话要给供应商付钱，因为那是为公司准备的，不光是成品，还包括部分的过程库存——为了维持 Min/Max 的库存水位，供应商必须有一定的在制和在途库存（对于那些长周期物料，采购提前期动辄 1 个季度甚至更长，没法完全由最高库存 Max 来拉动）。但是，在该公司，对供应商的 VMI 库存责任不得超过 Max 的 2 倍。

在这家公司中，Min 一般是 3～4 周的库存，Max 一般是 Min 的 2 倍，即 6～8 周的库存，那么 2 倍的 Max 就是 12～16 周的库存，能够覆盖那些长周期物料的整个采购提前期，所以从整体上来说对供应商是公平的。这是该公司的责任上限，实际责任还得取决于双方的谈判协商。这是在出现呆滞库存的情况下，限制采购方承担的风险，同时也提醒供应商：不要一下子生产那么多，到时候用不掉来找我要钱；或者明知消耗不掉，还不管不顾地生产、发货，最终形成呆滞后来索赔。

量化 VMI 的库存风险

对供应商放在 VMI 里的库存，有家本土企业承诺负责，消化不掉的话给供应商付款——在我的培训课程中，该企业的计划主任信誓旦旦地说，但坐在旁边的供应商老总却愁眉苦脸。原来，为了降低自身的责任风险，该企业就把最高库存 Max 设得很低。按照这样的库存设计，供应商就没法生产、配送足够的产品。为了确保有货率，就不得不又建一堆库存，整体库存反倒更高。这样的做法，反倒不如按照这里的逻辑，设置合理的 Max，把两堆库存合为一堆，告诉供应商只有其中一部分由客户负责，至少这样可以把供应商的整体库存降下来点儿（供应链的基本原理：拿掉一个库存节点，供应链的整体库存会降低）。

当然，相对于那些不对 VMI 负责的流氓企业来说，这家本土企业还是相当不错的，至少为部分 VMI 买单。

从理论上讲，采购方的库存责任取决于最高库存 Max、最低库存 Min 和供应商的生产加补货周期。假定供应商的生产周期是 6 周，送货需要 1 周，这意味着它的整个补货周期是 7 周，对应 7 周的在途和在制库存。再假定最低库存 Min 是 3 周的量，加起来就是 10 周的库存，再加上经济订货批量，其实就是 Max。这就是说，**设计合理**的话，所有的库存责任上限就是 Max（这里假定供应商的原材料是通用材料。如果原材料是为采购方专门定制的，这部分的风险也要加进去，以全面评估 VMI 的库存风险，从而评估设计变更、客户需求变化可能造成的影响)。这里的"设计合理"之所以用黑体,是因为很多企业设计得不合理。

当然,这并不是说采购方最后都要买单:对于过程库存,在处于特定阶段之前,可以加工或返工成别的产品;对于标准化、通用化程度高的成品,供应商也可能卖给别的客户;产品呆滞了,处理废料也能回收部分成本。供应商也应善意配合,尽量减少双方的损失。我在硅谷处理过这样的索赔,跟 3 个供应商协商,总价为 600 多万元人民币,最后按照 30% 左右的比例赔偿给供应商。案例中的产品钣金件,主要是铝材,小批量生产,供应商的毛利较高,卖废铝也能回收一部分成本,所以这样的赔偿比例大概能覆盖供应商的直接材料和直接人工成本。这些呆滞是当年互联网泡沫破灭的产物,双方基于长期合作关系,善意协商,供应商没有在这些物料上盈利,采购方也不能让供应商在直接物料和直接人工上亏本,算是双方都能接受的结果吧。

讲到这里,还有个根本的问题没有回答:VMI 机制下,究竟谁应该制定需求预测、设定最低和最高库存目标?简单的答案是:**谁处于最合适的位置,谁就做这些**。这也是供应链上任务分工的一个基本准则。如果你是个制造商,VMI 物料是供你专用,其需求取决于你的生产和销售计划,这些计划任务自然就该由你做,因为你的供应商离需求更远,没法预测得更准。

但是,如果你是个大型设备供应商,比客户更了解设备的运行和备件需求,那需求预测、库存计划可由你来主要负责,客户负责协助。也就是说,数据分析由供应商做,如需求历史、装机量等;职业判断由客户协助,如产能利用率的变化、设备的升级换代等。两相结合,完成"从数据开始,由判断结束"的计划流程。

VMI 的绩效管理

在 VMI 机制下,采购方要定期更新 Min、Max 和需求预测,确保各项计划参数的准确性,先想到,再让供应商做到。相应地,供应商要定期更新送货计划,确保库存水位是介于 Min 和 Max 之间,最低库存 Min 是 VMI 的警戒线。

在设计良好的 VMI 系统中,一旦手头库存低于 Min,客户的信息系统会自动给供应商发出催货指令,比如**黄色**警报;而一旦库存为 0 或接近 0,就非常严重,黄色警报变成**红色**警报。这些都可以通过电子商务系统直接传递给供应商。供应商也可在电子商务平台上随时监控整体库存的情况,比如在所有的料号中,百分之多少的料号库存处于最低和最高库存之间,百分之多少的料号库存低于 Min 但高于 0,百分之多少的库存为 0。采购方也可围绕这些设置相应的绩效考核指标。比如台湾地区有家半导体制造商,要求在库库存在 98% 的情况下高于 Min,该制造商是每天统计一次库存水平。

让我们看个例子。图 2-23 所示是某制造商 VMI 的绩效管理示意图。该制造商每个月滚动预测一次,更新未来 13 周、26 周的需求预测(图中只以 13 周为例),相应的 Min、Max 水位也是每月更新(对于新品导入、老品下线,需求预测和库存计划的更新频率会更高)。在库库存是每天更新。任何时候,供应商都能通过电子商务平台看到当天的实际库存,未来 13 周、26 周的每周预测,以及要求的最低、最高库存水位。它们的义务是至少每周要更新未来 13 周、26 周的交货计划,确保未来每周的预计库存水位介于 Min 和 Max 之间。

对于下一周(第 1 周),本周的余额(28 个)加上下周的送货计划(10 个),减去下周的需求预测(8 个),就得到第 1 周结束时的预计库存 30 个,介于最低(20 个)和最高(60 个)之间,在图 2-23 中用灰色底纹标识。用同样的逻辑,我们会发现第 5 周的短缺风险较大:预计库存余额是 18 个,低于最低库存计划水平的 20 个(用斜线标识);第 11、12 周的过剩风险较大,超过了最高库存 Max 的 60 个(用竖线标识)。这些信息由电子商务平台推送给供应商,供应商的任务是在规定期限内,更新未来的送货计划,把这几周的期望库存控制在 Min 和 Max 之间。

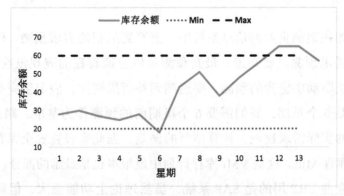

图 2-23　VMI 的绩效管理示意图

这就是在动态地平衡需求和供应。正因为是动态的，今天供应计划能够满足需求计划，明天就可能不能（实际需求太高），所以需要双方都投入资源来持续监控，动态管理。

上面谈的是有货率，很多公司都在及时、动态地监控，但对库存周转，则不一定了。我很少看到有公司在监控 VMI 的库存周转情况。不统计就不知道，不知道就没法管理，VMI 往往太高，给供应商带来过高的成本，最终也是转嫁给采购方。㊀公司生意好的时候，这些高库存造成的问题并不大；而公司生意差的时候，就会导致资金积压的问题很严重，加剧供应商的需求变动（因为要消耗这些额外的库存，供应商的生产线看到的需求就更少），成为采购方和供应商的烫手山芋。一旦双方关系紧张，要解除商务关系，VMI 的呆滞库存就成了压垮骆驼的最后一根稻草。

㊀ 羊毛出在羊身上，我们给供应商制造的额外成本，最终还是得由采购方买单，在我的红皮书《采购与供应链管理：一个实践者的角度》（第 3 版）第 164～167 页有详尽的阐述。

💡 案例　离开信息化，就很难具备做 VMI 的条件

案例企业是个制造商，让供应商做 VMI 库存，但 VMI 的库存计划还是基于经验，一刀切地设置，问题很多。我探究了该企业的详情，发现它根本不具备运行 VMI 的条件，主要是因为信息系统的能力不足。

比如在案例企业的信息系统中，能看到最新的需求预测，但找不到历史需求预测。要知道，最新预测跟供应商**现在**的表现没啥关系，因为真正驱动供应商的预测，要追溯到补货周期前。假定供应商的补货周期是 6 个星期，我们需要 6 个星期前的预测作为基准，跟过去 6 个星期的实际需求比较，计算预测的误差，据此来设置安全库存，亦即最低库存 Min。这是 VMI 库存计划中最根本也是最难的部分。

该企业 ERP 用的是 SAP 系统，虽然理论上功能强大，但需求预测一旦成为历史，就再也找不到了——这些信息应该在，只是当时没有保存下来，或者保存了但没法从 SAP 中提取出来。这还不是最糟糕的，问他们的计划人员，发现系统里甚至连历史用量也找不到——SAP 中当然有历史用量，只是那得一个个产品去看，如果能找到后台的数据库的话，应该可以批量导出。

我们要么是基于历史信息，要么是基于预测做计划。两者都没有的时候，数据分析就无从着手，一刀切地设置库存计划水位就是自然选择了，这就为后续的短缺、过剩埋下隐患。

对于供应商来说，信息化水平低，没有电子商务系统，就没法系统地、及时地获知采购方的实际库存水位、最新的预测和最近的实际用量等关键信息。这些都造成信息不对称。面对信息不对称带来的不确定性，供应链的自然反应就是拔高安全库存，通过一堆又一堆的库存来应对。**拿信息换库存**，在 VMI 里也尤其适用。

VMI 是企业与关键供应商的深度集成，商业上必须以长期关系为基础，技术上必须以电子商务为平台。就信息化和电子商务而言，在硅谷 20 年前就能做到的，现在国内的很多企业还是做不到。这不是因

为信息技术或者经费问题，而是因为在快速发展中，企业一直没有决心来推动信息化——信息系统的建设是个长周期任务，今年忙的跟三年前忙的不会有显著区别，比如主数据的维护等，所以就一拖再拖。系统能力不足，就拿组织措施来弥补。就拿案例企业来说，这几年显著改善团队的力量中，计划人员大都是名校毕业，或者有知名外资企业的工作背景，但在信息系统如此薄弱的环境下，巧妇难为无米之炊，就不可避免地倒退到"拍脑袋"做计划了。

离开信息系统和电子商务，信息主要通过 Excel 和 E-mail 传递，在相互博弈和短缺造成的极度不信任下，人为操纵信息的情况就更普遍了，**多重需求预测**的问题也就更严峻：公司的计划给采购一套数字，采购给供应商另一套数字，供应商拿到后再做调整，变成第三套数字。这三重预测经常是层层加码，其后果在高速增长的时候显现不出来，因为是短缺；一旦增速放缓或下降，所有的石头就会露出水面，供应链上库存、产能过剩会要了我们的命。

或许有人会问，要做好 VMI，信息系统得具备什么条件？这里简单列举一些：

（1）ERP 系统要有能力录入预测，且通过电子商务的方式传递给供应商；

（2）VMI 的 Min 和 Max 计划水位要能通过电子商务传递给供应商；

（3）供应商实时得到库存数据，比如在库、在途、验收状态、质量问题等。如果做不到实时，也要每天或至少每周能够更新给供应商；

（4）供应商可得到实际的消耗数据，按日、按周、按月等汇总；

（5）供应商能够输入未来 N 周的补货计划（N 取决于供应周期）；

（6）基于预测和补货计划，库存的期望水位能够传递给供应商。

还有些能力，如果能具备的话，对 VMI 的管理则非常有用。比如，预期库存一旦低于 Min，或者已经是零库存，系统能够通过 E-mail 或其他方式主动提醒供应商；供应商可以通过电子商务获取自己的绩效 KPI，比如过去三个月内，有多少次断货，次品率是多少，等等；供应商可以通过电子商务平台获取最新图纸、设计变更、质量报告等。要知道，凡是我们手工能够发两次 E-mail 解决的问题，理论上都可以自动化，交给电子商务来应对。

实践者问

我们按照这里的逻辑，合理设置了 VMI 的最高库存，但供应商总是找各种理由，不给我们放满。我们整天提心吊胆，总是担心断料。

刘宝红答

你们不对 VMI 的库存负责，供应商就想方设法不按你的计划执行，以控制他们自己的库存风险。你得到的，都是你应得的。也就是说，活该。

实践者问

VMI 的仓储费谁付，供应商还是采购方？

刘宝红答

按照丛林法则，往往是供应商付。如果讲道理的话，有些采购方会支付。这里的 VMI 往往是实质上的寄售，库存放在那里，采购方卖掉的话给供应商钱，卖不掉的话给供应商货，所以有义务提供仓储，并保证库存的安全。

"长尾"产品：库存计划的终极挑战[⊖]

到现在为止，我们谈的主要是短尾产品，即需求量相对较大，符

⊖ 这部分摘自"刘宝红，赵玲.供应链的三道防线：需求预测、库存计划、供应链执行[M].北京：机械工业出版社，2018"。为了知识结构的完整性，也摘录在这里，我们做了修改和补充。

合正态分布的产品；或者是中尾产品，虽然需求本身不一定符合正态分布，但需求预测的误差符合正态分布。对这些产品，我们可以按照前面的一系列公式，基于正态分布的假设，设定安全库存、再订货点，计算出合适的补货量。

下面要谈的是长尾产品，其特点是量小货杂，而且很多产品的单价还很高（高值慢动），正态分布的公式不适用了，该如何设置合理的库存水位？

小批量、多品种行业的特点是长尾产品众多，但长尾产品并不是小批量行业所特有的：在大批量行业，**只要需求足够细分，任何需求都会成为长尾**。比如家电是大批量产品，厂家是大批量生产，但一旦到了零售店，特别是小店铺，也就一天卖两三台，有时候甚至两三天也卖不掉一台，就成了长尾产品；轮胎是短尾产品，但到了具体的4S店，很多轮胎，特别是独特的轮胎，很多时候好几天也卖不掉一只，也成了长尾产品。

大众是由小众组成的。**需求越是细分，或者说越是在供应链的末端，就越呈现小众化**，我们面临的就注定是"长尾"需求。我们说的供应链的末端，或者说"最后一公里"，放在库存计划上，就是如何应对此类"长尾"产品（见图2-24）。

幸运的是，很多情况下我们不用在"长尾"处做预测、建库存，供应链是拉式的。比如自来水系统，或者电力系统，一到每家每户，就是典型的"长尾"需求，但我们不用做计划，用的时候打开水龙头或电器开关，只用"拉"就行了。

不幸的是，在相当多的情况下，我们不得不在"长尾"处做计划，把库存一路推到最接近需求的地方。比如在零售业，规模巨大如沃尔玛者，看上去是以海量取胜，周转快，销量高；但到了具体的门店，落实到每个门店平均14万种具体型号、规格的产品上时，相当多的产品一年也卖不了几次，就是典型的"长尾"，而且必须在门店层面做预测、建库存，这是由零售的特点决定的，否则怎么做生意？

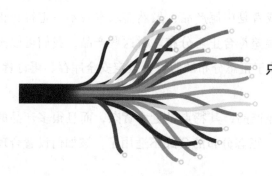

图 2-24　供应链的"最后一公里",主要都是"长尾"需求

电商也是。虽然电商大都冲着"爆款"去,但"爆款"毕竟是极少数产品,相当多的产品销量都非常低,即使如此,也不能不放点儿库存,结果是成为慢动库存。㊀就如图 2-25 中的 B2B 电商,他们主要是提供办公文具类产品,在全国有多个大仓库,我们分析其中的一个,发现在 6000 多种产品中,在过去一个季度(13 周),50% 的产品没有任何需求,30% 多的产品只有 1 周或 2 周有需求。这还是个复杂度控制得相对不错的电商,身处批量较大的办公文具行业。放在那些以品种多取胜的 MRO 行业,复杂度就更高,"长尾"需求就更多、更难对付。㊁电商是个新兴行业,强于业务模式创新,弱于供应链运营,在应对长尾需求上乏善可陈,结果是库存高企,有人戏称"十个电商九个死于库存"。

备品备件行业是另一个典型的"长尾"行业,主要是让那些昂贵的设备正常运转。想想看,一台设备几百万、几千万元,一条生产线动辄几亿元的投资,如果因为没有备件而停工待料,那成本可想而知。而很多备件的损坏程度非常难以预测,加上备件的需求量小,需求模式难以预测,这给库存计划带来莫大的挑战。

㊀ 比如有的 B2B 电商为了给客户一揽子供货,就不得不备一些销量很低的产品。这样的客户多了,"长尾"产品就很多,成为令电商的头痛的大事。

㊁ MRO 是英文 maintenance, repair & operations 的缩写,即维护、维修、运行。MRO 通常是指在实际的生产过程中不直接构成产品,只用于维护、维修、运行设备的物料和服务。

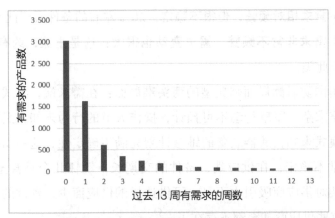

图 2-25　某 B2B 电商仓库的 13 周需求历史

军工行业也不例外。现代国防越来越依赖飞机、坦克、舰船等尖端装备。这些大型设备造价高，比如尖端战机动辄 1 亿多美元一架，舰船就更贵了，高达 65 亿美元一艘（尼米兹级别的航空母舰）。⊖ 为了支持各种军用设备和作战武器，就得备各种各样的备件。比如美国国防后勤局（DLA）就备了 400 多万种备件，其中只有 140 万种在过去 12 个月里有需求。对于这些过去 12 个月有需求的备件，又可细分为三大类（见图 2-26）。

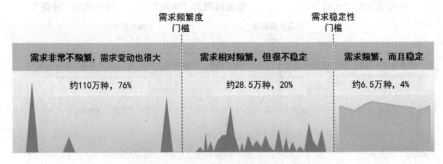

图 2-26　美国国防后勤局的备件分类

资料来源：PNG: Effective Inventory Control for Items with Highly Variable Demand, 作者为 Tovey Bachman 和 Robert Carroll, http://www.lmi.org。

（1）**需求频繁，而且稳定**：只有 4% 的备件属于此类。

⊖ Modern Day Military Pricing List, http://nation-creation.wikia.com。

（2）**需求相对频繁，但很不稳定**：20%左右的备件属于此类。

（3）**需求非常不频繁，需求变动也很大**：这是主流，约有3/4的备件属于此类。

美国国防后勤局面临典型的**两头难**局面：在需求端，各式武器品种多、需求杂，军事行动不可预计，操作人员的行为未知，武装系统的失效模式未知，武器装备的维修计划充满不确定性，这一切都导致需求非常不稳定；在供应端，备件的交期长，动辄几个月甚至几年，量小货杂对供应商吸引力不足，可供选择的供应商少，备件的生命周期长，有些供应商甚至都不存在了。⊖

"长尾"产品众多，是多品种、小批量行业的缩影。军工业如此，民用行业也好不到哪里去，比如大型设备、发电装置、通信设施、计算机网络，都有类似的挑战。在供应链的末端，如何应对那些需求量很小、需求变动性很大的"长尾"产品，如何设定合理的库存水位，如何平衡库存投资和有货率，是长期以来困扰业界和学界的老大难问题。

参照图2-26所示的分类方法，我们把产品分为"短尾""中尾""长尾"三大类，在需求预测和库存计划上采取不同的策略，如图2-27所示。

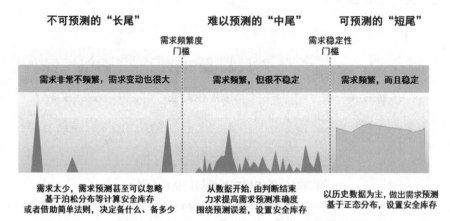

图2-27 三类产品的需求预测和库存计划策略

⊖ PNG: Effective Inventory Control for Items with Highly Variable Demand, 作者为Tovey Bachman 和 Robert Carroll。

（1）**"短尾"产品**：需求频繁，而且稳定，表明需求历史的可重复性非常高。运用合适的预测模型，基于需求历史就可以做出相当不错的预测。此类产品的需求符合正态分布的可能性较大，我们可以采用前面的公式来计算安全库存，设定再订货点。

（2）**"中尾"产品**：需求相对频繁，但很不稳定——不稳定，表明有各种因素能够影响需求，比如销售的促销、压货行为，竞品的活动等。基于需求历史做基准预测，"从数据开始"，然后结合销售的促销计划等，"由判断结束"，做好需求预测。统计需求预测的误差，假定误差符合正态分布，采用前面的公式来设定安全库存。

（3）**"长尾"产品**：需求非常不频繁，也不稳定。在库存计划上，我们一般用两种策略：①找到更合适的概率分布如泊松分布，来模拟"长尾"需求并计算库存水位；②采用简单法则，如成本、生命周期、需求频率等，帮助我们决定备什么、备多少，不备什么。

"长尾"产品的库存计划历来最有挑战性，高库存、低有货的情况非常普遍：企业大量的资金积压在"长尾"产品上，但计划不到位，客户要的企业没有，企业有的客户又不要。因为需求少，"长尾"产品的需求预测几乎为0，所以基本上没有需求预测这第一道防线；那主要的压力，就落到供应链的第二道防线——库存计划上。下面我们来重点阐述"长尾"产品的计划。

"长尾"需求用泊松分布模拟更准确

"长尾"需求的特点是需求的频率低、需求量的差异大。让我们拿上面提到的B2B电商为例，如图2-28所示。他们的一个产品在过去12个月里，有5个月每月卖掉1个，2个月分别卖掉2个和5个，其余月份没有任何需求。看得出，该产品的需求不连续，离散度高，不符合我们熟悉的正态分布，但符合另一种分布：**泊松分布**。

在统计学上，泊松分布是常见的随机离散分布，用来描述单位时间（或空间）内随机事件发生的次数。这种分布是用法国数学家泊松的名字命名的。在管理学上，泊松分布有着广泛的应用，特别是对"长尾"需求的库存计划。

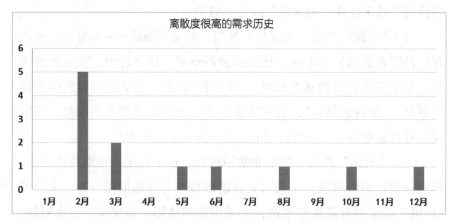

图 2-28　某 B2B 电商的一个产品，"长尾"特征明显

泊松分布符合三个条件——如果满足这三个条件，就算符合泊松分布：

第一，**平均值**。单位时间里事件发生的平均数已知。

第二，**随机性**。但没法预测该事件具体什么时候会发生。

第三，**独立性**。这个事件发生，并不意味着下个事件会发生，或者不会发生。

这听起来很拗口，让我们举个例子来解释。

普鲁士王国在崛起的过程中，建立了强大的骑兵部队。是骑兵就要跟马打交道，跟马打交道就有被马踢死的可能。针对14个普鲁士骑兵团，一位统计学家研究了20年的数据，发现在战马踢死士兵方面有三个特点：①平均每年被马踢死的士兵数量差不多（**平均值**）；②但这些士兵究竟什么时候会被马踢死，却没法知道（**随机性**）；③今天有士兵被马踢死，并不意味着明天有还是没有士兵遭遇同样的厄运（**独立性**）。这就是泊松分布，即死于马蹄之下的普鲁士士兵的数量符合泊松分布。

被马踢死的普鲁士士兵数量符合泊松分布

现实生活中，服从泊松分布的情况非常普遍。比如汽车的轮胎，我们都知道有一定的寿命里程，但里程只是个平均数（平均值）；究竟开到多少公里时会爆胎，我们不知道（随机性）；今天前胎爆了，跟明天后胎爆还是不爆，没有一点儿关系（独立性）。又如，我们知道平均每天接到 20 个订单（平均值）；但这些订单具体几点几分来，我们不知道（随机性）；刚才来了 3 个订单，是不是意味着待会儿还会来 3 个，还是不来 3 个，没有任何参考价值（独立性）。

从数理统计的角度而言，我们只需要知道一个参数（**平均值**）就能描述泊松分布，分析在未来某个时段内，某件事发生多少次的概率是多少。比如补货周期内，产生特定需求量的概率有多大，我们需要备多少库存来对付等。

让我们继续图 2-28 中的 B2B 电商案例，看如何用泊松分布来设置这个产品的库存水位。

假定这个产品的补货周期是 8 个星期，那么补货周期内的平均需求就是 1.85（过去 12 个月的平均需求是 0.23 个 / 周，乘以补货周期 8 周）。这就是泊松分布中唯一需要的参数：**平均值**。我们把这个值代入泊松分布的计算公式中，就得到图 2-29b 中的再订货点和有货率的曲线。

在图 2-29a 中，第②列表示，8 周内的平均需求是 1.85 的情况下，实际需求随机发生的概率。比如实际需求为 0 的概率是 16%，为 2 的概率是 27%，为 5 的概率就只有 3%。第③列是累计发生的概率，即补货周期内，需求小于等于特定值的概率。比如在 8 周的补货周期内，需求小于等于 4 的概率是 96%，这也意味着如果手头放 4 个的话（再订货点为 4），我们的有货率就是 96%。如果再订货点是 8 的话，就能达到 99.99% 的有货率。

① 补货周期内的需求量	② 发生的概率	③ 累计发生的概率
0	16%	16%
1	29%	45%
2	27%	72%
3	16%	88%
4	8%	96%
5	3%	99%
6	1%	99.7%
7	0.2%	99.93%
8	0.1%	99.99%
9	0.0%	100%

a)

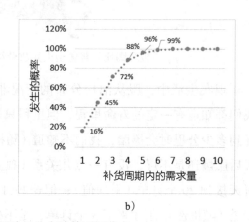

b)

图 2-29 用泊松分布计算再订货点

跟正态分布类似，泊松分布下，库存的边际投资回报率递减，特别是过了 90% 以后，就递减得相当厉害。实际上，案例企业手头放着 12 个，能够满足整整 1 年的量，你就知道为什么他们的库存周转率不高了。

Excel 中有一个函数 POISSON.DIST()，可以帮助我们计算泊松分布的概率。这个函数有以下两种形式。

（1）POISSON.DIST (X, 平均值, False)。这是求随机概率的函数：函数中的平均值就是补货周期内的平均需求，X 是补货周期内需求是 X 的概率，False 表示这里求的是**随机概率**，即在补货周期内总需求是 X 的概率。

（2）POISSON.DIST(X, 平均值, True)。这是求累计概率的函数：

函数中的平均值就是补货周期内的平均需求，X 是补货周期内累计需求的上限，True 表示这里求的是**累计概率**，即在补货周期内，总需求介于 0 和 X 之间的概率（包括 0 和 X）。这里的 X 就是我们要求的再订货点，函数的输出就是相应的有货率。

对于 POISSON.DIST 函数的上面两种形式，我们分别代入不同的 X 值，就得到相应的概率或累计概率，描绘出图 2-30b 的曲线图来（下面是几个例子）。我们代入不同的 X 值，就可以看到相应的有货率。尝试几次，就能找到合适的再订货点，兼顾库存水平和有货率的值。

（1）POISSON.DIST (2, 1.85, False) = 27%（这是说，在 8 周的补货周期内，总需求为 2 的概率是 27%）。

（2）POISSON.DIST (8, 1.85, False) = 0.1%（这是说，在 8 周的补货周期内，总需求为 8 的概率是 0.1%）。

（3）POISSON.DIST (3,1.85,True) = 88%（这是说，在 8 周的补货周期内，总需求小于或等于 3 的概率是 88%）。

对于正态分布，Excel 中有函数可以反算出来，要达到一定的有货率，应该放多少安全库存；可惜的是，对于泊松分布，Excel 中没有这样的函数。在微软开发出这样的函数之前，我们要么一次次地手工尝试（其实试不了几次就能得到答案），要么让 IT 人员写个简单的小程序。如果你们谁做了这样的小程序，可不要忘了跟我分享，先行谢过。

上面求出来的是再订货点，减去补货周期内的平均需求，就得到安全库存。泊松分布下，因为需求比较低，再订货点中安全库存占的比例相当大。

说到这儿，顺便解释一下，**平均值越大，泊松分布就越接近正态分布**，如图 2-30 所示（图中 λ 是平均值，用横轴表示，纵轴表示的是事件发生的概率）。平均值 λ 足够大的时候（如大于 1000 时），正态分布可以绝佳地模拟泊松分布（此时正态分布的均值和方差都等于 λ）。

当 λ 大致大于 10 的时候，正态分布可以很好地模拟泊松分布。[脚注]

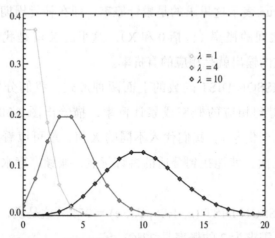

图 2-30　平均值越大，泊松分布越接近正态分布

资料来源：http://en.wikipedia.org。

对库存计划来说，就是当补货周期内的平均需求比较大的时候，大致大于 10 的时候，用正态分布来模拟需求就相对靠谱。如果这一数值是 5，6 或 7 呢？这时候的概率分布图已经很接近正态分布了，如果用正态分布的公式来计算安全库存，与"拍脑袋"一刀切地设置安全库存相比，我想我还是会选前者。但是，如果这一数值小于 5 的话，用正态分布的公式就得非常小心了。

这就是说，当需求相对较频繁时，比如补货周期内的平均需求在 5 以上时，**正态分布**一般更可能适用；当低于 5 时，**泊松分布**一般更合适。我们这里用"可能""一般"，是因为除了正态分布和泊松分布，我们还有很多别的概率分布可能更合适。这里说的"合适"，可以通过数理统计的方式来验证。

当然，地球上 99.999% 的人是不知道这些的，也用不着知道。但是，作为一个供应链管理人士、一个专业的计划人员，知道这些基本的数理统计方法的话，有助于培养我们的数理统计思维。毕竟，我们

⊖　WikiPedia 词条 Poisson distribution，https://en.wikipedia.org/wiki/Poisson_distribution。

生活在充满不确定性的世界里，而泊松分布等数理统计方法提供了看待不确定性的独特视角和工具。

关于"长尾"需求，很多情况下，需求是如此不频繁，平均需求是如此低，库存计划的决策就简化为备1个，还是1个不备。也就是说，从0到1，还是从1到0？这时候，概率统计和数理统计模型虽然可以帮助我们，但更直观的是，我们借助别的简单法则来决策。这就是我们下面要阐述的。

用简单法则来指导"长尾"需求的计划

试想想这样的情况：一个珠宝零售门店，有一种很贵的首饰，主要放在橱窗里来提升店面的档次，如果运气好的话，每年也就卖出一两个，不备货的话，又显得店面不上档次；一个工厂，有一种很贵的备件，每两三年用一次，但如果没有货的话，关键的生产设备就没法运转。在这两种情况下，备还是不备？要备的话，只备1个就够了，要不备的话则1个都不备，黑白分明，没有什么中间路线可走。门店、工厂那么多，要备的话究竟谁家备，谁家不备？每家都备1个，那加起来可不得了。这是非常典型的"长尾"需求，在多品种、小批量行业中经常遇到。

有家大型设备制造公司，每年营收为几十亿美元，卖掉设备后，也要给客户提供关键备件。在该公司的5000万美元备件库存中，53%的金额来自只备1个的料号。从数量上讲，60%的备件只备了1个。很多备件的需求非常低，甚至几年也没有一个需求。企业每天面临的挑战是：备1个的话，风险是几年不用，库存周转太低，甚至最后变成呆滞库存；不备的话，在服务水平很高的工业品行业，万一有需求，就很难达到既定的服务水平目标。

那怎么办？有两个层面的解决方案。

在公司层面，我们可以通过整体优化来决定备哪些，不备哪些。比如公司有5000个产品，整体有货率目标是95%，为了既达到有货率目标，又达到库存金额最低，我们会给这5000个产品都做需求预测（一般是基于需求历史，以及未来的发货计划等），然后便宜的多备，昂贵的少备或不备，贵的、便宜的产品一遍遍地组合，最后找到最合适的备货方案，既能达到整体有货率目标95%，又能使库存金额最低。

可见，这是个很复杂的优化过程，需要计算机软件来辅助。该公司有一套专业软件，要优化一次，动不动就得几个小时甚至一两天。整套逻辑很复杂，很多人弄不明白，也很难用在**日常库存计划**中。

通常，我们会参考产品的单价和需求历史，在我们的经验的基础上，制定一些简单规则，指导大家来对付"长尾"产品。这里要讲的**成本 – 频率体系**就是这样的简单规则，它从**单位成本**和**需求频率**两个维度来指导备哪些产品，不备哪些产品；什么地方备，什么地方不备。

先说第一个维度：**单位成本**。根据成本的高低，一家工业品公司把备件分为5档：单位成本为5000美元及以上的是A档，这类备件很贵，占总数的1%；1500～5000美元的是B档，这类备件相对贵，占总数的2%；150～1500美元的是C档，占20%；25～150美元的是D档，占25%；25美元以下的是E档，这类备件是低值产品，52%的产品都属于这一档。

注意：这里用的是成本而不是单价，因为同一个备件产品，卖给不同客户的单价可能不同，但成本在公司里却只有一个值，一般是在供应商的采购价基础上，加上一定比例的附加费用。

再说第二个维度：**需求频率**。案例企业采取12月频率，即一个特定的产品在过去12个月中，全公司里有多少个月有需求。对于特定的月份，如果有需求，该月就是1；如果没有，该月就是0——这只是统计**有无**，并不是具体需求量（按这种方法，月消耗1个跟消耗100个在这里都认为一样，不过对于慢动产品，这种情况非常少见）。把最近12个月的值加起来，就是这个产品的12月频率。比如在过去12个月里，一个产品在3个月里有需求，那它的12月频率就是3；如果没有任何月份有需求，那它的 12 月频率就是 0。12 月频率值越大，表明产品的需求越频繁；12 月频率值越小，表明产品越可能是"长尾"需求。

综合考虑单位成本和需求频率两个维度，我们把案例企业的 3 万多 SKU 切分如图 2-31 所示。

		按成本分为A、B、C、D、E 5个档次（美元）						
		≥5 000	≥1 500	≥150	≥50	<50	小计SKU数	百分比
		A	B	C	D	E		
过去12个月里，有需求的月数	0	14	37	153	372	587	1 163	4%
	1	23	41	200	244	868	1 377	4%
	2	23	38	160	199	634	1 054	3%
	3	13	29	162	170	846	1 220	4%
	4	14	29	141	134	526	844	3%
	5	17	28	154	181	564	943	3%
	6	17	26	146	258	863	1 311	4%
	7	13	33	132	150	1 012	1 341	4%
	8	12	27	153	381	687	1 260	4%
	9	22	54	170	218	879	1 343	4%
	10	24	44	185	454	1 095	1 801	6%
	11	13	79	534	739	1 719	3 083	10%
	12	114	95	4 188	4 279	6 286	14 961	47%
	小计SKU数	319	559	6 478	7 779	16 567	31 702	100%
	百分比	1%	2%	20%	25%	52%	100%	

图 2-31　成本－频率分类法示例

从图 2-31 中可以看出，该公司的 C8 类产品有 153 个，这意味着单位成本介于 150 美元和 1500 美元之间的产品，有 153 个在过去的 12 个月中有 8 个月有需求。显然，C8 比 A2 的需求频率要高得多。但是，A2 要比 C8 类产品贵很多，需求更少，不但库存金额高，而且呆滞的风险更高。

从**服务水平**的角度来说，A2 和 E2 产品没什么区别——缺一个就是缺一个，不管是 5000 元一个的发动机，还是 5 毛钱一颗的螺丝钉。但从**库存金额**的角度看，这两个产品有天壤之别。如果不是追求 100% 有货率的话，你就能知道该备哪个，该不备哪个了：相同的需求频率下，A 类单位成本太高，不备或许是个不错的决策，会节省很多库存；但如果是 E 类产品，比如 5 毛一颗的螺丝钉，让客户为 5 毛钱而停机待料绝对不是个好主意，所以还是备一个为好。

这就是把单位**成本**和需求**频率**两个维度加到一起，来指导备货。

比如凡是 E 类物料，都至少备 1 个；凡是 A 类物料，只有 A6 以上的才备，而且只备 1 个。这样，就可以制定备货的纲要，如图 2-32 所示。凡是灰色的格子，都要求备库存（除了需求频率较高的产品，一般都是备 1 个）；凡是空白的格子，则不建议备库存。当然，这只是个示例，企业要根据自己的实际情况调整。

		按成本分为A、B、C、D、E 5 个档次（美元）				
		≥5 000	≥1 500	≥150	≥50	<50
		A	B	C	D	E
过去12个月里，有需求的月数	0					
	1					
	2					
	3					
	4					
	5					
	6					
	7					
	8					
	9					
	10					
	11					
	12					

图 2-32　成本–频率指数来指导备货（灰色的格子建议备货）

在新建库存点时，我们可借鉴成本–频率指数，决定备哪些物料。比如一个产品是 A6，在全公司有几百个客户的情况下，每年也只是有 6 个月有需求；现在要建一个新仓库来支持一个新客户，该客户的需求量不会很大，所以在这个新建的仓库里不备货。这样做的风险是万一这个客户有需求，公司就得从总库或别的地方调货，但这种概率很低，一旦遇到，也只能认了。

同理，在降库存、减少呆滞风险时，我们可以借助成本–频率指数，把那些高值慢动产品的安全库存水位拿掉，尽量消耗手头已有的库存。比如在特定的仓库，有个 A3 产品已经备在那里，或许做决策时没多少需求历史，为了保险就备了料；现在有了足够多的需求历史，证明这个料的需求量非常小，我们就可以把安全库存水位清零，想法把手头的库存消耗掉。

成本-频率指数是基于需求历史的，前提是相对稳定的业务（即历史的可重复性）。这种重复性虽然不一定是严格意义上的重复，比如同一地区，同样的客户，同样的产品，但还是有一定的参考意义。

比如你是跨境电商，你在欧洲已经做了一两年的生意，有个大仓库，现在想在北美建立仓库，开拓北美市场。虽然地域不同，有些消费习惯也不同，但欧洲的销售历史对北美还是有一定的参考价值的，尤其是对于那些"长尾"需求。再如，作为工业品公司，你在中国台湾有相当大的客户群，也在当地设仓库支持售后业务，现在想到韩国做类似的业务，那中国台湾地区的销售历史和经验对韩国也是有相当的参考价值。至于零售业务，一个门店借鉴别的门店的历史经验，就更不用提了。

或许有人会说，这些我都明白，但我们的业务太新，没有多少历史经验可借鉴。是的，就算你还没有12个月的历史，那有没有3个月的？如果没有，转眼就有了——你一边自怨自艾，一边等待，用不了多久几个月就过去了。3个月就是13个星期，有足够多的数据点，你可以用13周频率来代替12月频率，做类似的分析。即使你的线上业务没有那么长的历史，你的线下历史也总会有。在一定程度上，线下的经验也可借鉴到线上。

成本-频率指数不管是用12个月、24个月的历史，还是用13周、26周的历史，都需要定期更新，如每月更新。成本-频率体系可以建立在全公司层面，也可以建立在特定的配送中心、区域、前置仓层面。可以说，成本-频率体系其实是**历史经验**和**职业判断**的载体，是企业智慧的结晶，适用于多品种、小批量行业，尤其是产品的生命周期长、"长尾"需求显著的行业。

需要指出的是，成本-频率指数总体是基于历史信息的，其风险就是历史需求逐渐增加的试错过程。比如，每种A类物料刚导入时都是从A0开始的，慢慢变成A1、A2、A3等，如果你不备料，那客户有需求时，你就没法及时满足。直到这个料成了A7，有足够多的历史了，按照图 2-32 所示的指导纲要，该备料了，但这时已经太晚了：你的客户已经多次受到影响，损失已经造成了，而且往往是那些最重要的客户受影响，因为他们最可能最先采用新产品。

要知道，在我们的重点客户身上试错可不是个好主意。所以我们得预判，就如下面要讲的"备件损耗指数"一样，在新产品导入时，就整合设计人员、运营人员的智慧，做好"长尾"备件的库存计划，**提高首发命准率**。

继续以这个大型工业设备制造商为例。该公司工业设备的有些零部件要定期或者不定期更换。对于关键零部件，一旦损坏，形成紧急需求，就必须在 4 个小时或者更短时间内给客户一个新的，否则停机待料，成本惊人。多年的经验是，如果一个备件，在客户首次有紧急需求时，该公司没法满足，就很难达到整体的服务水平。在严苛的工业环境下，这是典型的首发命准挑战。

针对每个重点客户，该公司每个月都统计总共有多少紧急需求、多少次手头有货、多少次手头没货，然后计算有货率，目标是 98% 的有货率。这是个非常严苛的指标，稍有不慎，就没法达成。图 2-33 所示就是典型的月度有货率统计。该公司的整体目标是，80% 的重点客户要达到 98% 的有货率目标。而现在的情况是，16 个重点客户中有 12 个达标（75%），刚好在整体达标的边缘。假设每个客户再多缺 1 个物料，就有 4 个客户由原来的达标变成不达标；如果多缺 2 个物料的话，就有 5 个客户变为不达标。这就是说，公司没法承受再多缺 1 个物料的代价。这也意味着公司不得不堆积大量的库存，把所有可能出现的坑都填了，把所有可能出现的短缺都预防住，而代价就是高库存。

这个案例也说明，**如果首发命不准，就不可能达到既定的服务水平目标**。在大型工业设备制造行业，单纯依赖需求历史的计划方法，你会吃尽苦头：你不能等着产生了需求后才备库存；你一定要想方设法首发命准，在客户首次有需求时就能满足。这无异于在黑暗里射击，要命准的话，得射多少发子弹才行啊，库存的周转率就可想而知了。如果你到那些固定资产密集的地方，比如核电站、晶圆厂、通信网络基站，就会发现，备件类的库存都是一堆一堆的，每年只周转一两次的，多得是。

关键客户	当前绩效目标：有货率≥98%			如果多缺1个		如果多缺2个	
	缺货	有货	有货率	有货率	备注	有货率	备注
客户1	53	900	94%	94%		94.2%	
客户2	30	559	95%	95%		94.6%	
客户3	4	406	99%	99%		98.5%	
客户4		320	100%	100%		99.4%	
客户5	3	303	99%	99%		98.4%	
客户6	6	292	98%	97.7%	达标变不达标	97.3%	达标变不达标
客户7		234	100%	100%		99.1%	
客户8	3	232	99%	98%		97.9%	达标变不达标
客户9	52	135	72%	72%		71.1%	
客户10		104	100%	99%		98%	
客户11		98	100%	99%		98%	
客户12	3	70	96%	94.5%		93%	
客户13	17	37	69%	67%		65%	
客户14		32	100%	97%	达标变不达标	94%	达标变不达标
客户15		18	100%	94%	达标变不达标	89%	达标变不达标
客户16		12	100%	92%	达标变不达标	83%	达标变不达标

图 2-33　严苛的服务水平很难满足

对于首发命准，顺便讲个笑话。第二次世界大战期间，德国人开苏联人的玩笑，说苏联的炮火一点儿也不用怕：首发基本从来命不准，靠首发的落点来调整；但首发开火后苏联暴露目标，没来得及开第二炮，就被德国的炮火摧毁了。现在的电子技术更发达，克敌制胜就更加得依靠首发命准了。

为了首发命中，该设备商就按照备件的更换频率（每个零件在设计时，都会确定是不是备件；如果是的话，设计寿命是多长，更换频率是多大），把备件分为六类，对应六个备件损耗指数，指导备件的库存计划，**尤其是在新产品没有需求历史时**。

一类备件（损耗指数 1）：易耗品，每年更换 13 次或以上。

二类备件（损耗指数 2）：易耗品，每年更换 4 到 12 次。

三类备件（损耗指数 3）：易耗品，每年更换 1 到 3 次。

四类备件（损耗指数4）：非易耗品，平均寿命在1年以内或更短。

五类备件（损耗指数5）：非易耗品，平均寿命在1年以上。

六类备件（损耗指数6）：按照设计规范不会坏，但如果损坏或丢失，设备运营会受到严重影响。

在这家公司中，凡是备件损耗指数在1～5的，都属于典型的备件，在新产品导入阶段，至少得在客户当地仓库备1个；对于备件指数为6的，如果是关键客户需要的或在新产品导入阶段，也要求备1个。凡是当地仓库备的，除非有特殊原因，在总库至少也要备1个。这样，一旦当地库用掉了，总库就可以及时补货。这是研发、运营团队经过多年实践后总结出来的经验，帮助在没有需求历史，或者需求历史还不够长的情况下做备件计划。

从名义上看，备件损耗指数是由产品设计决定的，实际上离不开跨职能协作，比如现场服务工程师、备件计划部门、产品管理等，这些职能都在不同角度对备件有经验。可以说，备件损耗指数是跨职能智慧的结晶，是在没有足够需求历史情况下的最佳判断。这对提高首发命准率，避免或降低试错风险至关重要。

当然，跟成本-频率指数一样，备件损耗指数也是基于经验的，备什么、不备什么，备多少，是基于判断的，只能作为指导纲要，需要结合别的信息，具体问题具体分析。比如有些零部件的设计寿命非常长，但投入运营后，消耗得很快，需求量很大；有些零部件的设计寿命很短，但投入运营后，需求量反倒非常小，有的甚至根本都不用备件。这些在具体备货的时候都要区别对待。

客户不同，使用环境不同，也决定了备件的实际消耗不同。比如同为"黑鹰"直升机，在西藏高原那样的严酷环境下，有时候飞一趟据说机身都会拉长一尺，⊖备件的损耗自然比平原上要大。再如，同样的半导体制造设备，相比生产逻辑芯片的工艺，生产记忆芯片的工

⊖ 折戟西藏的中国"黑鹰"，作者萨沙，http://www.360doc.com。

艺对备件的消耗量就大得多。这些都得具体问题具体分析。

此外，当需求历史足够长时，备件损耗指数和成本–频率指数可以结合使用。或者说，需求历史越长，成本–频率指数在库存计划中的决策分量也就越重；需求历史越短，备件损耗指数就越有指导意义。

在"长尾"产品的库存计划上，我们要避免**两个极端**：一个极端是纯粹基于需求历史的试错做法，这在对服务水平要求严苛的工业行业，注定是个灾难；另一个极端是为了安全，先备一个，以后慢慢消化——要知道，"长尾"之所以是"长尾"，是因为需求低，这样做的结果是等你发现时，手头的库存都够几年用的了。

所以，不管我们是用更准确的概率分布，比如泊松分布来模拟"长尾"需求，还是用成本–频率指数、备件消耗指数、产品生命周期等简单法则，都是为了做好库存计划，争取提高首发命准的概率——不仅是服务水平，而且是库存控制。

💡 案例　跨境电商的店铺库存优化

案例企业是个跨境电商，由国内的总仓供应亚马逊在北美、欧洲、日本、澳大利亚各地的前置仓，再由前置仓直接支持当地的亚马逊网店（也叫店铺）。店铺与前置仓是一对一的关系，店铺计划和前置仓的计划等同。

现状是销售在计划前置仓，每周向中心仓提货。多名销售人员兼职前置仓的库存计划，水平良莠不齐，从他们的计划结果就可见一斑：我们选了两个店铺做对比，把这两个店铺的补货指令拿出来，发现都是同一周的，亚马逊 A 有 8.6 周的在库和在途库存，向中心仓要求的量补货为 4.8 周的量；亚马逊 B 有 4.5 周的在库和在途库存，要求中心仓的补货量为 1.6 周的量，如图 2-34 所示。

两个店铺的补货频率一样（每周补货），补货周期一样（3 周多），客户行为也差不多，为什么库存计划的结果如此不同？究竟哪个店铺的库存计划更合理，我们待会儿评价，但可以肯定的是，两个店铺不会都是最佳实践，肯定有一个比另一个做得更好。差异这么大，也就是说，两个销售经理中，有一个八成是计划不到位，这是众多销售兼职计划、水平良莠不齐的必然结果。

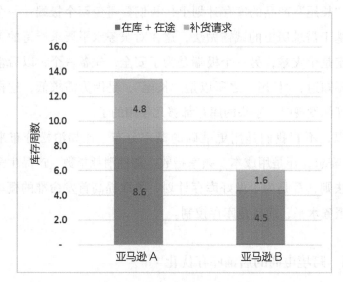

图 2-34　店铺之间的库存计划差异很大，注定不会都是最佳实践

注：亚马逊 A 有 70 个产品，亚马逊 B 有 72 个产品。为了确保可比性，所有产品都是在售状态，剔除了下架、即将下架和新近上架的。需求历史用最近 4 周。库存都折算成金额。

那么多库存是从哪里来的

相信有读者会问，亚马逊 A 那么多库存是怎么来的？仔细分析案例企业的数据，我发现订货机制是一大原因。亚马逊的店铺是每周订货，默认的是每周、每个产品都向总部订货。在这种情况下，从需求发生到发出补货指令，等待时间是 1 周；中心仓接到指令，每周发货，周期是 1 周；物流运输、清关、入库验收加起来 1 周。所以总的补货周期是 3 周左右。这也意味着，周转库存在 3 周左右，再加上两三周的安全库存，所以亚马逊 B 的 6 周左右的库存是相对靠谱的。

对亚马逊 A 来说，虽说是每周订货，但每周只对一部分产品补货，大概 1/4 到 1/3 的产品。这意味着对每一个产品来说，补货频率大致是每月一次，补货延迟是 4 周左右。再加上中心仓的 1 周、物流运输的 1 周，整个补货周期是 6 周左右。补货周期这么长，补货周期内的不确定性就很多，于是销售经理就加了 N 周的安全库存来应对。之所以用 N 周，因为你根本不知道他是按照什么逻辑计算的，估计也没什么逻辑。这不，糊里糊涂就有两个月出头的在库和在途库存，再加上一个月多的补货量。这样做，对销售经理而言，工作量较小；但是，受伤的是老板和股东，大量的资金就积压在库存里。这是一个典型的"库存养懒人"的例子。

亚马逊 A 的这种大批量补货，还容易造成局部的供需不平衡：中心仓备货，是基于各店铺需求每周补货，每次大概补一周的量；现在亚马逊 A 一补货就补四五个星期的货，那八成得抢别的店铺的货；别的店铺一看到"短缺"，自然反应就是加大订货量，结果加剧了本来不存在的"短缺"，造成恶性循环；中心仓拔高预测，赶工加急，"短缺"情况逐渐改善；各店铺的订货逐渐理性化，最后发现大家都坐在一堆库存上，是一个"所有的短缺，最后总以过剩收尾"[⊖]的例子。

在案例企业，销售经理做店铺计划，遵循的是定时不定量的做法：定期查看库存，如果在途和在库库存低于一定水平（再订货点）就补货，补到再订货点。我们知道，再订货点由两部分构成：其一，补货周期内的平均需求；其二，应对不确定性的安全库存。

补货周期的平均需求意味着需求预测，销售经理一般用过去 4 周的平均需求。问题来了：为什么是 4 周而不是 6 周、8 周，或者 3 周？为什么是移动平均而不是加权平均，或者别的预测方法？这就涉及预测模型的优化。

安全库存的挑战是量化不确定性，你当然不能指望销售经理懂得多少数理统计知识，来计算预测误差的标准差。他们当然是基于经验

[⊖] 对于"所有的短缺，最后总以过剩收尾"，可以参阅我和赵玲合著的《供应链的三道防线：需求预测、库存计划、供应链执行》第 237～240 页。

"拍脑袋"，结果就如图2-34所示，以高昂的库存为代价。

案例企业计划人员看了我的书，参加了我的培训，希望我能够帮他们改进计划体系。

对于店铺计划，我的改进建议如下：

（1）由专职计划人员负责店铺的库存计划；

（2）优化需求预测的方法，选择准确度更高的预测方法；

（3）量化预测的误差，更加准确地设置安全库存和再订货点。

就第一条改进建议而言，那么多前置仓支持案例企业60%以上的营收，运行了好几年，肯定也积累了很多经验，短期内都给专职计划人员不现实——专职计划人员也需要时间来熟悉前端业务，整合原来的计划人员做得好的地方；否则，太快导入，可能给业务带来风险。

所以，专职计划人员应采取逐步接替的做法，先从次要的店铺开始。这些店铺业务量较小，万一在转换的过程中出现问题，损失也相对有限。与此同时，我们优化店铺的预测方法，计算合适的安全库存，在次要的店铺先行导入、完善，然后逐步在所有的店铺导入。

在专职计划人员接手店铺计划的同时，我们也开始预测模型和进行库存计划的优化。

店铺预测方法的优化

我们从最常用的两种预测方法开始优化：移动平均法和指数平滑法。

移动平均法就是用最近一段时间，比如4周、6周的需求历史的平均值作为下1周的预测。对于需求相对平缓、变动随机的情况，可以通过移动平均来消除随机变动。移动平均法的好处是简单易行，但对于非随机因素，如趋势、周期性需求，则难以有效应对。关于移动平均法，选择合适的移动时段，即究竟用多长的需求历史，是优化预测模型的重点。

指数平滑法，前面已经讲过。简单指数平滑只有一个参数，那就是平滑系数。平滑系数越大，表明上一个实际值在下一个预测中的权重越大，表现出来就是预测会更加灵敏，随着需求的变动而更快调整；平滑系数越小，预测会越平稳，更有利于供应链执行，但风险是没法及时应对变化了的需求。关于指数平滑法，选择合适的平滑系数是模型优化的关键。

复杂点的指数平滑法有两三个参数，能够应对趋势、季节性等变动因素。由于店铺、分仓等前置仓一般是由中心仓补给，补货方式以空运为主，补货周期一般较短，整个补货周期为两三周，我们预测的就是未来两三周的需求。趋势、周期性即便有，表现也不明显，所以在这里不予考虑，就采用简单指数平滑法。

在这个案例中，我们采用 26 周的历史数据，以前 13 周为基准，滚动复盘预测后 13 周的每周需求，然后计算 13 周的均方误差，来判断上述三类预测方法的优劣。这 26 周包括上年第 4 季度和今年第 1 季度，对于电商来说，这两个季度有众多的节假日和"双 11""双 12""黑色星期五"等多个促销活动，需求波动相对大，对需求预测和库存计划的挑战也相对更大。

在案例企业的亚马逊店铺，我们选择 1107 个 SKU 作为研究对象（占亚马逊总销售额的 71%）：这些产品的需求历史较长，需求相对定型，基于需求历史就可以很好地预测需求，我们的目标是优化预测方法，挤出每一滴"水分"，**获取最大的库存效率**。其余的 SKU 要么需求历史太短，比如是新产品上市，要么是即将要下架、下市的产品，需要依靠判断来手工计划，库存计划要以**避免大错特错**为首要目标。

顺便提一下，销售经理兼职计划，普遍问题是：数据分析不足，职业判断有余，以"拍脑袋"为主，没有一致的数据分析方法，把本来效率导向的产品当作避免大错特错来对付，结果就是典型的高库存、低有货，在库存计划的第一个阶段徘徊。

如图 2-35 所示，我们来详细解释一下预测方法的择优。这是某个店铺的一个产品，我们基于第 1 到 13 周的需求历史，用不同的预测方法，来复盘预测第 14 到 26 周的需求，并跟实际的需求比较，计算每种方法下第 14 到 26 周的预测误差，对每一周的误差取平方，平均后得到第 14 到 26 周的均方误差。比如在第 6 行，简单指数平滑法（平滑系数为 0.3）的均方误差是 112；第 12 行，8 周移动平均法下，均方误差是 137。依次类推，我们发现，均方误差最小的是简单指数平滑法（平滑系数 0.3）。那么，对于这个 SKU，平滑系数为 0.3 的简单指数平滑就是最优的预测方法。当然，随着需求历史的改变，最优的预测方法可能改变。

1	周	1	2	3	4	5	6	7	8	9	10	11	12	13	
2	需求历史	65	47	52	40	31	42	68	41	52	41	51	51	53	基于13周需求历史，复盘预测第14~26周的需求
3	周	14	15	16	17	18	19	20	21	22	23	24	25	26	
4	实际值	31	29	47	52	58	40	29	39	39	51	52	32	55	
5	指数平滑 误差	15	3	12	(2)	(14)	(7)	22	(0)	12	1	8	5	11	平均
6	均方误差	233	8	154	3	192	46	477	0	134	1	59	26	127	112
7	4周移动平均 误差	(18)	(18)	6	12	18	(7)	(20)	(6)	(3)	14	13	(13)	12	平均
8	均方误差	324	306	36	144	333	42	410	33	6	203	156	176	132	177
9	6周移动平均 误差	(17)	(18)	4	8	14	(5)	(14)	(4)	(5)	8	9	(10)	15	平均
10	均方误差	295	306	19	69	201	25	191	12	27	67	87	93	215	124
11	8周移动平均 误差	(19)	(20)	3	8	14	(16)	(3)	(2)	9	8	(19)	13	平均	
12	均方误差	356	380	11	58	186	42	260	11	3	88	58	169	156	137
13	13周移动平均 误差	(18)	(17)	2	8	13	(18)	(5)	(5)	8	8	(8)	(12)	13	平均
14	均方误差	316	294	5	58	161	55	332	27	26	63	66	142	157	131
15	幼稚预测 误差	(22)	(2)	18	5	6	(18)	(11)	10	-	12	1	(20)	23	平均
16	均方误差	484	4	324	25	36	324	121	100	-	144	1	400	529	192

图 2-35　店铺需求预测方法优化示例

对于这 1107 个 SKU 样本，我们找每一个产品的最准确的预测方法，并为每一种预测方法打分。比如对 SKU 1 来说，6 周移动平均的预测准确度最高，那 6 周移动平均就得到 1 分。对于 SKU 2 来说，平滑系数为 0.3 的简单指数平滑法预测最准确，那么简单指数平滑法就得到 1 分。集体打分累计的结果是，简单指数平滑（平滑系数 0.3）和 13 周移动平均得分最高，如图 2-36b 所示。结合起来，这两种预测方法最优的产品共有 716 个，其余的 SKU 要么是 6 周移动平均，要么是 8 周移动平均最优。

或许有人会问，为什么平滑系数是 0.3，而不是别的值？这比较复杂。让我们把简单指数平滑法和 13 周移动平均分为一组，6 周移动和 8 周移动平均为另一组，进行"双打"比赛。我们知道，第一组的实力强，第二组的实力弱，现在的目标是让第一组尽可能多地"赢"，那就调整指数平滑法中的平滑系数，如图 2-36a 所示。先是随着平滑系数的增大，指数平滑和 13 周移动平均的"胜算"在增加；但当平滑系数增加到一定地步，它们的整体"胜算"又开始下降；在拐点处，即平滑系数为 0.3 的地方，它们"双打"的"胜算"最高，0.3 就是指数平滑法的最优平滑系数。我们认为，这不是最科学的择优，但它相对简单，不需要专门的预测软件，在 Excel 表格中就可以实现。

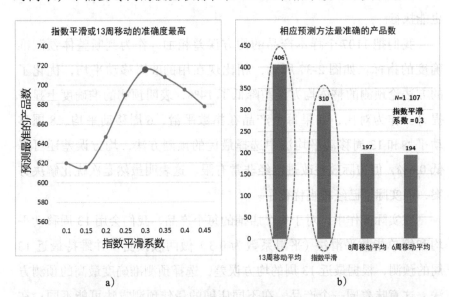

图 2-36　平滑系数为 0.3 时，指数平滑和 13 周移动平均相结合，整体预测准确度最高

最佳平滑系数为 0.3，反映了在亚马逊店铺层面，案例企业的业务还是相对稳定的。⊖ 这跟该企业想象的大不一样：案例企业的营收每年翻一倍，所以很多员工认为业务的变动很大。其实不然。每年翻一倍，转换到每月就是 6% 的复合增长，这还是假定产品数量、业务模

⊖ 如前所述，当需求历史比较稳定时，选择较小的 α 值，0.05～0.2；当需求历史有波动，但长期趋势没有大的变化时，可选择稍大的 α 值，0.1～0.4；当波动很大，呈现明显且迅速的上升或下降趋势时，宜选取较大的 α 值，0.6～0.8。

式不变的情况下。而实际上,案例企业频频推出新品,相当一部分的增长来自新产品,或者新的 B2B 业务模式,那落实到老产品上的增长速度就更加有限了。

这就是说,对于 1107 个产品中的 716 个,我们找到了最优的预测方法;对于其余的 391 个产品,我们根据预测准确度的高低,在 13 周移动平均和指数平滑法之间选择一个最准的。我们认为,对于这 391 个产品,这两种方法并不是最优的,是次优化的解决方案:我们牺牲了一点儿准确度,好处是避免方法论过度复杂,以便在 Excel 表格中也能执行。

我们把 1107 个样本产品的均方误差相加,作为判断整体预测准确度的指标。如图 2-37 所示,相比现在用的 8 周移动平均,优化了的方法论预测的整体均方误差降低了 14%,表明预测的准确度上显著提升。作为对比,如果每个产品在指数平滑、6 周移动平均、8 周移动平均和 13 周移动平均法中选择最优的预测方法,均方误差还可降低 0.6%,但边际效益改进已经非常有限。这表明虽然是次优化解决方案,但实际上已经相当优化了。

在实际操作中,对于每个店铺的每个产品,我们会用 13 周移动平均和简单指数平滑法(平滑系数为 0.3)做两版预测,并维持最近 13 周的预测,根据最近 13 周的均方误差,选择预测准确度最高的预测方法。这意味着同一个产品,在不同店铺的最佳预测方法可能不同;在同一店铺的不同时段,最佳预测方法也可能不同。

需要指出的是,我们在衡量整体的预测准确度时,均方误差大的 SKU 可能"掩盖"均方误差小的 SKU。均方误差一般与需求量的大小呈正相关,这意味着需求量大的产品可能"掩盖"销量低的产品。我们试着把均方误差最大的十来个 SKU 拿掉,发现整体结论没有改变。作为进一步的研究,我们可以按照需求量、售价、需求的变动性(如标准差)等细分,围绕不同门类的产品选择更优的预测模型,进一步差异化预测方法。这也会帮助计划人员更加熟悉业务和产品。

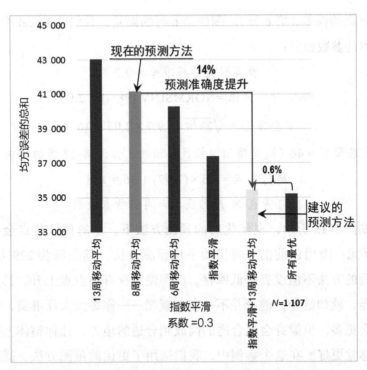

图 2-37 指数平滑和 13 周移动平均相结合，整体预测准确度显著提升

优化后，库存并没降，为什么

在案例企业，我们用再订货点的方式给店铺补货：每周复核一次库存，一旦在库加在途库存低于再订货点，就给中心仓发补货指令，补到再订货点；中心仓需要 1 周准备时间，运输、海关、入库等需要 7～10 天，整个补货周期定为 23 天。基于过去 13 周的预测误差，我们计算出标准差（假定预测误差符合正态分布）；再根据 98% 的有货率目标，计算出有货率系数 Z 值；根据标准差和有货率系数，我们计算出安全库存。通过安全库存加上补货周期内的平均需求，我们就可以计算每一个产品的再订货点。

让我们以图 2-37 中的数据为例。该产品的最优预测方法是指数平滑法（平滑系数 0.3），我们基于第 1 到 13 周的需求历史，用简单指数平滑法复盘第 14 到 26 周的预测，计算出每周的预测（第 5 行），然后计算每周的误差（第6行）。围绕第6行的误差，我们在Excel中计算一系列的参数如下：

$$预测误差的标准差 = 9.7$$

$$98\% 对应 Z 值 = \text{NORMSINV}(98\%) = 2.05$$

$$安全库存 = \sqrt{23/7} \times 9.7 \times 2.05 = 36$$

需求预测 = 46（这是用简单指数平滑法，预测第27周的需求）

$$再订货点 = 46 \times (23/7) + 36 = 188$$

$$再订货点 \times 产品成本 = 再订货点金额$$

如图2-38所示，在优化后的预测方法下，总的再订货点金额为235万元；而用以前的8周移动平均预测方法，其金额为229万元：优化后的方法不但没有降低库存，反倒使库存有一点点上升。其实这不奇怪，就如健身，健身并不一定会减肥——你每天大汗淋漓，吃得反倒会更多，但健身会把合适的肉放到合适的地方，让你整体上更健康，感觉更好。在这个案例中，我们选用了更优的预测方法，提高了预测准确度，把合适的库存放在合适的产品上，虽然整体库存没降低，但有货率会上升，从而降低缺货率，提升客户满意度，并且增加营收。

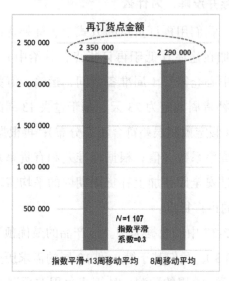

图2-38　优化后，整体库存并没有降低，但库存的分布会更合理

这个例子反映的是库存优化的三阶段历程。

第一阶段，**高库存、低有货**。也就是非常典型的"客户要的我们没有，我们有的客户不要"，其根源是缺乏基本的数据分析，"拍脑袋""一刀切"地做计划，导致过剩的过剩，短缺的短缺，从计划的角度看就是胡来。这就如一个胖小伙子，平日胡吃海喝，不锻炼，作息不规范，没用的肥肉多，有用的瘦肉少，从他的大肚腩上就能看出。

第二阶段，**高库存、高有货**。这个阶段导入了基本的数据分析，比如在需求预测和安全库存设置上，采用了基于数理统计的模型，不一定是最优的，但已经可以更合理地配置库存，把合适的库存往合适的地方归置。比如原来是一刀切，每个产品都放 x 周的安全库存；现在用基于数理统计的公式，对需求变动性大的增加安全库存，对需求变动小的减少安全库存，整体库存更合理，整体客户服务水平会更高。这就如开始健美，在成套健美动作的驱动下，虽然体重不一定能减多少，但肌肉分布会更合理，开始长到合适的部位上。

什么时候才能达到第三个阶段——**低库存、高有货**呢？这是单靠计划没法达到的高度，必须依赖更好的执行。要知道，库存的两个关键成分是补货周期和不确定性：**补货周期**越长，我们就得放越多的周转库存，来应对补货周期内的平均需求；需求和供应的**不确定性**越大，我们就得放越多的安全库存来应对。只有提高执行能力，才能系统地缩短补货周期，降低不确定性，从而降低整体库存，但对有货率的影响有限。[⊖]

在案例企业中，不管是中心仓还是店铺，经过一系列的需求预测和库存计划优化后，整体库存处于第二个阶段，也是计划单纯从计划的角度能够达到的最高点。下一步的任务是提高各个环节的执行能力，把事情做得更快更好，同时降低执行带来的不确定性。

比如以前业务较少，中心仓每周补一次货；现在业务量更大，对

⊖ 在我的红皮书《采购与供应链管理：一个实践者的角度》(第 3 版) 中，第 139～152 页专门阐述了缩短周转周期来降低周转库存，降低不确定性来控制安全库存。

于规模大点儿的店铺,中心仓可以每周补两次货,这样整个补货周期缩短了 3 天半,意味着减少了 3 天半的库存。再如,以前对于每个店铺,中心仓一定要等到所有的货凑齐才能发送,结果大部分产品都有了,就等最后一个产品,增加了补货的不确定性;现在推行零担发货,先到齐的先发送,大部分产品的供应就更加稳定,也更加可预见(因为短缺的毕竟是极少数产品),这样安全库存自然可以下降。

供应端如此,销售端也如此。以前销售和运营对接不够,节假日促销计划不够翔实、及时,供应链面临的需求不确定性就很高。为了确保供应,供应链就准备了很多库存,结果第 4 季度的促销节过后,剩下的库存动辄需要三四个月来消化。现在计划和销售对接更充分,对促销、活动的计划和执行更到位,相应的库存影响也更小,整体库存也就降下来了。

顺便提一下,大部分企业处于库存控制的第一阶段;经过计划方法论的优化,可以跨越库存控制的第二个阶段;只有计划和执行都到位的企业,才能跨越低库存、高有货的第三个阶段。

店铺计划人员做什么

在案例企业中,店铺设立专职计划人员后,计划人员把需求预测和库存计划的公式建到 Excel 表格中,每周把上周的实际销量数据加进去,更新需求预测和安全库存、再订货点,然后计算补货量,驱动中心仓补货。这部分一旦设置好了,并不需要多少时间。那剩下的时间,计划人员要做什么?

要知道,计划是个"七分管理,三分技术"的职能。越是接近需求端,比如店铺、前置仓的计划,计划人员的"七分管理"责任就越重。就拿案例企业来说,店铺计划人员大概花 30% 的时间做数据分析,剩下 70% 的时间需要来管理如促销、活动、店庆等引起的需求变化,做好中心仓的"耳目",把潜在的变化及时传达给中心仓,调整整体需求预测,以驱动供应链及时响应。

这就需要更多地跟人打交道。对那些习惯于跟数据打交道的计划人员来说，这是个挑战。在案例企业中，负责店铺计划的主管原来负责中心仓计划，中心仓的计划更多是跟历史数据打交道。初到店铺计划部门，她该怎么更多地跟销售经理打交道呢？她就从参加每周的销售例会开始。但她很快发现，销售例会上95%的时间在谈销售的事，比如业绩目标、项目进展等。不过这还是有必要的，因为这样的例会可以让店铺计划更深刻地了解店铺业务——店铺计划也是店铺运营的一部分。只有更多地了解业务，店铺计划才能更好地支持店铺业务。

我经常听有些计划人员说，需求变了，销售没有及时告知。销售没说，该打销售的板子，但你问了没有？你没问，同样有责任。要知道，销售整天在忙前端的事，什么时候会给后端的计划打电话？八成要么是着火的时候，要么是冒烟的时候，那么计划和供应链已经来不及应对了。所以，作为计划人员，你不能等着销售说，你得主动去问。

于是，案例企业的店铺计划主管就安排了一个例会，专门跟销售经理谈计划的事。谈了没几次，她就发现，销售原来不是她想象的"铁板一块"：他们不是一个销售，他们互相是竞争对手，在会议上藏着掖着，经常什么也不说，问也问不出什么来。这些销售在竞争有限的供应，竞争有限的市场预算，甚至有时候在竞争相同的客户、市场（如线上、线下业务）。⊖想想看，供应有限的时候，销售A把这个物

⊖ 设计也是如此。我刚进入采购领域，总是误认为设计人员是一个整体，后来发现根本不是那回事：设计中的分工很多，有些是内部客户和内部供应商的关系，有些在互相竞争有限的预算、供应资源等。比如负责产品设计的工程师与负责工艺设计的工程师是上下游关系，前者的产品设计是后者的输入，后者在产品设计的基础上设计工艺，实现产品制造，但又受到产品设计制约——如果产品设计不优化，工艺设计就困难重重。你会发现，跟产品设计人员、工艺设计人员一起讨论问题时，他们经常在博弈。产品经理也是如此。他们是产品设计人员、工艺设计人员的内部客户，产品设计人员和工艺设计人员的任务是支持产品经理。这一帮人在供应链人员眼里都是"设计"，其实是很多利益团体，利益诉求不尽相同，相信跟他们打交道多的读者会有同感。

料给了客户，销售 B 就没有物料给客户了，那销售 A 和销售 B 就是竞争关系。这注定跟所谓的"销售"开大会，销售人员之间互相博弈，藏着掖着，计划人员很难得到真相。

那怎么办？一方面，采取一对一会议，每次只跟一个主要的销售人员谈，了解他那一块的销售端在干什么，驱动销售端更多地考虑供应链运营，提高销售端的运营意识。另一方面，制定会议日程，每次都围绕相同的话题，就如图 2-19 中的案例一样，慢慢把销售往计划的思维上引导。

作为计划人员，当你第一次向销售经理问一些问题时，销售经理八成一无所知，那好，让他回去找信息，下周的会议上再谈。下周会议上，销售经理当然忘了这回事儿，那好，下下周会议上再谈。第三周会议前，想必销售经理会动脑子：计划人员还会问那些问题，他有"家庭作业"要做。就这样，计划慢慢引导销售，让他们更加以供应链人员的思维来思考，尽早发现问题，把大的问题消灭在萌芽中。要知道，销售很多时候活在当下，根本没精力也不习惯考虑几周、几个月以后的事。店铺计划人员的一大任务，就是引导销售尽早计划中长期的事。

店铺计划问销售，不是问数据，而是问数据后面的假设、故事。数据已经在信息系统中了，计划人员要提前分析好，比如做好基准预测，让销售人员来判断，告诉可能发生的变化，由判断结束。有些销售人员不愿跟计划人员谈，因为计划人员一张口，就问那些具体的数字，要销售人员做计划，要销售人员承担计划的风险，而计划人员只做传声筒。那样的话，计划就做不好本职工作，不增加价值，不承担风险，成了边缘职能，愈发难以管理销售端。

销售之于计划，不能光是监督，而是要管理。也就是说，销售要代表业务端，把计划作为业务团队的一部分，作为销售业务的延伸，履行自己对计划的管理义务。把销售放在**管理**者的角度，有助于销售产生责任感，增进互相沟通，一起寻求解决方案；如果销售只承担**监**

督职能的话，则容易养成一有问题就转移给计划人员的习惯，导致两个职能之间协作度低，屡屡陷入博弈。

专职的店铺计划人员相当于大厨，但销售经理不光是食客，而且是厨师长，或者至少部分是。厨师长不做饭，但需要管理、帮助大厨。放在销售身上，这就是理顺需求、做好店铺计划的判断部分，履行其**管理**义务，更好地打通前后端。比如前端做促销，需要尽早告诉后端；原来销售做店铺计划的经验教训，也要传递给现在的专职计划。

上述管理加监督的关系，也可设计成矩阵汇报关系。也就是说，从职能上讲，店铺计划人员汇报给公司计划人员，接受统一的管理和指导；从业务上讲，店铺计划人员汇报给销售人员，支持销售人员的业务需求。

有人或许会问，两个"老板"，诉求不同，店铺计划人员会不会很难过？不会的。人天生都是对付两个"老板"的高手：孩子一生下来，就有爸爸、妈妈两个"老板"，爸爸、妈妈的意见往往相左，孩子天生就知道让他们都满意。我负责全球计划的时候，地区的计划员在业务上汇报给当地的运营经理，在职能上汇报给我。作为计划经理，我有库存周转指标，所以让计划人员尽量少放库存；而运营经理直接面对客户，当然希望多放库存。不过优秀的计划员能让我们两个都满意：因为她懂得计划，知道计划客户想要的东西，有货率就高，运营经理就会满意；她也知道不计划客户不要的东西，库存就低，计划经理也会满意。

讲到这里，顺便说说店铺计划专业化后，可能出现的"绩效"问题。

我敢肯定，专业计划人员的计划要比一帮销售人员的更靠谱；我也敢保证，你会听到更多的抱怨。这并不一定是库存计划问题更多了，而是专业化后，这些问题暴露出来了：以前是销售做计划，自己做饭自己吃，再难吃也不会到老板那里告自己；现在是计划烧饭销售吃，稍不合口就去告状。我说这些，并不是说对销售的反馈置之不理，而是说不要过度反应，又返回到销售兼职库存计划的老路上。①

当然，销售或许会说，自己做饭自己吃，虽然不好，但可以吃饱；别人做饭，可能吃不饱。这其实是种"受控的假象"：你自己做，感觉到一切尽在掌控之中，其实是种假象罢了。

案例企业的下一步

对于案例企业来说，店铺计划归专业计划团队负责后，优化了需求预测和库存计划的方法论，"三分技术"的问题有了不错的解决方案，还需要一系列的管理措施来支持。

首先是与销售端一道，设定合理的**有货率**目标。自己做饭自己吃，做成什么就吃什么；当别人开始做饭的时候，那就得设定最低标准。这可以是整体的有货率，比如每天有库存的产品比例不能低于目标值；也可以进一步按照产品的关键度、毛利、类别等设立差异化的目标。特别要注意的是，鉴于电商业务下，如果一个产品长期没货，会显著影响该产品在亚马逊、京东等平台的排名等，也可以在单个产品层面，设立相应的有货率指标，比如单个产品持续缺货的时间不能超过××天，每个月缺货的总天数要少于××天等。

为了设定这样的目标，我们需要标杆研究过去一段时间（如几个季度）的实际表现，再根据业务需要、资产周转等要求，确定具体的目标。比如，对于亚马逊上的门店，我们可以下载每天的库存余额报表，如实统计有货率。这也是"从数据开始"。又如，历史绩效是92%的有货率，那我们就把目标定为3个月内提高到95%，如果这是合理的目标的话。没有具体的目标，计划的表现就等同于他们做砸的那件事，让计划处于极端劣势，客观上把有货率往100%逼，以高昂

---

① 有趣的是，在集中采购上也有类似的问题。企业管理粗放的时候，很多职能都在自己找供应商，自己花钱，虽然供应商找得不好，但也不会到老板那里告自己；集中采购后，采购职能统一找供应商、管供应商，老板就会听到更多的问题。而问题的解决方案，不是把供应商的选择权和管理义务交还给内部用户职能，让他们回到自己做采购的老路（非专业采购，以及合法合规方面的风险）上，而是提高采购职能选择、管理供应商的能力，把问题解决在采购这里。

的库存和运营成本为代价。

其次是改变原来的"批处理"方式，以缩短周转周期，从而降低整体库存。几年前，企业的业务量比较小，为了提高规模效益，那就中心仓每周发一次货；销售兼职计划，精力不足，那就降低频率，店铺每周下达一次补货订单。这两项意味着给店铺的供应链增加了高达两周的交期，也意味着从中心仓到门店，注定得放两周的库存来应对。除了经济原因和资源问题，"批处理"更多是因为人懒，但结果是以更高的库存成本为代价，所谓"库存养懒人"就是这个道理。就如有的笑话说得好，"你现在的泪水，一定是以前没想清楚，脑子里进的水"，你现在所拥有的一堆堆库存，一定能显示你在什么地方犯懒的影子。

现在案例企业的业务量连年翻番，规模效益远超以前，其仓储主管说，每周给每个亚马逊店铺发货两次，发货量也已远超物流公司的经济批量；店铺有了专业的计划人员，资源也更充足，能够每周更频繁地下达补货指令。仓储主管说，现在批量大了，也可不用跟以前一样，一批货得等一两周，直到最后一件到齐才能发送，而是可以分批发货，到了就发送，降低了补货的周期，特别是补货周期的变动性，因而也会降低整体库存。

对于案例企业来说，现在的挑战不是缺钱，因为电商业务回款快。这是好事，但也让公司自上而下的库存压力较小。要知道，光有交付压力，没有库存压力，相当于单一指标驱动，计划自然做不到极致。有位读者跟我诉苦说，"公司计划不好，库存很高，整个（第）3季度几乎备了半年的货，待报废品和呆滞料占了半个库房（几乎和原料仓一样大），高层也不重视"。这位读者所在的公司也是电商，有两三亿元的营收规模，连续融到几轮资金，现金流好，产品的毛利高，计划面临的主要是交付压力而不是库存压力。

真正做好计划必须具备三个条件，缺一不可：一是方法论，二是合适的参与者，三是合适的外部推动力。

就案例企业的供应链计划改进而言，我有成套的方法论，如供应链的三道防线，还有本书的一系列落地执行的方法；案例企业也组织了很好的计划团队，在一年多的咨询和培训中成长起来。这两者在一起，能够把计划做到第二个阶段，但没有"完美的风暴"，在企业层面就没有足够的压力，就不能从公司层面驱动跨职能行动、缩短周期、控制不确定性，也不能把计划做到第三个阶段。

案例企业一直在高速增长，现金流、利润率都非常好（我当然不希望他们的日子过得苦哈哈的）。不过没有压力，也就没有动力，只有企业层面存在财务、利润压力，才能驱动跨职能行动，提升到计划的第三个阶段——低库存、高有货。这就如我的老东家——硅谷的一家跨国企业当年互联网泡沫破灭后，产能严重过剩，库存严重积压，利润和营收连连腰斩之后，才有足够多的动力，驱动整个供应链体系的改进，也因而做成了行业的供应链标杆。

本章小结
库存计划是个技术活

我们这一章介绍了安全库存的设置、再订货点的计算，以及大批量、小批量下的库存计划。这都是基于数理统计的。我们的世界充满不确定性，而数理统计是从无序中找有序，从不确定性中找确定性的工具。计划人员要有数理统计的思维。

库存计划是个技术活，需要专业的计划人员来做。我们这章介绍的库存计划公式、需求预测优化等，都是为了让专业的计划人员更专业。在方法论以外，我们还介绍了计划的组织和绩效考核。方法论加上组织措施，才能产生期望的效果。

我们也介绍了库存控制的三个阶段。这里讲的，只能让企业摆脱"高库存、低有货"的第一个阶段，上升到"高库存、高有货"的第二个阶段。而要迈向"低库存、高有货"的第三个阶段，不只需要一流的方法论、一流的组织，更需要企业自上而下的推动。

💡 资源

更多关于供应链管理的文章、案例和专题培训资源如下:

- 供应链管理专栏网站:www.scm-blog.com
  - 这是我的个人专栏,我写了10多年了,有600多篇文章
- 我的三本供应链管理专著
  - 《采购与供应链管理:一个实践者的角度》(第3版)
  - 《供应链管理:高成本、高库存、重资产的解决方案》
  - 《供应链的三道防线:需求预测、库存计划、供应链执行》(与赵玲合著)
- 我的微信公众号"供应链管理专栏",每天推送一篇原创文章,包括最新的培训信息。

公众号:供应链管理专栏

第三章 Demand Forecasting and Inventory Planning

新品导入与滚动计划机制的建立

尽量做准，尽快纠偏。新品计划首先是计划，然后才是新品。

很多人找到我，一张口就是新品、爆款、促销。是的，这些都很难计划，但你是否把容易计划的成熟产品计划到位了？很多时候，你会发现那些成熟产品也没计划好。

人总是以为解决了最难对付的问题，容易对付的问题就迎刃而解，其实不然。我们必须先有能力对付容易解决的，然后才可能有能力对付难的。

这就如打妖怪升级，最后一关当然最难通过，但如果你一上来就对付最后一关，那你一辈子都可能打不过去。我们把新品计划放在最后谈，就是因为它是最有挑战的，也是把我们喂饱的第 5 个包子，但必须先有 4 个包子垫底。

传统的产品生命周期分四个阶段：导入期、上升期、平台期、衰退期。这些年来，伴随着信息技术的快速发展，很多行业日益"快消品"化，也就是说，平台期越来越短，甚至没有；导入期和上升期混合在一起，导入即达到顶峰。相应地，产品的生命周期由传统的梯形变成三角形，甚至是直上直下。

"技术不会改变我们是谁，而会放大我们是谁，我们的善和恶都会被放大。"⊖ 放在供应链上，就是技术不会改变需求的本质，却会放大需求的变化，表现在新产品上尤为贴切：各种社交媒体让我们有更多的方式影响需求，但同时也导入更多的不确定性，增加了新产品的计划难度。

新品预测的核心挑战有二：其一，首批上量预测准确度太低，错得离谱；其二，计划失误也就罢了，但恢复时间太长，让业务端很难理解。第一个挑战要靠**尽量做准**来解决——从数据开始，由判断结束，尽量提高初始预测的首发命准率；第二个挑战要靠**尽快纠偏**来对付——首发没命准，要尽快调整预测，驱动供应链快速响应。

一谈到快速响应，人们首先想到的是生产线和供应商的快速响应，却忘了最重要的是计划上的快速响应。计划是供应链的引擎，计划不调整，执行是很难调整的。

对于新产品的需求预测，我们有三个典型的问题要应对（见图 3-1）。

（1）**新品导入前，首批上量上多少**？这个决策在很多公司是判断为主，大多时候靠高管、产品经理、销售经理等"拍脑袋"，决策质量欠佳，严重短缺和严重呆滞并存。

（2）**上新期间，是否补单，补多少**？新品导入往往伴随着促销，促销扭曲了需求，以上新期的需求历史预测后续需求，风险较大，二次补货同样面临严峻的短缺与过剩风险。

（3）**量产阶段，如何过渡，如何优化**？新品往往是局部导入，比如有限的渠道、有限的客户等。从新品到量产，有一个过渡阶段，以及相应的过渡计划。

新品导入前，数据相对少（但有，比如类似产品的需求历史），所以需求预测的判断成分较多，辅以一定的数据分析。新品导入期间，

⊖ 选自苹果 CEO 蒂姆·库克在 2019 年斯坦福大学毕业典礼上的演讲。

有了一定的需求历史，但由于上新促销等措施，需求历史不完全有代表性，数据分析还是要结合职业判断。等到量产阶段，需求历史数据更加充分，就可以更多地依赖数据分析，适当配以销售人员等的职业判断。需求历史越多，数据分析在需求预测中的地位就越重要，合适的预测模型也就越有价值。

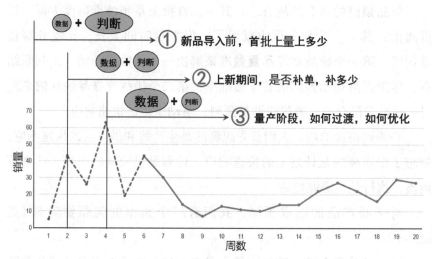

图 3-1　新产品要解决的三个典型预测问题

在这一章，我们通过一系列具体的案例，来探讨上述问题的解决方案。需要说明的是，这只是解决上述问题的尝试，并不是分享所谓的最佳实践，也不是说这些问题就应该这么解决。这些案例的根本目的是导入基本的方法论，让大家具备足够的知识，以便围绕自己企业的业务，寻找更合适的预测方式。

我们先看新品预测的第一个问题：新品导入前，首批上量上多少？

案例　新品的初始预测：群策群力，专家判断法

案例企业有着强大的"粉丝"团体，一直走的是"粉丝经济"，虽然在向品牌经济过渡，但"粉丝经济"还是营收的重要构成。为了最

大化"粉丝"收益，案例企业就不断推出新品，基本上是每周都有新品上市。案例企业走的是中高端、差异化路线，快时尚，品种多，批量小，首批推出一般也就几百到几千件。多种少量让预测更难做，要么过剩，要么短缺，在案例企业得到充分体现。

比如有一款新品在 4 月份推出，几天内就卖完了三四千件，紧赶慢赶地返单，等第二批到货时，已经 6 月份了，爆款带来的"热气"也快消散了。有爆款，自然就有滞销款。比如有个产品，为了走量降成本，首批进货几千件，结果只卖掉几百件，投入巨大的资源促销也不管用，一旦过季，就只能等到第二年，呆滞风险就很高。

需求不确定性很高，首批订货风险大，需求预测的压力就很大。预测风险高，没人愿意承担，最终就只能是老板拍板。

老板做预测，自然有老板做预测的原因：他是最有经验、最有权威的那个人，而且最能承担预测失败的后果。但是，随着业务量连续翻番，新产品越来越多，事情越来越多，老板越来越忙，离消费者和一线运营越来越远，能花在需求预测上的时间越来越少，很多时候就只能"拍脑袋"做预测，其弊端也就越来越明显。"希望大老板理解科学决策和'拍脑袋'的差别，特别是一个或两个人的'拍脑袋'"，案例企业的一位同事如是说。

老板当然理解科学决策和"拍脑袋"的差别。天底下没有一个老板会说，科学决策很糟糕，让我来"拍脑袋"。但问题是，当我们缺乏有效的机制，没法有效整合跨职能的智慧和信息，一帮人没法有效决策的时候，老板不靠自己"拍脑袋"，还能靠什么！所以，**这里的问题不是改变老板的行为，而是找到更好的方法论来整理数据，整合跨职能的判断，做出更准确的预测。当集体的决策能力提高了，老板自然就不用"拍脑袋"了。**

上面提到的方法论就是德尔菲专家判断法。当数据非常有限，未知因素非常多，决策的不确定性非常大的时候，德尔菲专家判断法是一种相当不错的选择。

德尔菲专家判断法[1]

早在第二次世界大战后期，美国空军就用这种方法，召集相关领域的专家们，判断新技术的走向，指导新武器的研发。在20世纪50年代，兰德公司进一步优化了这套方法论，比如用来预测使用核武器的可能后果。[2] 这套方法论有很多变种，但关键词都差不多：**专家、匿名、背靠背回复、多轮反馈和修正**，直到最后达成共识，或者达到预先设定的门槛，比如重复了多少轮，如图3-2所示。这种**结构化**、**系统化**的方法，对提高专家判断法的准确度至关重要。

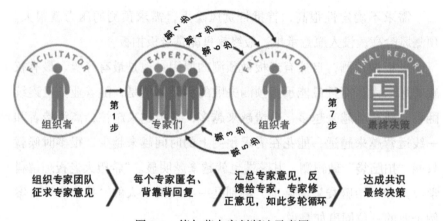

图3-2 德尔菲专家判断法示意图

资料来源：Delphi Method, Dr. Phil Davidson, University of Phoenix, research.phoenix.edu。

专家：早期决策时，数据非常有限，那就只能靠判断。谁能判断？专家。但是，越是专家，其接触面反倒越窄——要想精通一个领域，就只能选择一点进行深挖。而新产品、新技术的开发涉及面很广，任何一个专家都没法全面覆盖，那就请多方面的专家来判断，以提高

---

[1] 德尔菲是古希腊的神庙。简单地说，德尔菲专家判断法就如问神，专家就是"神"；不只要问一个"神"，更要问多个"神"，交互验证。

[2] Avella, J R. Delphi panels: Research design, procedures, advantages, and challenges. International Journal of Doctoral Studies, 2016(11), 305-321. Retrieved from http://www.informingscience.org/Publications/3561.

预测的准确度。

匿名：这是为了避免权威、头衔、职位、个性、名声等的影响，以避免强势职能影响弱势职能、强势人物影响弱势人物。你知道，无论多民主的企业，只要老板坐在那里，大家就会自觉或不自觉地跟着老板的思路走；强势职能在场，他们的胳膊最粗，拳头最大，八成最后也是他们说了算。名人光环就更不用说了。在新品预测上，匿名就是在汇总预测数据时略去头衔、姓名，有时候甚至是略去职能，这样也让大家更加放心、独立地做出各自的判断。

背靠背回复：这是为了进一步减少职能与职能、人与人之间的博弈。大家坐在一起讨论，看上去是各抒己见，其实是在互相博弈，每个人都代表自己的职能，讲什么话、做出什么样的判断，很大程度上取决于别的职能、别的人采取什么立场。大家也习惯性地藏着掖着，不愿意首先发言——发言就如谈判，谁先亮牌，谁就在博弈中处于被动。德尔菲专家判断法中，大家背靠背地做出判断，由专人搜集整理，有助于减少互相影响、互相博弈，让大家更可能以专家身份做出客观的判断。

德尔菲专家判断法还有个重要特点，就是**多轮反馈和修正**：每个专家匿名、背靠背做出判断，由专人搜集整理并汇总，提供给全体成员，成为下一轮判断的基础；在最新信息的基础上，专家们调整自己的决策，一般会更加一致，表现在预测上，就是预测值的标准差更小、离散度更小；如此再三，最终达成一定程度的共识，比如以平均值或者中位数作为最终的预测。⊖

小贴士　瓶子里有多少颗巧克力豆

有一次，我在旧金山参加高科技预测与计划峰会。一个赞助商在

⊖ 之所以用中位数，是为了避免极端值对平均数的影响。比如我跟盖茨的平均财富是490亿美元，但那都是盖茨的钱。这也是为了减少博弈，比如某个职能有意虚高或虚低——这样做能显著改变平均值，但对中位数的影响甚微。

展台上放了一大瓶巧克力豆,让每一个与会人员参与有奖竞猜。挺大的一个瓶子里有多少颗巧克力豆,谁能猜得准呢?几十个与会人员猜下来,有猜 1000 颗的,有猜 200 颗的,有猜几十颗的。但是,令人吃惊的是,平均值竟然只与实际值相差 4 颗,误差在 1% 左右(实际值是 296,平均值为 292)。

这个游戏有多种版本,我在美国的好几个活动都见到过,里面放的东西可能不同,数量不同,参与者也不同,但结果都一样:大家看上去都是在瞎猜,但平均值都惊人地接近实际值。

后来,我在国内几次重复这个试验,不过把巧克力改为糖。2019 年 8 月 30 日,我在上海为职业经理人培训,有 101 位职业经理人参与竞猜。我让他们看着装糖的瓶子,扫描瓶子上所附的二维码后填入各自猜的值。我还让一位学员现场清点,确认瓶子里实际装了多少颗糖,以示我没有作假。

如图 3-3 所示,我按照学员填写答案的先后次序,求累计答案的平均值。比如横轴是 5,纵轴是 196,意味着前 5 个人的平均答案是 196,与实际值 218 的误差是 −10%;横轴是 30,纵轴是 211,意味着前 30 个人的平均值为 211,与实际值 218 的误差是 −3%。看得出,刚开始时,人数比较少,平均值的误差比较大;5 个人以后,平均值的误差已经控制到 10% 以内,然后随着人数的增加,误差进一步降低,最后 101 个人的平均值准确度为 92%。

一周后,我在深圳的培训中做了同样的试验,参与的人数稍微少点儿,共 82 位职业经理人。为了便于和上海的数据对比,我把深圳的结果也汇总在图 3-3 中。

刚开始的时候,不知为什么,深圳学员的估计值都显著偏低,估计是课前先到的一批学员看着教材上的图片在猜——图片相对实物小多了,可能让大家猜少了。即便这样,在 13 个人的时候,大家的平均值也已经有 70% 的准确度。可不要小看这个 70%:你去统计你们的那些成熟产品,需求历史相当长,需求也相当稳定,看有多少产品需求的预测准确度能超过 70%。

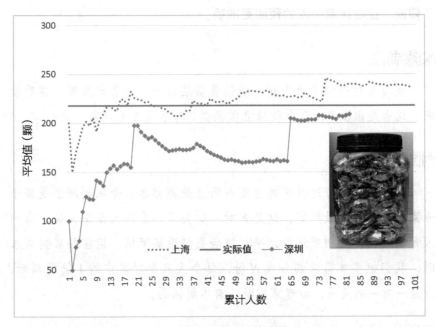

图 3-3 瓶子里有多少颗糖

随着越来越多的人参与竞猜，平均值的准确度继续提升，在 20 人的时候达到最高点 91%。然后不知什么原因，大家猜的数值又开始保守起来，平均值的准确度也一路下降，但仍旧维持在 75% 上下。直到第 65 个人，冥冥中填了个大数字，一下子把准确度提升到 94%，最终一直维持在百分之九十几的水平。你不得不感叹概率世界的奇妙：样本多了，有的人猜得少，有的人就猜得多；很多人猜得少，那就有一个猜得很多的抵消。

在概率论中，这背后的原理叫"大数定律"，即大量重复相同试验时，随机变量的算术平均值会向特定值收敛。放在这个竞猜的游戏中，就是有的人会高估，有的人会低估，两相抵消，平均值会更接近实际值。

很多问题尽管看上去摸不着头脑，但大家总是或多或少有些经验，知道某一方面的知识、细节。这些知识、细节整合起来，准确度就很高，放在专家预测中，就是有的人高估，有的人低估，**多人预测降低了偏差，往往比单个人的预测更准确。**

|实践者问|

我看您的书和文章中对一线销售层层提需求持否定态度，在我看来，这也是由多个人背靠背独立做预测，不也是专家判断法吗？

|刘宝红答|

层层提需求与这里讲的专家判断法是两回事。专家判断法是多个专家对**同一对象**做判断，这是多对一的关系，有的人预测偏高，有的人预测偏低，互相抵消后，平均值会更接近实际值。但在层层提需求时，我们把整体需求切分成 N 份，每个人只是对其中的 1 份做判断，这是一对一的关系，与专家判断法有本质区别。

新品预测试点项目准备

我们确定案例企业的一个具体产品来做试点，以导入德尔菲专家判断法。该产品正好处于开发后期，需要确定首批订货量。该产品也是案例企业重点开发对象，能够得到专家们（跨职能团队）的重视。

找好了产品，我们围绕这个产品进一步确定了该新品预测的专家团队，包括以下岗位。

（1）**产品经理**。该企业采取集成产品开发（IPD），由产品经理担任项目经理，对产品全权负责。产品经理在新品上市中扮演着关键角色，负责包括新品的需求预测等工作。

（2）**设计师**。该职位具体负责该产品的设计，熟悉产品的定位，比如是基础款还是大众款；熟悉特定设计对需求的影响，比如颜色、辅料的选择等。

（3）**店铺经理**。该职位负责主要网店的销售，熟悉消费者的需求模式，有能力对不同产品做出横向比较，也熟悉上新促销计划等。

（4）**数据工程师**。该职位等同于实际上的计划经理，负责数据化，熟悉各种产品的需求历史，能在历史数据的基础上进行需求预测。

（5）**研发负责人**。研发负责人特别熟悉产品、了解用户，在微信群、QQ等社区小组里非常活跃，熟悉用户需求，了解用户认知特性。

（6）**销售负责人**。销售负责人虽然较少直接参与新产品开发，但经验丰富，熟悉客服团队的反馈，能帮助做多个产品的横向比较。

（7）**供应链负责人**。供应链负责人熟悉产品的成本、最小起订量、供应商的阶梯报价等，也熟悉关键原材料的共用性和货期，能够从供应端帮助进行需求预测。

（8）**总经理**。总经理的职责不可替代，尤其在还处于小而美但快速发展阶段的案例企业。总经理深度介入产品开发、企业运营、定价决策等，经验丰富，历来在新品的需求预测上扮演着关键角色。

确定了产品和专家团队后，组织者把专家团队召集到一起，培训德尔菲专家判断法，展示产品的样品，启动专家团队"从数据开始，由判断结束"的新品预测流程。

首先，**我们究竟要专家团队预测什么**？我在一个微信群看到一幅漫画，医生们上街举行罢工游行，但举起的牌子上歪歪扭扭地写着如处方一样的字，谁也看不清楚他们的诉求是什么（见图3-4）。这是在戏谑那些开处方如同写天书的医生。⊖放在新品导入的专家决策中，我们究竟要这些专家预测什么？案例企业说，产品上新，不就是要预测首批订单量，也就是首批向供应商进货的量吗？

案例企业对产品上新的理解存在两个问题。

其一，预测有**数量**和**时间**两个维度，两者缺一不可。首批订单量只有数量，没有时间——首批制造的产品，究竟预计多久售完？如果

⊖ 我在英国的《今日电讯》(*The Telegraphs*)上看到医生罢工的相关报道，以及这位愤怒的医生举牌子的另一幅照片，上面倒是写得很清楚，微信群里的这幅图是PS过的。原文是："Doctors'strike: the NHS exists to serve patients, not keep doctors happy"，作者James Kirkup，www.telegraph.co.uk。

我们把时间的口子开着，每个专家成员就得做出自己的假定；对时间的假定不同，专家成员的预测肯定不同；缺乏一致性，就没有可比性，专家判断就成了"垃圾进、垃圾出"。

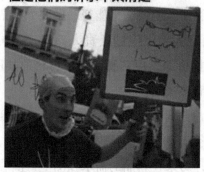

图 3-4　诉求不清，是另一种的"垃圾进、垃圾出"

其二，"首批订单量"问的是供应，即给供应商下多少订单。虽说供应主要是由需求决定，但两者并不是一回事。作为供应，首批订单究竟生产多少，还受产能、采购周期、规模效益等的影响。比如最小起订量越高，首批订单量可能越大；补货周期越长，首批订单量就越大；产能有限，可能得降低首批订单量。专家团队中，大部分人最熟悉的是**需求**，没法针对供应做出很好的判断。

跟案例企业讨论以后，我们决定问专家团队两个问题：①上新30天内，您认为可能销售多少？②除此之外，您认为还可备多少产品的原材料（长周期物料），这样一旦需要补单的话，我们可以快速返单？我们特别提醒，希望这些原材料备货能在3～6个月内消耗完毕，以期控制原材料的呆滞风险（这也是给专家团队界定预测的"时间"维度）。

问题①其实问的是上新30天的需求预测，有时间、有数量，限定得很清楚。在上新阶段，专家团队里的销售、设计、产品管理等职能深度介入，对过去的新品有一定的经验，对下一个新品能够做出一定的预判。

问题②的目的是确定第二、第三个月的预测。案例企业的整个供应链周期大致是 3 个月：原材料采购 1 个月，加工成半成品 1 个月，加工成成品 1 个月。由于上新的不确定性非常高，案例企业通常采取长周期原材料统一采购，以获取一定的规模效益，但只把部分加工成半成品、成品，以控制成品的库存风险。上新一开始，第一天的销量就很有参考价值，决定是否要赶快把剩余的材料加工成半成品或者成品（这一点后文还会讲到）。

第一个问题相对更直观，应该能得到不错的判断；第二个问题相对更难做判断，专家团队需要更好地理解整个供应周期，以期提高对长周期物料的预测、管理（在具体案例中，我发现专家们对第二个问题判断得确实不太好）。

确定了要问的具体问题，下一步是确定**哪些信息是已知的，可以统一提供给专家团队**，以缩短学习曲线和提高决策质量。要知道，**专家决策并不是"拍脑袋"，他们是在以往经验的基础上做判断**。而以往的经验，其实很多已经凝聚在数据里，比如销量，我们可以汇总这样的数据，统一给专家团队。这对那些不经常跟数据打交道的职能，比如设计和产品管理，特别有帮助，否则他们就会纯粹"拍脑袋"。即便那些跟数据打交道的人，也可能嫌麻烦，不会去找历史数据，而是"拍脑袋"了事。

对于案例企业，我们决定提供两类的信息：①类似产品的信息，比如不同时段的销量；②该产品的特定信息，比如产品的定位、原材料的最小起订量、供应商的阶梯报价等，如图 3-5 所示。

类似产品的信息：去年有 6 个类似产品，上新日期（这影响季节性产品的销量）、首批生产数量、上架 30 天销量、上架 30 天售罄率、前 3 个月累计销量、前 6 个月累计销量、断码情况（如果有断码的话，表明销量比实际要低），这些信息都有助于专家团队更多地做出横向比较。组织者原来还提供前年的类似产品，但有两个问题：①时间较久了，上新期间的销售数据不全；②两年内上市的产品太多了，容易造成信息过载，反倒影响专家成员的有效判断。组织者也想提供每个产品的四象限分类（产量的高低与销量的高低），以及退货率等，同样有信息过载的问题，所以一并拿掉了。

	历史销量 – 可参照的产品					
	上新日期	首批生产数量	上架30天销量	上架30天售罄率	前3个月累计销量	前6个月累计销量	销售说明
去年上新的6个同类产品	4/26	1 535	594	39%	710	1 154	作为京东店活动款
	8/21	4 000	1 436	36%	2 191	3 701	
	9/10	2 000	1 338	67%	2 768	3 919	第2个月断码，前3个月、6个月销量低于实际，第6个月还不满月
	8/21	4 000	584	15%	998	1 573	
	6/15	5 000	2 490	50%	4 116	6 447	
	12/12	2 000	1 162	58%	1 817		3个月还没满，销量低于实际

定位	产品是偏向基础走量的，对标告白系列，多一些色彩设计感	主要材料：最小起订量和阶梯报价			
定价	该产品的定价策略	最小起订量及阶梯订量（件）	3 000	6 000	10 000
成本	该产品与以往产品相比，成本上有何差异	不同订量的阶梯报价（元）	12	9.8	9.2
商品计划	更多产品的上市计划	主物料成本差异（元）	36 000	58 800	92 000
		约可做成品件数（件）	5 830	11 661	19 435

图 3-5 可参照产品的历史销量（案例企业的机密信息遮盖掉了）

该产品的特定信息：产品定位是高端、中层还是基础款（走量的）？跟已有产品的关系是互补、相互蚕食，还是独立？这些都会影响产品的需求。此外，我们还提供了采购相关的数据，比如主要材料的最小起订量，供应商的阶梯报价，有无特殊工艺，如染色、表面处理等，以及相应的附加费用（跟最小起订量有关）。

我们在项目结束后反思，发现采购相关的信息，比如供应商的阶梯报价、主要材料的最小起订量等，与需求预测其实并不相干——这些因素会影响**供应**，但不会影响**需求**。（当然你也可以说，这影响成本，成本影响价格，价格影响需求。但是，这么复杂的关系，有几个专家能够量化？）给专家团队太多的信息，反倒容易引起混淆——比如这里的最小起订量3000件，就在后面多次出现，成了好几个专家的"预测"。

组织者把关键的背景信息准备好,编辑成一页 A4 纸文件,就召集专家会议,再一次介绍了德尔菲专家判断法的方法论,展示了产品样品,并把基本的背景信息文件分发给大家,开始新品的专家判断。

第一轮,每一位专家回到自己的办公间,分析已有的数据,搜集更多的信息,**独立、背靠背地做出判断**,在线填写问卷(见图 3-6)。

①新品预测:上新 30 天内,销量预测是多少?还应该备多少原材料的库存;②所依据的理由;③进一步完善该方法论的建议,比如还需要提供哪些有用的信息,邀请哪些合适的人加入专家团队等。

在问卷的最后,我们要求每位专家填写自己的姓名等信息。这一方面是为了督促专家们认真完成任务,另一方面也帮助组织者跟踪各位专家的判断结果,以期循环改进。在这里,组织者明确说明,填写的结果会以**匿名**的方式反馈给专家团队,以便让专家们没有后顾之忧,做出最好的判断。

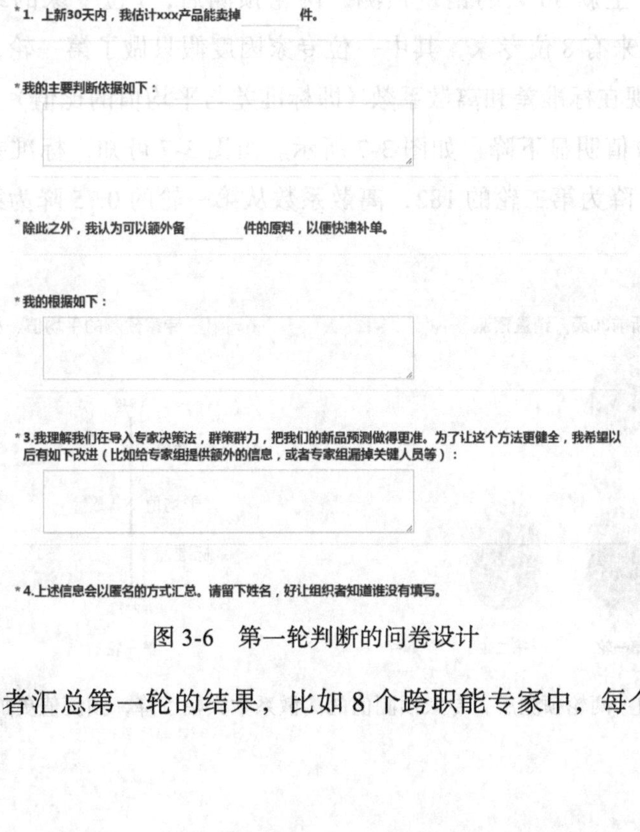

* 1. 上新30天内,我估计xxx产品能卖掉 ____ 件。

* 我的主要判断依据如下:

* 除此之外,我认为可以额外备 ____ 件的原料,以便快速补单。

* 我的根据如下:

* 3.我理解我们在导入专家决策法,群策群力,把我们的新品预测做得更准。为了让这个方法更健全,我希望以后有如下改进(比如给专家组提供额外的信息,或者专家组漏掉关键人员等):

* 4.上述信息会以匿名的方式汇总。请留下姓名,好让组织者知道谁没有填写。

图 3-6 第一轮判断的问卷设计

组织者汇总第一轮的结果,比如 8 个跨职能专家中,每个人做的预测分别是多少，其理由是什么，统一分发给专家团队。召集专家团队开个简单的会议，确保大家理解第一轮的结果。注意：会议不是让大家判断谁对谁错或应该怎么办，否则，强势职能可能影响弱势职能，强势人物可能影响弱势人物，从而影响了第二轮预测的客观性。

第二轮的方法论与第一轮一样，由每个专家成员**背靠背**地独立决定是否修改自己在上一轮的预测结果，并写明理由——任何人都可以填写一个数字，真正重要的是数字背后的原因。

组织者汇总第二轮的结果。如果第二轮的结果分歧还比较大，就进入第三轮。希望最多三轮，专家团队在该新品的预测上，能够达成相当的共识，组织者最终以取平均值的方法，决定该产品的新品预测（结果两轮就结束了）。

专家判断的结果分析

对于上新30天的销量预测，两轮预测后，7位专家的结果明显趋同（原来有8位专家，其中一位专家因度假只做了第一轮，就剔除了），表现在标准差和离散系数（即标准差与平均值的比值）上，就是这两个数值明显下降，如图3-7所示。由图3-7可知，标准差从第一轮的837降为第二轮的182，离散系数从第一轮的0.75降为第二轮的0.20。

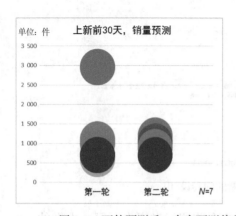
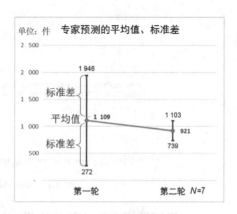

图3-7　两轮预测后，专家预测值的离散系数大幅下降，预测值更加趋同

但是，对于额外备料的预测，两轮专家判断后，预测的离散度依旧很大。

如图 3-8a 所示，看上去更加"趋同"了，但这有误导：第一轮的预测是从 0 到 3000 的很多值，第二轮的预测值则主要集中在 1000 和 3000 上——3 位专家预测 1000、1 位专家预测 1500、3 位专家预测 3000（还记得 3000 是什么吗？主要原材料的最小起订量！）。

这不应该是巧合，看上去更像相当一部分人心里没底，就"扎堆"跟风，看第一轮预测中哪个人的理由充分就随哪个人了：首轮预测 3000（注意：3000 就是图 3-5 中主要原材料的最小起订量）的那位专家说，基于成本和此产品的差异化设计，该产品的目标应该是基础款、高销量；而首轮预测 1000 的那位专家则说，该产品在款式设计上与别的产品"撞色""在夏天不讨喜，预计只能在春秋两季去推"，而且 3～5 月有多款类似产品上线——该款明显是低销量，没后劲。这两个理由看上去都很充分，大家就跟风形成了两派。不过 1000 跟 3000 的差距可太大了，所以说专家们在这个问题上并没有达成一致。

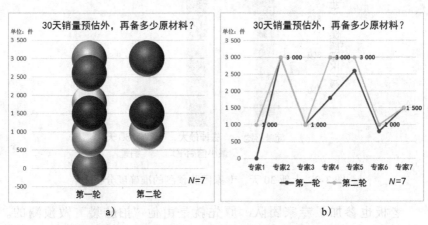

图 3-8 两轮预测后，额外备料的预测差异还是很大

当然，这也反映了在该产品的定位上，案例企业还没有达成共识。在预测反馈中，好几位专家也提出这点。这是产品开发的任务，产品经理在开发之初就该清晰定位。

作为案例设计者,我认为我们问了错误的问题:对于专家成员中的产品经理、设计师、研发负责人等,他们的主要经验在上新前后——他们最关注的那个阶段的产品;至于上新结束后,补单该补多少,他们一不在乎,二没经验,自然就做不出高质量的判断。

我的建议,就是以后不让专家组预测后续备料的数量,而直接由供应链根据30天销量的预测,来预估后续两个月的需求——我们后面会讲到,上新期间的需求和后续正常销量关联度很高,可以相当靠谱地推导出后者。

30天很快过去了,实际销量出来了,该产品卖掉858件。如果与第二轮预测的简单平均值921件相比,误差为7%;如果把第二轮预测剔除最大值、最小值后取平均,误差为6%,如图3-9所示。不管用哪种统计方法,预测准确度都是非常高的,远超我们的期望。

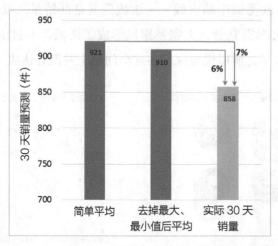

图3-9 上新30天,专家团队预测的准确度分析

老板也参加了专家团队,原先就是由他"拍脑袋"做预测的。让我们看看老板的预测准确度如何。图3-10总结了他个人的30天销量预测:第一轮预测为700件,比实际低18%;第二轮修正后为1050件,比实际高22%。对于新品来说,这样的预测准确度是相当高的——老板受过很多苦,吃过很多亏,交过很多学费,还是有很多经

验的。不过问题是，企业规模越来越大，产品越来越多，老板分身乏术，对付不了这么多产品。但是，老板两轮的预测准确度还是明显不如专家判断法。看来，专家团队一出手，就"小赢"老板一把，可谓旗开得胜。

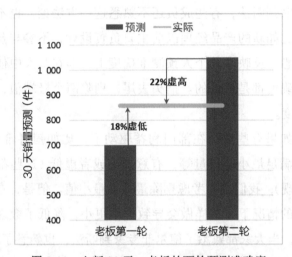

图 3-10　上新 30 天，老板的两轮预测准确度

老板的预测值第一轮偏低，第二轮就偏高，看样子也是受了专家团队的影响（老板是专家团队成员之一，看到了专家团队的首轮预测结果）。专家团队的两轮预测调整幅度都不超过 10%，而老板的调整幅度则高达 50%。从第一轮的显著偏低到第二轮的显著偏高，表明作为长期的兼职预测者，老板本身也没有一套科学的方法论：他的第一轮预测比较保守，因为花的是他的钱，估计被以前的过剩整怕了；一旦发现别人的预测都较高，老板也就随大流，相信真理是掌握在大多数人手中，于是就拔高自己的预测。

《超预测：预测未来的艺术和科学》一书说道：在预测准确度上，一个人要打败多个人，需要有很强的能力和相当的训练；一群人要打败一个人，则不需要多少专业知识和训练。⊖ 放在这个案例中也适用：

⊖ 泰洛克，加德纳. 超预测：预测未来的艺术和科学 [M]. 熊祥，译. 北京：中信出版社，2016.

没多少训练的专家团队，相当容易地打败了吃过很多苦、试过很多错的老板。

综合两轮预测，我们发现，对于多位专家的预测，如果拿掉最大值、拿掉最小值，预测的准确度就相对更高。这估计是因为刚开始应用德尔菲专家判断法，有些成员还不熟悉这一方法论，也不熟悉需求预测本身。比如新的产品经理以前主要负责设计，不参与预测，对需求预测不熟悉，反映在其个人预测准确度上，即在7人中他对两个产品的预测准确度都是最低的。掐头去尾，剔除两个极端值，有助于提高预测准确度。

另外，如果有些成员在部门利益驱动下，比如销售希望不断货、采购希望能满足最小起订量等，有意虚高或者虚低（这些都可以在事后总结时发现），我们也要考虑剔除最大、最小值。但是，在专家团队人数比较少的情况下，这样做会导致样本更小，降低了数理统计的可靠性。所以，当大家都熟悉了德尔菲专家判断法，也熟悉了需求预测，可以考虑采用简单平均法。

反馈改进，从失败中学习

结果出来后，结果本身已经并不重要；理解结果是怎么发生的，其重要性不比结果本身低。只有不断学习总结，才能更好地掌握专家判断法。总结的方式很多，比如奖励预测准确度最高的专家、小组分享成功经验、总结失败教训、让更多的员工参与学习等，这才算闭环完成。离开闭环反馈，就很难提高专家判断法的预测效果。专家判断法的效果不理想，就成了走过场，势必流于形式，最终又回到强势职能、强势人物兼职做预测的情形。

作为给每个专家的反馈，组织者根据预测误差，给7位专家排名，如图 3-11a 所示。这种排名方式仍有改进之处。

首先，我想问，我们的目的是表扬先进，还是鞭策后进？如果是表扬先进，那么可以考虑只列出前3名，也好保护排名靠后的（他们的排名靠后,更多的是因为他们还在学习过程中,而不是他们故意做砸)。对于先进者,如果能给个小奖励的话就更棒了——奖励不一定要花多少钱,要知道,一颗糖也是奖励啊!

其次,我们想看到"半只瓶子是满的",还是"半只瓶子是空的"?前者是正面激励,后者则更负面。那好,我们可考虑按照"准确度"来排名,而不是按"误差",如图 3-11b 所示。这些都是很小的细节,但对激励士气,以更好地完善专家判断法不无裨益。

专家	综合排名	误差
专家2	1	10%
专家7	2	16%
专家6	3	19%
专家5	4	24%
专家4	5	28%
专家3	6	34%
专家1	7	71%

a)

专家	综合排名	准确度
专家2	1	90%
专家7	2	84%
专家6	3	81%
专家5	4	76%
专家4	5	72%
专家3	6	66%
专家1	7	29%

b)

图 3-11 按误差和准确度对专家进行排名

专家判断法失败的三个原因

专家判断法真正的挑战在于三个方面(见图 3-12),处理不好的话,会导致专家判断法流于形式,达不到期望的效果,而最终又回到老板"拍脑袋",或者强势职能说了算的老路上来。

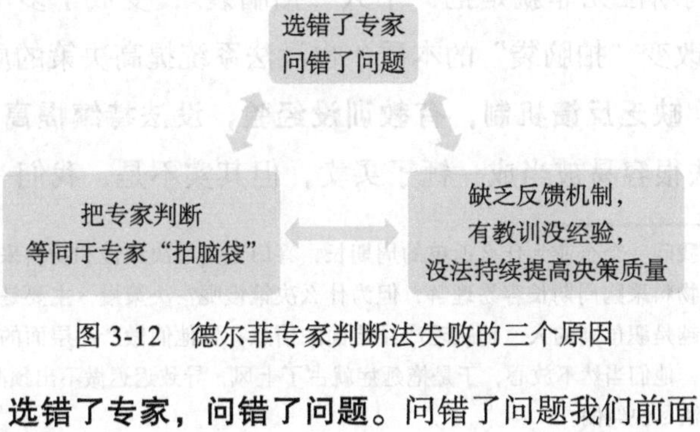

图 3-12 德尔菲专家判断法失败的三个原因

其一,**选错了专家,问错了问题**。问错了问题我们前面已经谈过,这里谈选错了专家。专家的定义是在某个方面深入了解这个产品。比如设计师熟悉这个产品是针对大众还是小众的，产品经理最熟悉这个产品与别的产品的关系（比如是替代，是互补，还是没关系），电商经理熟悉促销计划和消费者的嗜好，采购经理熟悉成本构成和最小起订量——这些大都是具体的**产品层面**的信息，能显著影响产品的需求和供应计划。

但在实践中，人们往往在**专业层面**确定专家，那专家团队就变成了首席技术官、营销总监、产品总监等。这些人是各自领域的专家没错（至少名义上没错），但往往并不是具体**产品**方面的专家，对具体产品所知有限，并不是做出产品预测的最佳人选；他们职位高，责任重，忙于各种事务，往往也没有足够的精力投入具体新品的预测中，对具体产品的判断往往低于平均水平，反倒拉低了整体的判断能力，也降低了决策效率。⊖

其二，**把专家判断等同于专家"拍脑袋"**。专家判断还是得遵循"从数据开始，由判断结束"的决策流程，只不过数据比较少，更加不结构化而已。对于产品层面的专家，他们聚焦自己的领域，往往缺乏整体层面的信息。比如这个产品跟现有产品的关系，是竞争还是互补？现有相关产品的销量如何？以前类似产品的需求预测、实际销量如何？这些信息需要**组织者**统一整理，提供给每个领域的专家，以尽量缩短他们的学习曲线，减少循环的次数，尽快达成共识。否则，德尔菲专家判断法无非就是把一个人"拍脑袋"，变成了多个人"拍脑袋"，没有改变"拍脑袋"的本质，也没法系统提高决策的质量。

其三，**缺乏反馈机制，有教训没经验，没法持续提高决策质量**。专家判断法很容易被当成一锤子买卖，但其实不是，我们一直在导入

⊖ 比如我问一个企业为什么返单的周期长，答曰主要是决策慢和物料采购周期长。长周期物料采购周期长容易理解，但为什么决策慢呢？决策慢，主要是慢在那些决策者：越是职位高的人，越缺乏产品层面的信息，要他们做产品层面的决策，如需求预测，他们当然不放心，于是拖延症就占了上风，导致迟迟做不出预测；预测错了，也没法尽快纠偏。

新产品。一锤子买卖经常做，就变成了经常行为，需要不断改进，提高新品预测的准确度。这里的关键是形成**闭环反馈**机制。新品上市了，有了销量，我们要跟需求预测对比，跟每个具体专家的预测比，看他们对是对在何处，错又错在哪里；某位专家的预测一直虚高，另一位专家的预测一直虚低，为什么？这是组织者的一项重要任务：他们需要把这些数据搜集起来，建成数据库，真正形成集体智慧和经验，提高以后新品预测的准确度。但现实中，很多公司把专家判断法做成一锤子买卖，没有反馈和总结，容易形成有教训，没经验，随意性大，准确度低，最后就又回到老板"拍脑袋"，或者强势职能说了算的状态。

小贴士　预测判断力是可以培养的

你不需要是个计划专家才能做预测。预测的能力不是天生的，人人都可以练就。

我在不出差的时候，几乎每天都要锻炼，如跑步、跳绳、做平板撑等，持续30～45分钟。每锻炼一会儿，我就想，现在应该运动了多少分钟了。拿起手机一看，刚开始误差很大，但没几次，误差就控制在1分钟之内了。

在机场，换登机牌，过安检，过海关，排那么长的队，你当然不能干站着。我一般会很快估算前面有多少人，有几个窗口，每个窗口办理一次要多久，然后估算轮到自己得多长时间。刚开始的时候，我的误差为30%～40%；没多久，我的准确度就在90%左右了。

在排队中，我也意识到，预测要尽量做准，做不准的话要尽快纠偏。比如原来有50人，预计要25分钟才能轮到我；结果前5个人就花了8分钟，那就立即纠偏，更新了的预测就准多了。

在餐馆里吃饭，你光埋头看手机就有点儿太无趣了，那就大概估计一下这家餐馆能做多少生意，赚多少钱。除非你开过餐馆，否则一般人对此没有多少概念。没关系，看看餐馆有多少张桌子，每桌坐着多少人，估计每个人点多少钱的菜（可参考你自己花了多少钱），然后你就大概估算出这一屋子的顾客能给餐馆带来多少生意。

接下来你可以估计，餐馆晚上能翻台几次（翻台几次的意思就是一张桌子能接待几拨儿人吃饭），中午多少次。你当然没概念，但你知道你自己大概花多少时间，比如中午半个多小时，晚上稍微长点儿。一般的餐馆晚上7点前后热闹起来，接近9点就没什么顾客了，看生意的好坏，大概每个晚上翻两三次台就相当不错了。

就这样，你能估算出餐馆每天的营收、每周的营收。同理，你能算出每月、每年的营收。假定老板的净利润是15个点，那他一年赚多少你就知道个大概了。你这么估算，当然不会很准确，但不会大错特错。

这背后的道理是，**把问题分解得足够细，用一些蛛丝马迹的信息，配以简单的假设和判断，你往往可以做出相当靠谱的预测，避免大错特错**。对那些具体的估算项，有的你会高估，有的你会低估，在"**大数定律**"的作用下，大部分的误差会神奇地互相抵消——或许这就是概率之美。

这种分解、判断也是"**费米分解法**"的精髓——读一读经典的"芝加哥有多少钢琴师"就知道了。[⊖]这不需要你是个博士才能做；经过有意识的训练，没多久，人人都能学会做预测。

专家判断法用于什么产品

德尔菲专家判断法需要跨职能参与，前后多轮，外加基本信息的准备和多轮数据分析，要求的资源较多，属于"重武器"，所以不能滥用。企业得定义适当的产品，比如不确定性较大、新的功能较多、类似产品较少等。特别要避免的是，不能因为手头有把锤子，你就把什

⊖ 费米分解法是指利用分解思想、黑盒子猜测培养做预测的能力，见简书，https://www.jianshu.com/p/9a8fffda5ea6。"芝加哥有多少钢琴师"见《超预测：预测未来的艺术和科学》。

么都当钉子。

在案例企业，德尔菲专家判断法一经导入，差点儿就成了这样的一把万能"锤子"：试点项目中只做款式层面的判断，后续应用中连SKU层面的预测都让专家团队做。就拿其中一个新品来说，两种款式、四种颜色，那意味着在SKU层面，专家团队得做8个判断，也就是8个需求预测——预测的颗粒度那么小，准确度不可能高；同时预测这么多项，专家们也不可能做出高质量的判断。

那该怎么办？**你得遵循预测的基本准则，那就是力求在颗粒度更大的地方做预测**。就这个产品来说，就是款式层面的销量：两种款式，两个判断，专家团队能更好地预测；然后根据历史经验，按比例分解到不同的颜色，解决SKU层面的预测问题。比如以前类似的产品款式，在出现第一个颜色、尺码断码前，不同颜色的款式销量比例，还是有相当的参考性的。当然，不同的颜色组合、不同的时令节气，都可能影响颜色的销量比例，但没有一个人知道得比历史数据还多：试想，有多少专家会关注"款式+颜色"层面，比如这种款式、这个颜色的销量，他们关注的大多是款式层面的销量，让他们做颜色层面的预测，我们问了个糟糕的问题，得到的当然是糟糕的答复，甚至没有答复。

专家判断有没有约束力

在案例企业，专家团队的配合度、积极性逐渐降低，还有一大原因：该企业把专家判断纳入集成新产品开发流程中，要求每个新产品都得做；但究竟是否采纳专家判断结果，取决于该产品的项目经理。

于是就出现了这样的情况：专家团队工作数轮，做了判断，项目经理却"参考"一下了事。这里，我并不想挑战项目经理为什么不用——他们不用，自然有不用的原因；我想说的是，这样做的次数多了，对专家来说，就相当于让他们在地上不断地挖坑，又让他们给填上——没价值的事情，大家当然不愿意继续做，特别是在导入集成新产品开发后，专家团队的会议量大增，资源日渐紧缺的情况下。

那该怎么办？**你得尊重专家判断的严肃性**。如果不想用，那就不要做——项目经理在没做之前就得决定不做；但如果做了，这凝结了公司集体智慧的决策，项目经理就得用，否则专家判断的严肃性会被削弱，最终变成走过场。

专家判断法由谁来维护

总体而言，德尔菲专家判断法是个决策流程，是需求计划的一部分，可以由计划职能来维护。当然，在很多企业，特别是小而美的企业，新品的需求计划往往是产品经理或销售经理的责任，这个流程也可以由他们来负责。但问题是产品管理、销售相对分散，比如有多个产品经理和销售经理，有些产品之间的搭接度不高，难以找到唯一的对接口，导致最佳实践难以固化、传播。

计划职能虽然天然是集中的，但往往影响有限，难以有效推动跨职能协作。在案例企业，或许可以这样尝试：德尔菲专家判断法作为集成新产品开发的一部分，由产品经理整体负责，驱动跨职能资源，但由计划职能负责组织、执行，进行具体的操作。这跟产品经理负责整个产品的开发，而由设计负责具体的设计工作是一个道理。

|实践者问|

我们正在开发一款全新的产品。由于市面上并没有对标产品，也没有历史销售数据可参考，我准备用德尔菲专家判断法，预测新产品的需求。问题是产品的物料清单里有个芯片，供货周期为8～12周，我需要给代理商滚动3个月的采购预测。如何提高首轮预测的准确度？我的想法如下：

（1）组织项目组成员（CEO、销售代表、产品代表、研发代表等）采用德尔菲专家判断法推算出第1个月的销售量需求。

（2）以第1个月需求为基础数据，第2、3个月的采购预测，按1.10～1.20倍执行。例如，第1个月推算需求为100个，第2个月就是110个，第3个月就是120个，合计需求为330个，投放供应商。

（3）当有实际的销售数据产生时，按指数平滑法调整后面的采购预测。您看是否可行？

刘宝红答

整套方法论看上去没有什么问题。有些企业在新品导入期，会有一系列的推广促销，比如打折，这会拔高上新期间的需求，也意味着转入正常销售后，需求可能会回落。假定产品上新期为1个月，那么后续第2、3个月的需求倍数可能会小于1。这个倍数关系要视以往的产品定。

如果你采取预售的话，可以在预售开始几天后，根据预售的订单量来调整预测——预售前几天的销量往往很有代表性，这是我跟几个企业做案例分析时发现的。等到有实际的销售数据时，你可试用前文讲过的预测方法，不一定是指数平滑法，这要看哪种方法的预测准确度更高，可通过复盘以前的产品来确定。

长周期物料采购是新品导入计划的最大挑战之一。就您的案例来说，您也可与代理商协定，万一这个芯片用不掉，可以退给他们（或者支付一定的费用），这样可以降低您的物料风险。

季节性强，一锤子买卖如何预测

季节性强的产品，生命周期就短，比如女孩子们穿的漂亮衣服，需求的不可预见性高，预测多了，呆滞风险大增；预测少了，补货周期又长，补货几无可能。这就相当于一锤子买卖。我们这里探讨该怎么预测。

这种产品的典型就是日报：作为报童，每天进多少张报纸最合适？进得多了卖不掉，导致最后打折卖甚至扔掉，是库存成本；进得少了不够卖，有营收损失，是机会成本。学者们研究了多年的"报童模型",如图 3-13 所示,就是从数理统计的角度来模拟这两种成本。直观地讲,进货的数量越少,卖掉最后一张报纸的概率越大,这时候边际收益高于边际成本;进货的数量越多,卖掉最后一张报纸的概率越小,边际成本渐渐超过边际收益;当两者的边际期望值相等的时候,就是最佳的进货量。

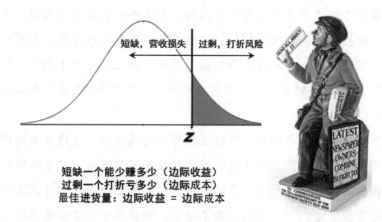

图 3-13 "报童模型"权衡收益与成本,设定合理的进货量

"报童模型"的应用范围非常广,特别是对于生命周期很短的产品,如生鲜、面包、糕点等。"不卖隔夜肉"的钱大妈就是典型的例子:凡是当天进店的货,当天就得卖完;到了晚上 7 点就开始打折,半小时降一折,一直到免费派送(见图 3-14)。我在深圳为职业经理人培训时,培训场地旁边就有钱大妈的一个门店,我经常在晚上 8 点左右过去看看,那时货已经清得差不多了。这背后的逻辑就是"报童模型":假定这个门店要进 20 斤胡萝卜,有多少斤能全价卖掉,多少斤打九折,多少斤打八折,这根据过去本店、同类店的销售历史能够量化,求出相应的概率,匹配上相应的成本和收益,就构成"报童模型"的输入参数,反推即求得最佳的进货量。

或许有人会说,有销售历史的好办,但问题是在快消品行业,产品当季上当季下,没有需求历史怎么办?我们可以考虑采用专家判断法,组织来自销售、产品、计划、运营等多个职能的专家,根据以前有可比性的产品，分别背靠背独立预测这个产品的销量（背靠背是为了减少相互之间的影响，特别是强势人物、强势职能的影响）。围绕多个预测值，我们可以求其平均值、标准差，得到图 3-13 中所示的正态分布曲线。然后我们量化边际收益与边际成本，确定最终的预测。

图 3-14 钱大妈的清货时间表

比如上面案例中的快时尚产品，专家团队有 7 个人，每个人的预测见图 3-15，专家团队的预测平均值是 921 件，标准差是 182 件（假定需求服从正态分布）。假定卖掉一件，毛利是 50 元；卖不掉的话，每件的损失是 20 元。假定缺货率是 x，那么边际缺货带来的毛利损失就是 $50 \times x$；相应地，边际过剩带来的成本损失就是 $20 \times (1-x)$，边际收益等于边际成本的方程如下：

$$50 \times x = 20 \times (1-x)$$
$$x = 29\%$$

也就是说，该产品的最佳有货率是 1−29%=71%，相对应的 Z 值是 0.57，乘以标准差 182 件，等于 103 件。这就是说，如果我们备 921+103=1024 件的话，我们的边际收益就等于边际成本，实现利润的最大化，这就是对该产品的最佳进货量预测，如图 3-15 所示。

对于这种一锤子买卖式的预测，由于供应周期很长（比如案例企业产品的整个供应周期在 3 个月左右），需求的不确定性很高，我们还可以设置多个推拉结合点，采取逐点推拉的供应链执行，进一步管控库存风险。

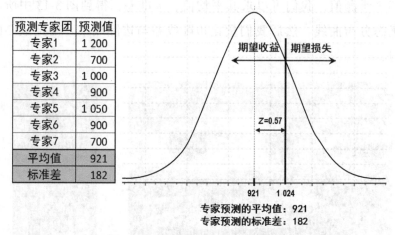

图 3-15　一锤子买卖的最佳进货量

比如有个快时尚企业采取"442"的做法：40% 做成成品，40% 做成半成品，20% 留作原材料（当然，这个比例可以根据产品的具体情况调整）。对于已经做成成品的 40%，进一步分解，其中 20% 铺货，推到销售渠道、门店，另外 20% 留在总库，用于补货。这样，从原材料到半成品到成品，再到渠道，该企业建立了多个推拉结合点，根据成品的销售情况，定期更新需求预测，动态平衡短缺与过剩风险，决定把多少原材料加工成半成品，多少半成品加工成成品。

案例　新品的预售期：尽快纠偏，调整预测

上面谈到的"报童模型"和德尔菲专家判断法，主要目标是在新品导入前，**尽量做准**需求预测。但新品预测，不管是用德尔菲专家判断法，还是参照类似产品的销量，准确度虽然可以提高，但做不准是必然的。这里以新品预售为例，阐述如何在有了一定销量数据的基础上，**尽快纠偏**，调整预测，解决上新期间要不要补单、补单补多少的问题。

案例企业是个电商，其产品以"发烧友"为主要消费者。为了测试市场，他们在新品上市之前要做预售。[⊖]在预售的对象中，有相当一部分是忠实的"粉丝"，其中有些人甚至参与产品的设计，比如帮助定义需求。案例企业通过预售获得市场反馈信息，了解产品的受欢迎程度，降低新品导入时的库存风险，更好地预测后续的大批量投产。

案例企业预售的主要渠道是官网、国内电商平台、B2B客户等。当样品打样回来，工程师审核没有问题后，就开始预售。预售期限最初统一为30天，预售期结束后5~7日发货；但限于供应商的交期和产能，实际预售期限为6周左右——这也是我们在后续分析中用到的预售期限。起初预售的折扣幅度比较大，比如五折，后来适当减小，改为七折。

预售开始前，案例企业就让各个销售经理提需求，汇总为预测预售期的总需求，在这里称作"初始预测"。初始预测的目的是提前驱动供应链响应，缩短预售消费者的等待时间，改善消费者体验。销售提需求，而且在颗粒度很小的地方提，导致初始预测的准确度很低。我们建议的解决方案有两个：①采取德尔菲专家判断法，尽量做准预测；②接到部分预售订单后，尽快修正预测。

预售一开始，案例企业就通过各种平台宣传，比如客户团队的社群、Facebook上的"粉丝"、官网上的推送等。预售开始两三天后，案例企业已经接到一部分客户订单，这些订单有相当的代表性。预售1周的时候，案例企业就评估订单量，决定是否调整预售期的需求预测，为预售期间补货。预售期的补货决策一般由销售经理负责，他会基于经验，参照一些简单法则，比如初始预测是200件，第1周预售就卖掉100件，那就马上补货，一般补200~300件等。

简单的数据分析加上"拍脑袋"，销售经理补货决策的质量注定不高，原因有二：其一，补货的数量准确度低，比如"一般补

[⊖] 简单地说，预售就是在产品现货上市前，让顾客下单等货，以获取一定的需求信息，帮助调整预测；作为补偿，给予顾客一定的优惠，比如折扣、赠品、包邮等。

200～300件",200～300件可是个很大的区间,究竟补多少?其二,补货决策的时效性不稳定——销售经理整天忙于琐事,虽说是预售1周时决定补货,但有时候一忙,快2周了还没决定——这意味着损失了宝贵的时间,生产线和供应商得赶工加急来弥补。

要知道,一个预测做得好,不管是新品还是老品,不管是首批下单还是补货,都需要在**数量**上更加准确,在**时间**上更加及时。前者可借助线性回归等分析模型,后者要由专职的新品计划人员来解决。这就是我们这里要介绍的方法。

凭经验,我们知道一个产品开始预售,第1周卖得好的,在预售的后几周一般也卖得好,反之亦然。我们可以用散点图来初步验证这种关系。如图3-16所示,我们选择了21个新品作为样本。这些新品都是在过去一年内导入的,预售期间的折扣在70%左右,第1周的销量为20～250件。在散点图上,第1周与预售6周的总销量之间有相当明显的线性关系。前面讲过的**线性回归**,就是用来量化这种线性关系的,并从数理统计的角度出发,判断这种关系的强弱,以及评估据此来调整需求预测的可靠性。

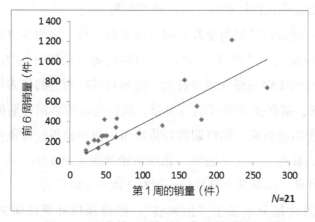

图3-16 预售第1周与前6周销量的散点图

通过散点图,初步确定线性关系存在后,我们可以运行线性回归,量化变量之间的关系。我们基于这21个样本,在Excel中运行线性回归，得到如下的线性回归方程：

$$Y = 3.8 X$$

在这里，我们假定截距 b 为 0，也就是说，我们假定 6 周销量（Y）与第 1 周销量（X）存在严格的正比例关系。

案例企业当时正在预售一个新产品，第 1 周的预售量出来了，是 168 件，代入线性回归模型，我们预测到，整个预售期 6 周的销量是 638 件（168×3.8=638）。面对这个更新了的预测，我们该怎么办？假定初始预测是 500 件，是不是说我们得再向供应商补 138 件？如果初始预测是 700 件，是不是我们得马上取消 62 件的供应商订单？不是的，不能那么简单。

要知道，638 件的预测只是个平均值，50% 的情况下，实际需求会比 638 件高；50% 的情况下，实际需求会比 638 件低。但究竟可能高多少、低多少，就是**置信区间**要解决的问题。

关于线性回归置信区间的计算细节，大家可以扫描这个二维码，或者在百度搜索"如何计算线性回归的置信区间"，来了解详细的算法。

简单地说，置信区间告诉我们，在特定的概率下，因变量（即这里的前 6 周预售总量）最高不会超过的上限和最低不会低于的下限，这为我们界定了避免"大错特错"的区间，也让我们更好地理解短缺和过剩的风险。

就本案例而言，当第 1 周的预售量为 168 件时，前 6 周的预售在 90% 的概率下，会介于 903 件（上限）和 374 件（下限）⊖之间。

⊖ 为了简单起见，这里我没有用复杂的置信区间公式，而是用 95% 对应的 Z 值来近似计算：Z 值是 1.64，需求预测的标准差是 161（用线性回归模型可计算出），置信区间等于 638±1.64×161。或许有的读者会问，我们这里谈的是 90% 的置信区间，为什么用的是 95% 对应的 Z 值？这是因为在 90% 的置信度下，有 5% 的概率会低于下限，5% 的概率会高于上限，那也意味着小于上限的概率是 95%。在这里，我们的重点是让大家理解置信区间的概念，请不要问我如何计算的问题——大家可以百度搜索相关内容。

这就是说，如果这一新产品与历史上的 21 个新产品样本表现一致的话，其预售 6 周的销量在 90% 的情况下不会高于 903 件，也不会低于 374 件。

线性回归的置信区间有助于我们更好地量化风险：5% 的情况下，前 6 周的预售总量会高于 903 件；但是，即便卖得很差，低于 374 件的概率也只有 5%。这有助于我们量化短缺和过剩的风险。

相信你也看得出，不管初始预测是 500 件还是 700 件，两者都在 90% 的置信区间内。是否要调整预测，驱动供应链改变执行，我们还得进一步判断。这里的判断分两类。

其一，如果这个新品跟 21 个样本产品有**很高的一致性**，比如都通过相同的渠道推广，都以相同的比例打折，都花了相同的推广费用等，我们要判断其需求在置信区间的位置。如果产品的设计、工艺已经定型，生命周期比较长，库存的呆滞风险较低，那么我们可以适当偏向置信区间的上限，拔高预测，承担更多的库存风险，但这样做也提高了有货率；反之亦然。

其二，如果这个新品跟模型中的样本产品有**显著区别**，比如从第 3 周起加大打折比例，在更多的渠道推出，或者花更多的钱来引流等，那么我们就需要需求端的专业判断，来量化这些措施对需求的影响，以此调整基准预测。这些判断需要来自销售、产品等更接近需求的职能，也需要计划团队紧密配合，深入了解和熟悉内部用户的行为，主动征求他们的专业判断。

要知道，不管是计划还是销售做判断，都会有风险。只要我们严格遵循"从数据开始，由判断结束"的计划准则，评估了风险，承担的是"经过计算"的风险（也就是说，风险发生的概率有多大，结果会有多糟糕），这个决策就是个好决策，而这也正是计划的精髓。**新品预测最怕错得离谱**。我们做的这些都是在降低大错特错的风险，增加我们的整体胜算。

哪个预测模型更好

很快，我们就有了两周的新品预售数据。让我们用 2 周的销量来修正预售 6 周期间的总需求预测。这时候，第一批货已经在供应链里走了 2 周了，有些或许已经成了半成品，有的或许还是原材料。如果以前多订了，可以让供应链少做点，比如暂时不要进一步加工；如果以前少订了，供应链或许还可以加急赶工出来。

两周的需求历史有了更多的信息，应该更加有代表性，所以我们期望线性回归的模型会更好。在如图 3-17 所示的线性回归模型中，图 3-17a 是基于第 1 周的预售销量，图 3-17b 是基于前 2 周的预售销量。可见，图 3-17b 的预测与实际值的拟合度更高，整体误差也更小。

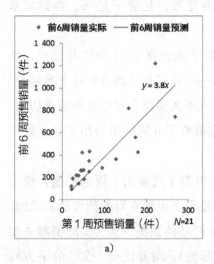
a)
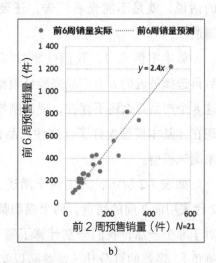
b)

图 3-17　这两个模型孰优孰劣

再来看看两个模型的参数。如表 3-1 所示，用前 2 周的销量来修正预售 6 周的总预测，所有的数理统计参数都显著改善。比如调整过的 R 平方由原来的 0.83 增加到 0.93，意味着原来的模型没法解释 17% 的变动，而现在的模型只有 7% 的没法解释。预测的标准误差也大幅降低，从 161 降到 74，表明预测值更加准确。

表 3-1　两个线性回归模型的比较

线性回归参数	第 1 周销量	前 2 周销量
Multiple R	0.94	0.99
R 平方	0.88	0.98
调整过的 R 平方	0.83	0.93
标准误差	161	74
F 值	149	782
t 统计	12	28

我们前面说过，评估一个预测模型的优劣，最终得靠实践检验，常用的就是复盘：选择一部分历史数据来建立模型，选择另一些历史数据来复盘预测，跟实际值对比，来判断预测的准确度。用句通俗的话说，就是不能光看广告，还要看疗效；是骡子是马，得拉出来遛遛。

就本案例来说，我们按照时间顺序先选择了 21 个产品建模，然后再选择最近的 8 个产品来验证模型——我们在开始研究这个案例时，这 8 个产品要么还不存在，要么刚导入不久还没有足够长的需求历史。现在，基本模型建好了，这些产品也都有了 6 周的预售历史，正好用来测试模型。

如表 3-2 所示，为了便于阐述，模型 1 代表用 1 周的销量，模型 2 代表用前 2 周的销量，两个模型都是用来预测 6 周的预售总需求的。对于 8 个产品，我们分别计算了每个产品的预测误差（实际值减去预测值）、误差的百分比（误差除以实际值）、均方误差（误差的平方）。结果表明，模型 2 的准确度明显高于模型 1：平均绝对百分比误差降低近一半，均方误差降低了 60%。预测模型 2 显然比模型 1 更好。

既然这样，为什么不等一等，等有 2 周的销量历史后，再调整预售期间（6 周）的总需求预测？这里的问题是**时效性**：我们会因此而丧失 1 周的宝贵时间，这对新产品来说至关重要。预测的时效性和准确度经常相互矛盾，需要我们时时来平衡，后面我们还会继续讲到。

表 3-2 基于 2 周的销售历史，预测准确度更高

产品	实际销量						前 2 周实际	前 6 周实际	预测模拟		预测误差					
	1 周	2 周	3 周	4 周	5 周	6 周			预测 1	预测 2	模型 1 误差	模型 2 误差	模型 1 百分比误差	模型 2 百分比误差	模型 1 均方误差	模型 2 均方误差
产品 1	26	68	27	14	37	34	94	206	99	226	107	(20)	52%	-10%	11 492	384
产品 2	42	45	44	46	57	46	87	280	160	209	120	71	43%	25%	14 496	5 069
产品 3	45	42	35	49	25	11	87	207	171	209	36	(2)	17%	-1%	1 296	3
产品 4	45	37	33	29	27	15	82	186	171	197	15	(11)	8%	-6%	225	117
产品 5	61	120	93	235	161	124	181	794	232	434	562	360	71%	45%	316 069	129 312
产品 6	61	48	46	88	78	71	109	392	232	262	160	130	41%	33%	25 664	17 004
产品 7	80	50	61	55	58	59	130	363	304	312	59	51	16%	14%	3 481	2 601
产品 8	168	153	113	115	97	100	321	746	638	770	108	(24)	14%	-3%	11 578	595

系统性偏差的检验

对于预测模型的评估,我们还有一项重要的任务,那就是看模型是否存在**系统性的偏差**。

细心的读者或许已经发现,表 3-2 中 8 个产品的误差大部分是正值(实际值减去预测值),表明预测系统性地偏低,两个预测模型都有这一问题,在图 3-18 中表现得更清楚。在 Excel 中运行线性回归模型时,可同时输出的残差图,也存在类似的问题。要知道,对一个好的线性回归模型来说,误差(统计学上叫残差)应该是有正有负,均匀分布,正负相间,没有明显的趋势,而且大小都差不多。这两个模型显然都不满足这一条件。

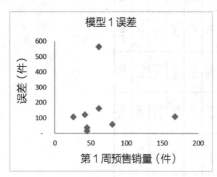
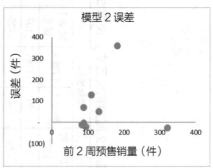

图 3-18 残差图显示出明显的系统性误差

预测结果出现系统性偏差,有可能是选择了错误的模型,比如当需求呈现明显的上升趋势时,移动平均法、简单指数平滑法都会系统性地低估;也可能选对了模型但选错了样本,比如这里的情况。线性回归的本质是货比货,货比货的基本假定是有可比性。选择了不合适的样本,就如研究收入水平,把我们这些一般人跟盖茨、贝佐斯放在一起比较,显然不合理。

在建模的 21 个产品中,第 1 周的预售销量从 22 件到 269 件,前后相差 11 倍多,就如财富的两极分化,两头的产品之间可比性有限。比如销量超过 100 件的那几个数据点相当离散,为了"照顾"那几个点,以便让整体的误差最小,线性回归模型就"牺牲"了销量比较低的那些产品。从图 3-17 中,我们可以清楚地看到,那些销量较低的产品大多都在直线上方,表明模型系统性地低估这些产品的预测。

解决方案,就是把这帮"有钱人"的数据给剔除掉,以便真正做到苹果对苹果、橘子对橘子的比较。

重新定义样本,重新建模

就本案例来说,让我们把那 21 个产品中第 1 周预售销量高于 100 的剔除,剩下 15 个产品,重新运行线性回归模型。跟原来的模型相比,重建的线性回归模型的斜率更大,由原来的 3.8 上升到 4.9,如图 3-19 所示。也就是说,平均而言,前 6 周预售总量等于第 1 周销量的 4.9 倍。

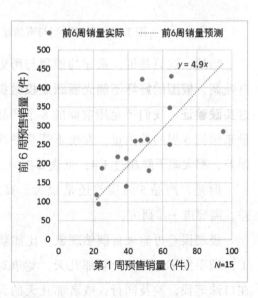

图 3-19　重新定义样本,重新建模来更新预售 6 周的预测

新模型的各项 R 平方参数没有多少改进,但标准误差大幅下降,从原来的 161 减小到 86。当然,要特别注意的是,由于样本较少,特别是重建的模型只有 15 个样本,对于标准差、置信区间、显著度等数理统计指标,要注意其局限性。这里的介绍仅供参考。

跟原来的模型相比，重新建模后仍旧有极端值（如图 3-20 所示，用①和②来标识）。但是，系统性的偏差（用③标识）明显减小，残差的均衡性也更好，看上去新模型是个更好的模型。

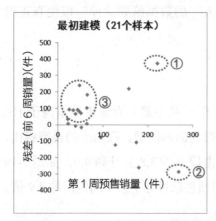 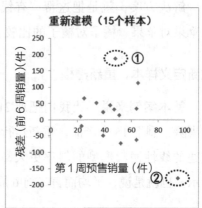

图 3-20　最初模型与重新建模后的残差图

当然，这只是说，重建的模型与历史数据的拟合度更高。我们一再强调，**模型的好坏不能光看跟建模数据的拟合度，更重要的是要经过实践验证**。我们还是用前面的 8 个产品来验证，用第 1 周的预售销量来预测 6 周的总销量，发现不管是平均绝对百分比误差，还是均方误差，都大幅下降超过 1/4，见表 3-3。

但是，产品 5 的误差还是很大，高达 62%，看上去是个极端误差，需要进一步研究。

极端误差可能来自偶然现象。比如新品刚出来，被某个大 V 看见了，顺手发了张图；上新那几天，竞争对手搞砸了某件事，社交媒体在口诛笔伐，殃及同行；或者那几天的天气非常热，这款衣服用料轻便，歪打正着。这些事情都很难预计，发生了也就发生了，我们把它们归为偶然因素，修正或剔除这样的样本，一般不会调整预测模型。

但是，很多情况是可以解释的，我们需要了解背后的故事，以便指导我们更好地调整模型、应用模型。让我们拿表 3-3 中的产品 5 作为例子。

表 3-3 重新建模后的预测准确度验证

产品	实际销量						前6周实际	预测模拟		预测误差					
	1周	2周	3周	4周	5周	6周		最初建模	重新建模	最初模型误差	重新建模误差	最初模型百分比误差	重新建模百分比误差	最初模型均方误差	重新建模均方误差
产品1	26	68	27	14	37	34	206	99	127	(107)	(79)	-52%	-38%	11 492	6 178
产品2	42	45	44	46	57	46	280	160	206	(120)	(74)	-43%	-27%	14 496	5 506
产品3	45	42	35	49	25	11	207	171	221	(36)	14	-17%	7%	1 296	182
产品4	45	37	33	29	27	15	186	171	221	(15)	35	-8%	19%	225	1 190
产品5	61	120	93	235	161	124	794	232	299	(562)	(495)	-71%	-62%	316 069	245 124
产品6	61	48	46	88	78	71	392	232	299	(160)	(93)	-41%	-24%	25 664	8 668
产品7	80	50	61	55	58	59	363	304	392	(59)	29	-16%	8%	3 481	841
产品8	168	153	113	115	97	100	746	638	823	(108)	77	-14%	10%	11 578	5 960

案例企业的新品导入后，第 1 周的销量一般会很大，因为第 1 周会有大幅度的促销行为；后续几周一般会回落，因为促销力度不再那么大；第 5、6 周又会攀升，因为消费者知道现货很快就到，趁着上新促销还没结束就赶快下单。产品 5（极端样本）的表现正好相反：前 2 周预售的销量相当低，后续几周大幅攀升，导致预测误差高达百分之六七十。

细究后发现，原来产品 5 的上新方式不同。案例企业的产品是配件，配合主导产品使用，就跟手机的保护壳、保护膜要配合手机使用是一个道理。一般情况下，案例企业的配件是等主导产品推出一段时间了，有了相当的用户基础后才推出。而这个极端的产品则不一样：案例企业跟主导产品制造商合作，把产品 5 跟主导产品一起推出，在新品推出的过程中，主导产品的销量逐周大增，大幅带动该配件的销量。

这就意味着，产品 5 这样的样本跟一般样本不同，需要不同的预测模型来应对，或者说在模型中增加额外的变量。

再如，新产品在星期几上新，对需求也可能有影响。就案例企业来说，我们统计了过去一年内上新的 111 个产品。如图 3-21 所示，你能清楚地看出，星期三上新，预售 6 周的平均销量更高。[⊖]是不是销售已经知道这些差异，有意在星期三开始预售潜在销量大的产品？跟案例企业确认后，我们发现情况并不是那样的。是不是因为星期三上新的产品数较少，更容易得到消费者的关注？也不是——星期四、星期六上新的产品数更少，平均预售销量反倒更低。这些意味着一周中的哪一天上新的确有影响。我们在线性回归模型中，要么要增加这一参数，要么针对不同日期建立不同的模型。

⊖ 上新期间，案例企业的相当一部分消费者来自北美。北京时间星期三是北美时间的星期二，美国人星期二的外出率一般较低（表现在餐饮业上就是星期二的生意一般最差），宅在家里上网，进行网购（案例企业是个电商），或许这是国内星期三上新销量好的原因之一。

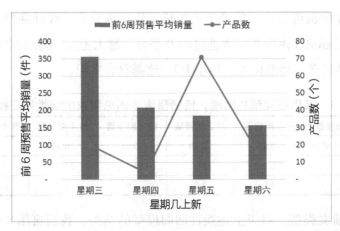

图 3-21　星期几上新，对预售期（6 周）的总需求有影响

又如，B2B 还是 B2C 可能也会影响预售期的需求。在案例企业，B2B 是新开发的业务，鉴于 B2B 的需求开发较慢（因为要通过传统的方式打电话，发邮件，手工接受订单等），第 1 周的销量或许偏低。有些大 B 客户，只要下订单，订单量就会很大，可能显著影响需求。一个产品是在 B2C 平台推出，还是在 B2B 渠道导入，或者同时以两种方式上新，可能显著影响到前几周的预售销量。关于解决方案，我们可以按照三种情况分别建模，或者设定额外的参数来反映是否有 B2B 业务。

预售期需求的滚动预测

在这个案例中，为了便于阐述，我们在重新定义了样本后，对模型不再做调整。

对于这 15 个新品样本，让我们分别基于前 1 周、前 2 周、前 3 周等不同时段的预售销量，建立线性回归模型，来更新整个预售期 6 周的需求预测。这是在走一步，看一步，边走边想，"小步快走"，让我们看看效果如何。

在表 3-4 中，我们总结了 5 个线性回归模型的主要参数，其中"倍数"是我们预测时用的主要信息。比如当用前 3 周的预售量建模时，倍数是 1.9，意味着预售期 6 周的总需求是前 3 周销量的 1.9 倍。

从表 3-4 中也可看出，需求历史越长，信息越充分，线性回归模型的拟合度就越高（体现在"调整过的 R 平方"越大上），预测的准确度也越高（体现在"标准误差"越小上）。这都符合常识。

表 3-4 采用不同预售时段，预测预售 6 周总需求的线性回归模型

线性回归参数	前 1 周销量	前 2 周销量	前 3 周销量	前 4 周销量	前 5 周销量
调整过的 R 平方	0.83	0.89	0.91	0.92	0.93
标准误差	86	55	33	22	12
倍数	4.9	2.7	1.9	1.5	1.2

与前文类似，对于上述线性回归模型的结果，我们再用 8 个样本新品来检验。

如图 3-22 所示，不管是平均绝对百分比误差，还是均方误差，都随着需求历史的增加而减小，表明预测模型的准确度在上升。其中改进最显著的是第 1 周：相对于预售前的初始预测（预测 0），预测 1（基于第 1 周销量）的准确度提高了 9 个百分点，平均绝对百分比误差从 33% 下降到 24%。然后，改进第二显著的是预测 2，即基于前 2 周的销量更新的预测，这 8 个产品的平均绝对百分比误差下降了 5 个百分点。等到预测 3、4 和 5 时，预测准确度继续提高，但由于整体的准确度已经相当高（超过 80%），提高的边际效益相对较低。

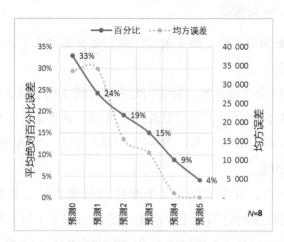

图 3-22 随着预售的进展，预测的准确度在逐步提高

对于计划来说，就是随着新品导入的进展，要定期更新需求预测，给供应链更准确的需求信号，以更好地指导供应链的执行。让我们看两个具体的产品，一个产品的初始预测高估，另一个产品的低估，这种情况下如何借鉴滚动预测的信息。

我们先看初始预测偏高的例子。

如图 3-23 所示，这是产品 6 的滚动预测。预售开始 1 周后，根据第 1 周的销量，更新整个预售期（6 周）的总需求预测，得到预测 1，其 90% 的置信区间相当大，表明预测的准确度相对较低[⊖]；等到第 2 周的销量出来了，虽然线性回归模型得出的基准预测没多大变化，但由于预测的标准差更小了，90% 的置信区间就更窄了，表明预测更加准确；以此类推，随着预售数据越来越多，修正了的整个 6 周预售期的预测准确度也越来越高，其中预测 5 的整体准确度最高，最接近实际值。

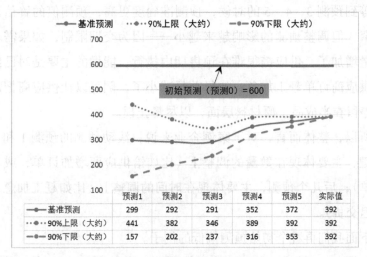

图 3-23　初始预测高估，滚动预测示例

对产品 6 而言，看到预测 1，要判断初始预测是否大错特错，需要做调整。预测 1 的基准值是 299，90% 的置信区间上限是 441，下

⊖ 图 3-23 中的置信区间之所以加上"大约"二字，是因为我没用详细公式来计算（那个公式有点儿复杂），而是用 95% 对应的 Z 值 1.64 来近似，乘以标准误差。

限是 157。这个产品的初始预测（预测 0）是 600 个，落在置信区间的上限外，高估的概率相当大——95% 的概率下，预售期间的总量会低于 441。这是个大错特错的信号，需要尽快跟销售、产品等职能对接，请求他们帮助判断：要不要取消部分供应商订单，或者让供应商分批生产，或者承担库存风险，不采取任何行动。

到了预测 2 的时候，预测的准确度更高了，表现为 90% 的置信区间也更窄。初始预测高估的情况就更明显。这并不意味着非得做点什么：销售完全可以说，没事，这是个基本款，销售周期比较长，库存暂时多点，但总会消化掉的；或者销售准备以后把这款产品当作引流的主力[一]，后续还会做更多的活动，销量会更高等。从计划的角度看，我们分析了数据，描述了风险，但是现在业务决定承担"经过计算的风险"，那也可以。

等到预测 3、4、5 的时候，预测准确度更高，预测值的置信区间也更窄，但调整预测的影响越来越小——因为交期限制，如果需求预测总量增加了，供应链很难在预售期内执行，能做的主要是对已经下达的供应商订单赶工加急；如果总量减小了，倒可以让供应商把部分产品停留在半成品、原材料层面，以尽量止损。

所以，整体而言，对于案例企业来说，滚动预测的预测 1 和 2 非常关键，主要体现在**数量**的调整上（比如给供应商增加订单，或者取消订单）；后几个预测，主要体现在**时间**的调整上（比如赶工加急，或者延迟交货）。

下面我们再看个初始预测偏低的例子。

如图 3-24 所示，产品 4 的初始预测（预测 0）为 160 件。预测 1 出来了，基准值是 220，90% 的置信区间上下限分别为 362 和 78。初始预测落在预测 1 的置信区间内，虽不算大错特错，但偏低。这时计划得跟销售、产品等需求端职能对接，征求他们的意见。如果他们对

㊀ 简单地说，引流就是拿有些产品来吸引消费者，带动其他产品的销量。

该产品的销量看好（意味着实际需求更加靠近置信区间的上限），那么可拔高预测，驱动供应商多造货出来；如果他们不看好该产品，或者设计变更、质量风险比较大，我们可能决定维持现状，不予调整预测。

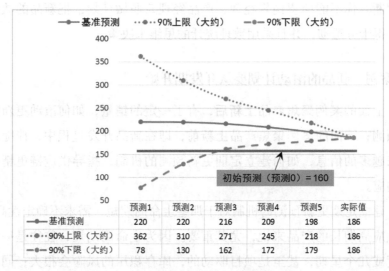

图 3-24　初始预测低估，滚动预测示例

等滚动到预测 2、预测 3 的时候，我们对预售期 6 周的整体需求有了更好的判断，更加证实初始预测偏低。这时候设计可能已经完全定型，生产工艺也可能更加可靠，库存的风险也没以前那么高了，我们可能决定拔高预测，驱动供应商尽量赶工加急，多供应一些。但是，预测要调整到多高，仍旧需要需求端的职能协助判断。好处就是计划人员更新了基准预测，并计算出置信区间的上下限，可以帮助销售、产品等前端职能更好地判断。

或许有人会说，这滚动计划很麻烦啊，要做这么多分析，计算这么多数字。不过想想看，新品导入本身就有很多不确定性，需求的不可预见性很高，我们要么每周在每个产品上花点儿时间，及时更新预测，尽量先想到再做到；要么盲人骑瞎马，在准确度很低的初始预测上一条路走到头，最后付出更高的代价。我们都说成年人的世界里没有"容易"二字，在计划的世界里也是：我们要么动脑，要么动手；如果懒得动脑，那就只能动手弥补，代价更高。

想必现在也好理解，为什么新品计划首先是"计划"，然后是"新品"，需要专业的计划人员来主导数据分析，再结合销售、产品等职能的判断。你不能期望销售经理、产品经理兼职做计划，把新品的数据分析得十分透彻，并且采用数理统计的思维来决策。

💡 案例　新品的滚动计划要从开发期开始

上面的案例聚焦产品**上新后**，有了一定的销量，如何滚动更新需求预测；下面的案例聚焦产品**上新前**，即在新品开发过程中，伴随着越来越多的信息，如何建立定期更新预测的机制，指导供应链更精准地响应。

建立定期更新预测的机制对于那些生命周期短，需求不确定性高，但供应周期长的产品来说，尤其重要。因为生命周期短，往往是一个季度或几个星期，甚至是项目驱动的，库存积压的风险会很大；同样因为供应周期长，动辄几个月，我们不能等到需求落地才拉动，而是必须采取推拉结合的方式，提前基于预测逐级向原材料、半成品甚至成品推进。

在这里，快时尚的服装就是典型的例子。

案例企业是个服装电商，其产品是女装，属于快时尚产品。女装需求本身就很难预测：产品生命周期短，季节性明显，产品的式样、颜色、尺寸众多，从布料到半成品再到成品，整个供应周期动辄在3个月左右。电商又增加了一维难度：各种社交媒体、搜索引擎等让我们能够很快影响需求，但也加剧了需求的波动性，让不确定性高的需求更加难以预计。快时尚的服装，再加上电商，需求和供应的复杂度都很大，给供应链计划和执行带来的挑战就可想而知了。

在快时尚和电商经济的双重作用下，案例企业的产品成熟期非常短，上新促销即达顶峰，然后大部分产品的需求就一路下跌，进入衰退期，只有少部分产品会维持一定的销量，成为长销产品。需求变动快，不确定性高，供应链的响应周期长（13周），这对新品的计划提出非常高的要求：新品的预测准确度要尽量高，否则过剩、短缺风险就很大；新品的预测错了要尽快纠偏，否则供应链的响应时间太短，赶工加急的运营成本惊人，返单的概率微乎其微。

我们知道，需求预测有两个基本点：**尽量做准，尽快纠偏**。所有的预测都是错的，尤其是在这种挑战重重的"快时尚＋电商"环境下，整个供应周期为13周，要提前13周做预测。做初始预测的时候，甚至连产品设计、生产工艺都还没有定型，预测的准确度就可想而知了。做不准，那就得"尽快纠偏"，即在整个产品生命周期，伴随新产品的开发、导入和量产，信息越来越多，我们要及时回顾，及时更新需求预测，也就是这里要讲的滚动预测。

对于案例企业的新品计划，我们设计了6个关键的时间点，也是产品生命周期里的6个关键决策点——3个在新产品导入前，3个在上新期间，来建立新产品的滚动计划机制。

先说新品的**开发阶段**。在案例企业，我们把3个月的供应周期分解为三段：长周期物料如布料的采购大致1个月，半成品深加工（比如染色）大致1个月，成品加工大致1个月（见图3-25）。相应地，在新品开发阶段，我们有3个决策要做，也就是说3次制定、更新需求预测：

（1）倒数第3个月的时候（13周），我们要决定长周期物料的采购（决策①），这是初始预测。

（2）倒数第2个月的时候（9周），我们要决定是否对原材料深加工（决策②），这是第一次更新预测。

（3）倒数第1月的时候（5周），我们要决策究竟加工多少成品（决策③），这是第二次更新预测。

这3个决策点是广义的，无非是行业不同、产品不同，对应的时间段不同罢了。

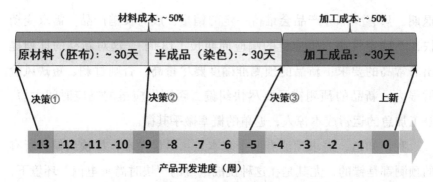

图 3-25　案例新品开发过程中的 3 个决策点

与这 3 个决策相对应的，是供应链上的 3 个推拉结合点：原材料、半成品和成品。越靠近原材料，呆滞的风险越小，短缺的风险越大；越靠近成品，短缺的风险越小，而呆滞的风险却在增加。这 3 个决策对应的需求预测决定了产品在这 3 个推拉结合点的**数量**和**时间**。伴随着产品的开发进程，信息越来越充分，越来越透明，更新预测就是动态匹配需求和供应，动态评估短缺和过剩的风险，以便供应链更精准地响应。

比如在决策点①，产品刚出原型，甚至只有图纸、规范，信息有限，但因为已经进入 3 个月的提前期，我们必须制定初始预测，比如 1000 件，驱动长周期的原材料采购。到了决策点②，产品的设计、工艺基本定型了，甚至已经得到一定的用户反馈，比如发现产品的受欢迎度有限，我们认为 1000 个的预测有点高，就可能决定只把 700 个加工成半成品，而让其余的 300 个停留在原材料阶段（控制库存风险）。

到了决策点③，我们可能已经接到一些预售订单，信息更加充分，看样子前景没有多大改善，我们可能决定只把 700 个半成品中的 500 个加工成成品，另外 200 个半成品和 300 件的原材料先放着不动。当然，如果前景好的话，我们也可能会尽快把这 700 个半成品加工成成品，把 300 个原材料加工成半成品，同时再采购 400 个原材料什么的。

想想看，供应链的响应周期那么长，新品的初始预测要提前那么久就做，而且往往是销售、产品、老总"拍脑袋"的结果，就注定做不准；一旦做出，预测制定者"只管生不管养"，"养"的任务就交给计划来主导——伴随着产品、项目的进展，计划需要纳入更多的信息，及时调整、更新预测。

但现实是，在新产品计划上，很多企业的计划人员只扮演执行者的角色，把销售、产品等职能给的"数字"录入系统就万事大吉，然后盲人骑瞎马，不管不顾地一路往前走了。就这样，预测既没能做准，又没及时纠偏，在新品预测上，我们就经常性地陷入被两根棍子痛击的境地。

应对方案，就是在产品开发流程中，明确上述 3 个时间节点，作为集成产品开发的一部分，正式成为供应链的 3 个里程碑。这 3 个里程碑能让我们免于损失吗？当然不能。但是，它们能让我们免于**灾难性**的损失。

有一次，我在上海培训，一位叫劳志成的总监这么讲（大意）：任何一件事情做砸了，但如果及时补位、及时纠偏的话，没有什么**灾难**是不可避免的。⊖ 这是他多年供应链与企业运营的经验总结，他讲得很到位，让人顿时有种被击中的感觉。放在新品的需求预测上，也再贴切不过了：新品计划要避免而且能够避免大错特错，只要及时纠偏，我们可能会有点儿损失，但不会是**灾难性**的损失。

对于案例企业来说，新产品导入后，紧接着就又有 3 个决策点，跟前面的案例类似。

首先是新品导入的第 1 天。这就如战役的第 1 天，各个电商平台、公众号、社交媒体开始狂轰滥炸，炮火密集，一天下来，已经可以很好地判断未来：上新首日销量跟上新第 1 周、整个预售期间（前 3 周）、首月正常销售的销量强相关，如图 3-26 所示。我们分析了 15 个产品

⊖ 他还讲到，一件事情做错了，他的老板总会问他，"这个事情你不要去考虑别人的问题，这个事情是否可被避免，如果你做了不同的努力使它可以被避免，这就是你的问题"。这放在新品的计划上同样有道理：我们不能光把新品计划的失败归咎于销售、产品等前端职能；计划职能也有可为之处。

的上新历史,发现如果首日只卖了几件或十几件,那这款产品的后续销量基本也就那样了;上新第1天的销量高,比如说超过100件,那上新1周、上新3周、首月正常销售注定也不错——这点从图3-26所示的散点图中可以清楚地看出。

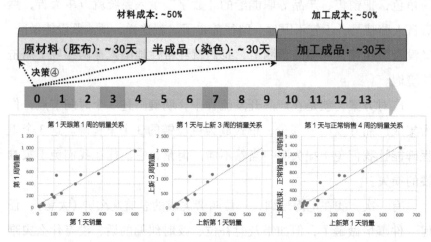

图3-26 上新首日的销量跟后续需求强相关

根据上新首日的销量,我们可以调整后续预测,决定要不要把更多的半成品加工为成品,把更多的原材料深加工,开始采购更多的长周期原材料等;或者尽快踩刹车,及时止损。这就是决策④。

接着,上新第1周的销量出来了,我们有了更多的数据,就可以更进一步更新计划,决定下一步的原材料、半成品和成品计划。这就是决策⑤。

在决策⑤,我们把第1周的销量与整个预售期间3周、正常销售首月的销量对比,发现正相关的线性关系更明确,如图3-27所示。当然,一周的数据毕竟有限,而且受促销活动影响较大,我们还得结合销售经理、产品经理等的职业判断,来决定是否要采购更多的原材料、做更多的深加工,以及制造更多的成品。

在案例企业,等上新3周结束后,我们有了3周的需求历史,但这些数据深受促销行为影响,是扭曲的,要通过线性回归模型来确定后续需求，这就是决策⑥。这时的决策还是一半数据、一半判断，但新品更加接近正常的滚动计划，而计划职能的角色也越来越重要。

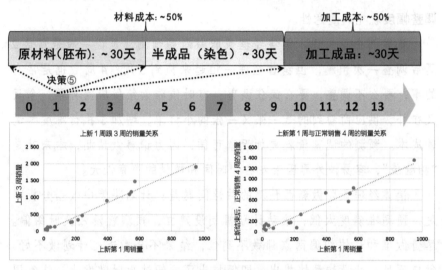

图 3-27　上新第 1 周的销量跟后续需求强相关

就这样，对于案例企业的快时尚产品，我们在第 1 天、第 1 周、前 3 周的销售数据出来后，通过三次系统地回顾和调整需求预测，来驱动整个供应链快速响应，比如长周期物料的采购、半成品的深加工等。这就是典型的"快反"——快时尚行业的热词。

有意思的是，人们一提到"快反"，就习惯性地想到让供应商、生产线快速反应，是执行的快反。其实，**快反更多地要体现在计划**上，表现在快速滚动预测、及时调整计划上——毕竟，想不到就很难做到，计划职能连想都想不快，能期望生产线、供应商执行得快吗？

你说这些神秘吗？一点儿也不神秘，但凡企业都或多或少地在做。但问题是，我们是不是在**有计划地做计划**，为新品的滚动预测机制注入更多的可预见性？缺乏**正式**的流程驱动，比如没有把这些决策点正式纳入产品开发、集成供应链流程，新品的滚动计划就不得不依赖组织的能动性，而组织能力良莠不齐，就注定新品的滚动计划要么不及时，要么流于形式。

小贴士　新品计划本身要有计划性

离开了严格的滚动计划机制，新品预测的**调整时间**、**调整频率**、**调整幅度**就充满随意性。

就案例企业来说，销售经理兼职做新品预测，虽说一般是预售 2 周后调整一次预测，但销售经理一忙起来拖到 3 周、4 周后也是常有的事，要么不调整，要么疯狂调整：有时候昨天给供应商补单，今天又在补，供应商看到的是一张又一张的小订单，增加了执行难度和运营成本。预测的调整量就更加无章可循，因为销售做预测，本来就是"拍脑袋"，容易被外界因素左右，时间和数量的随意性大。

销售经理兼职做新品预测的共性问题是：计划决策中数据分析不足，预测准确度太低；滚动计划机制没建立，预测就没法及时纠偏。尽量做准和尽快纠偏两点都做不到位，结果不会撒谎：计划做不好，供应不足，就没法尽快推出；即便推出了，短缺也时常发生，恢复周期也很长。以上是短缺的风险，过剩的风险就不提了。

解决方案就是把新品计划纳入计划的领域，由专业的计划人员主导，建立滚动计划机制。

"**计划行为本身要有计划性**"。在这里建立的新品滚动计划机制下，专职计划人员每周星期一汇总、分析上周的销售情况，调整基准预测，发送给销售、产品管理帮助判断；星期二得到销售经理、产品经理的回复，更新需求预测，发送给采购执行；星期三供应商已经拿到订单，开始执行。这改善了预测的时效性，增加了计划行为的可预见性，是"把经常性的事情经常性地做"（Doing routine things routinely）的关键。

"把经常性的事情经常性地做"是供应链计划和运营的一大挑战。我在 *The Oliver Wight Class A Checklist for Business Excellence*（第 6 版）⊖一书中读到这句话时，突然有种被击中的感觉——我们追求计划

⊖ Wiley & Sons 出版，2005 年。

性，因为这会给供应链以更多的可预见性，降低供应链的执行难度；但计划本身做得很没有计划性，特别是新产品的计划充满随意性，很难严格地滚动起来，没法给执行以确定性，以应对需求的不确定性，就陷入以不确定来应对不确定的泥淖，那自然会死得很惨。

最后，我想说的是，**新品的滚动计划是个计划任务，责任人是计划职能**。如果说初始预测的判断成分较多，我们得较多依赖营销端的话，那么后续的**滚动计划**则主要是数据分析，计划职能得挑大梁，主导计划流程，做好数据分析，整合销售、市场、产品职能的判断。这些年，我见过太多的计划和供应链人，听到最多的就是销售不配合，但越是深入了解，我越是发现，更多的时候，计划抱怨销售，无非是拿销售的不作为当成自己不作为的借口。

实践者问

爆发性产品如何预测？畅销产品如何把控返单？

刘宝红答

爆发性产品很难预测，我们在初始预测上尽量做到"从数据开始，由判断结束"后，剩下的就是及时纠偏，就如上述案例讲的，在新品开发过程中，定期更新预测；在产品上新后，继续定期更新预测。这些做法要形成制度，成为产品开发流程（新品导入前）、销售与运营协调流程（新品导入后）的关键构成。

畅销产品的返单，最主要的有两点：其一，滚动预测，尽快调整预测，这是先想到；其二，驱动供应链和供应商尽快响应，这是后做到。"先想到"，就是上面谈的滚动预测机制；"后做到"，需要选好、管好供应商，集中采购额，整合供应商，把自己做成供应商相对的大客户，驱动供应商快速响应。成套的解决方案在我的红皮书《采购与供应链管理：一个实践者的角度》（第3版）中有介绍。

小贴士　大型设备的项目预投机制

案例企业是个大型设备制造商,设备用于大型工程项目,是典型的大国重器。他们的崛起,让欧美的竞争对手吃尽苦头。但是,大型设备品种多,批量小,定制化程度高,关键物料主要依赖进口,供货周期长,也让案例企业挑战重重。

大型工程一般以政府项目居多,不管是在国内还是在国外,主要靠招投标。因为供应周期太长,招标结束后往往就来不及响应。所以,案例企业就不得不推行"预投",也就是做预测,提前采购长周期的关键物料。这是又一个典型的例子:虽说是订单驱动,但还是离不了预测。⊖

这几年大型工程行业发展放缓,设备制造行业的产能过剩,销售的压力就很大。为了拿得到更多的项目,销售就不得不在交期、服务上做出更大承诺;为了缩短交期,销售就在长周期物料的预投上更激进。激进的结果,就是一堆堆的库存,仓库放满了,都堆到户外了(见图3-28)——有那么多箱子,且很多箱子里的物料是进口的,动辄千百万元。就这样,案例企业由原来的产能过剩这一个挑战,变成了现在的产能过剩和库存积压这两个挑战。

图 3-28　项目预投管理不善,导致很多库存积压

⊖ 预测不可回避。一方面,一个人的订单,一定是另一个人的预测;另一方面,即便是订单驱动,但订单一到,往往没有足够长的响应时间,所以还是不得不在原材料、半成品层面做预测,推拉结合。

以上问题不能简单地怪销售：项目什么时候上马、用什么样的设备配置，充满不确定性；招投标什么时候做、能不能中标，同样充满不确定性。你就是打死一帮销售，也不能解决问题。

这是个典型的**预测**问题，解决方案还得回到两个基本点上：①预测能否做得更准？②做不准的话能否尽快纠偏？于是案例企业就着手完善预投流程，由生产部门主导，来提高预测的准确度。

在案例企业，预投机制由来已久，有八九年的历史了，不过管理相对粗放，只是每个月开一个预投会议，领导们聚在一起，凭感觉预投，基本的游戏规则也不健全。新的生产部长上任，了解了几个月情况后，就出台新的预投管理办法，比如哪些物料需要设安全库存，可以滚动预测；哪些是订单驱动，跟着项目走，没有目标就不预投。新的预投机制实施一年多来，过剩库存降下来60%。

但是，新的预投机制还有需要完善的地方，主要体现为两点：①预投管理是生产部长兼职做的，没有**专人**负责预投流程；②预投决策的定期更新尚欠**正式**的滚动机制。围绕预投机制，案例企业希望我给他们一些建议。

预投是预测那些长周期、大金额的关键部件，对于案例企业的库存控制至关重要。从组织上讲，我建议他们设专人负责，比如经理级别的职位，负责管理整个预投流程。有全职的预投管理人员之前，这一任务由生产部长兼任，但风险是生产部长责任多，没法投入足够的精力管理那么多预投项目。

设立**全职**的预投管理人员，从组织上保证资源充分，一方面督促、帮助营销及时提出、评估预投要求（尽量做准）；另一方面督促、帮助他们定期更新预投决策（尽快纠偏）。特别应注意的是，这一职位最好是经理级别，不是行政文秘，因为其主要是跟销售经理、项目经理和更高级别的管理层打交道，督促、帮助他们做判断，而不是简单地搜集数据，如果设置成行政文秘，注定难以起到预期的作用。

这一职位设在哪个部门，取决于销售与运营协调流程的稳健度：

当销售/项目理解他们在"尽量做准、尽快纠偏"上的角色,愿意更好地支持供应链的时候,这一职位可设在供应链部门,好处是促进计划和执行的交互优化;否则,一定要设在销售部门,汇报给销售老总,通过销售老总的行政力量,来有效驱动销售人员更及时、更准确地提出需求,定期、尽快更新预测。㊀

从流程上讲,我建议案例企业设立关键管控点,倒逼销售、项目来更新。原来的预投流程规定,销售要及时更新项目进展。但关于什么叫"及时",不但销售、生产两个职能理解不同,就连同一职能的不同人员,理解上也不尽相同。我们可以规定预投决策后每个月更新;项目招标前 x 周,每周更新(这时候招标文件已经拿到,随着对项目的信息越来越完善,对项目的理解就越来越深);项目投标后 y 天,或多或少已经知道一些竞争对手的情况,再次更新。

要知道,从预投决策(预测)做出到项目落地,动辄几个月、半年甚至更长的时间,可能发生很多事情,给了我们调整预测、控制库存风险的机会。在这些关键管控点,虽然预投物料已经在生产,但我们可以影响生产进程,比如调整配置,调整日期,甚至暂停生产,降低我们的风险——如果要赔给供应商,我们也只赔半成品或原材料,而不是成本更高的成品。

项目拿到了,到了设计阶段,并不是说预投管理就结束了——设计变更频繁,仍旧需要细致管理。比如案例企业有个主要部件,以前一买就是几十个,后来设计说变就变,研发对供应链连招呼也不打,销售也不主推给客户了。车头跑得太快,当然有跑得快的原因,但拖斗也不能落下不管。在改进了的预投管理中,现在是滚动投放,定期滚动预测这些关键部件;在正式的预投滚动会议上,设计、销售和供应链也能更好地沟通。

此外,预投管理会议一定要落实到**基层**,不能停留在领导层:**真**

㊀ 详细的逻辑,可参见我的绿皮书《供应链的三道防线:需求预测、库存计划、供应链执行》第 80 ~ 84 页(需求预测汇报给哪个部门)。

正的判断来自一线，即那些跟进项目的销售经理。领导层太忙，没法及时更新项目进度；月度会议只是正式的管理会议，不能是工作会议。也就是说，对于具体的销售经理、项目经理，他们得在月度会议前就做好自己的工作，更新滚动预测。

实践者问

某大型设备行业企业计划经理说，我原来的公司属于大型设备行业，公司在需求计划上，除了移动平均法，也没有什么特别好的预测方法，预测的准确度也不是很高。但是，公司有严格的月度滚动计划，通过尽快纠偏，也做出了相当不错的计划，按时交货率和库存周转率成为行业的标杆。主要原因，估计是竞争对手既预测不准，又不尽快纠偏吧。

新品计划由谁做

新品计划首先是计划，然后才是新品。

一提到新品计划，很多人的第一反应就是可计划性太低，这就自然而然地把它推到销售、产品端，由那些职能兼职变成以"拍脑袋"为主了。其实不然，就如我们前面详细阐述过的，即便是用专家判断法做新品的初始预测，也得严格遵守"从数据开始，由判断结束"的计划流程，数据分析自始至终贯穿期间，主导整个专家判断流程。

新品的**滚动计划**就更不用提了，绝大多数任务是数据分析：新品的需求也有很大的延续性，对已有的数据分析到位了，滚动计划就能更靠谱地更新预测，至少可以避免灾难性的损失。那么多的数据分析工作，再加上一系列的预测模型，比如线性回归，数据分析能力不足者很难胜任，我们不能期望销售、市场、产品等职能来完成——计划职能是最合适的人选。

要知道，**新品计划首先是个计划工作，然后才是新品**——"计划"以数据分析为特点，系统性较强；"新品"以职业判断为特点，随机性较强。数据和判断相结合，新品滚动计划才能做好，但**主导**这个流程的，应该是计划职能，而销售、市场、产品等职能则是以辅助判断为主。就跟成熟产品的计划一样，**计划职能**得建立和维护新产品的计划流程，制定滚动预测关键决策点，确定每个决策点的责任人。

注意：这里说计划来**主导**，并不是说计划职能就得干所有的活，做所有的决策。这就如集成产品开发中，产品经理主导产品的开发和导入，并不意味着产品经理要做所有的事——研发在帮产品经理设计产品，营销在帮产品经理制订产品上市计划，供应链在制订供应计划——在专业领域，这些职能在做各自的决策，但这些事和决策都串联在集成产品开发流程中。

关于新品计划，上新前的各个节点，事情和决策很可能是由计划外的职能做；上新后，计划职能要着力快速做滚动预测计划，把最新的销售信息纳入计划，但决策很可能还是归前端的用户职能做；到了长销阶段，则变成计划职能驱动，滚动预测的频率也可适当降低，比如每月滚动。不管是哪个职能主导哪件事，我们都不能忽视新品计划背后的数据分析，而数据分析是计划职能的核心任务。

本章小结
尽量做准，尽快纠偏

这章探讨的新品预测，跟促销一样，是计划皇冠上的明珠（关于促销，我们在后续版本再谈）。新品预测的目标很简单：尽量做准，尽快纠偏。"从数据开始，由判断结束"是尽量做准；纳入更多信息、建立滚动预测机制是尽快纠偏。

计划工作本身要有计划性，新品计划也不例外。计划性，必须由专业的计划人员来驱动，通过建立**正式**、严格的滚动计划机制来实现。

这里"正式"用了黑体，我是要强调新品计划的滚动不能光靠人的主观能动性，而是要靠正式的流程来驱动，否则无法持久。

企业有两大主干流程：集成产品开发（IPD）和集成供应链（ISC）。新品的滚动计划搭接两个流程，是从新品开发过渡到量产的关键，再强调也不为过。

当然，不管有多好的方法论，新品预测都没法做完美。我们用这里介绍的方法论，从长期而言，比一味靠"拍脑袋"肯定要好。要知道，新品导入就如赌博，哪个企业能更好地整合数据和做出判断，尽量做准，尽快纠偏，哪个企业就能有更高的成功率，比以前做得好，比竞争对手做得好，这就是竞争优势。

此外，对于新品预测，这里还想补充几点：

（1）罗列假设，不能光"拍脑袋"，还得讲故事。判断本身价值有限——任何人都有自己的看法，真正重要的是看法后面的依据。讲故事就是挖掘判断后面的依据。

（2）小步快走，而不是大步慢走——做出预测，尽快更新，比如每周滚动，尽快调整。这也是预测上的两大策略之一：尽量做准，做不准的话尽快纠偏。

（3）预测不是一个数字，预测是个区间，充满不确定性的新品尤其如此。我们要制定基准预测，计算置信区间，配以情景分析，然后由判断来敲定。

（4）所有的预测都是错的，新品预测尤其如此。计划的先天不足，需要执行来弥补，比如及时采取销售措施，正面影响需求；选好、管好供应商，驱动供应链快速响应。

（5）标准化、模块化、通用化，以降低原材料、半成品库存的风险。这样的话，我们可以把库存往更靠近需求的地方推，缩短响应周期，提高响应速度。

（6）及时止损。不是所有的产品都能畅销，卖得不好，那就及时切断供应，及时止损。

💡 资源

更多关于供应链管理的文章、案例和专题培训资源如下:

- 供应链管理专栏网站:www.scm-blog.com
  - 这是我的个人专栏,我写了 10 多年了,有 600 多篇文章
- 我的三本供应链管理专著
  - 《采购与供应链管理:一个实践者的角度》(第 3 版)
  - 《供应链管理:高成本、高库存、重资产的解决方案》
  - 《供应链的三道防线:需求预测、库存计划、供应链执行》(与赵玲合著)
- 我的微信公众号"供应链管理专栏",每天推送一篇原创文章,包括最新的培训信息。

公众号:供应链管理专栏

后　记

写本书是个漫长的过程，就跟NBA的漫长赛季一样，会让人精疲力竭。但是，一旦这个赛季结束，大家就又迫不及待等待下个赛季开始。自从2014年以来，我每年都写一本新书，或者重写一本老书。一年结束时，一定身心疲惫，但又等不及，马上开始写下一本——写书是会上瘾的。我想保持这种"成瘾"的习惯，在一生最美好的岁月里，一年写一本或一版，直到身心坚持不住，或者兴趣不再。

对于读者，你能看到最后一页，也是经历过重重困难——我能理解，作为职业人，也许你已经为工作和家庭中的许多事所累；而你仍能抽出宝贵的个人时间，读完这本书，真是难能可贵，请接受我的敬意。

能读到最后的，有很多是我的老读者，看过我的前4本书。或许你已经发现，从覆盖面而言，这些书在逐渐收缩，逐渐聚焦。是的，我们一开始都是冲着拯救全世界而去，但随着征程的延续，你会越来越发现，拯救世界最终还得从拯救一个人开始，扫天下最终还得从扫一屋开始。

于是，你会发现你的路越走越深远，越走越艰难。一个标志就是开始跟那些最基本的公式、最基本的假设死磕——它们就跟数学界的"1+1=2"一样，是整个供应链管理的"地基"，入门时浅尝辄止可以，但最终是没法回避的。

你也会发现，你越来越"小众"。恭喜你，你已经超越99.9%的人，进入顶尖的那个小群体。不管是作者还是读者，这时都需要耐得住寂寞。自古英雄多寂寞，我们不是英雄，不过在我们的职业生涯，如果能走到寂寞的境地，还是可喜可贺的。

最终你总会走到穷途末路，就如牛顿最终停留在"一个针尖上能站多少个天使"这个问题上一样。这不是失败的标志，这意味着我们到达了极顶。如果你的路越走越顺，你有可能没有把自己推到极致，取得你本该取得的更大成就。

你的同行者会越来越少，你最终会来到人迹罕至的地方，成为一个独行者。不要停止。求知若渴，虚心若愚，保持期待（Stay hungry, stay foolish, stay tuned）。

最新版
"日本经营之圣"稻盛和夫经营学系列
任正非、张瑞敏、孙正义、俞敏洪、陈春花、杨国安　联袂推荐

序号	书号	书名	作者
1	9787111635574	干法	【日】稻盛和夫
2	9787111590095	干法（口袋版）	【日】稻盛和夫
3	9787111599531	干法（图解版）	【日】稻盛和夫
4	9787111498247	干法（精装）	【日】稻盛和夫
5	9787111470250	领导者的资质	【日】稻盛和夫
6	9787111634386	领导者的资质（口袋版）	【日】稻盛和夫
7	9787111502197	阿米巴经营（实战篇）	【日】森田直行
8	9787111489146	调动员工积极性的七个关键	【日】稻盛和夫
9	9787111546382	敬天爱人：从零开始的挑战	【日】稻盛和夫
10	9787111542964	匠人匠心：愚直的坚持	【日】稻盛和夫 山中伸弥
11	9787111572121	稻盛和夫谈经营：创造高收益与商业拓展	【日】稻盛和夫
12	9787111572138	稻盛和夫谈经营：人才培养与企业传承	【日】稻盛和夫
13	9787111590934	稻盛和夫经营学	【日】稻盛和夫
14	9787111631576	稻盛和夫经营学（口袋版）	【日】稻盛和夫
15	9787111596363	稻盛和夫哲学精要	【日】稻盛和夫
16	9787111593034	稻盛哲学为什么激励人：擅用脑科学，带出好团队	【日】岩崎一郎
17	9787111510215	拯救人类的哲学	【日】稻盛和夫 梅原猛
18	9787111642619	六项精进实践	【日】村田忠嗣
19	9787111616856	经营十二条实践	【日】村田忠嗣
20	9787111679622	会计七原则实践	【日】村田忠嗣
21	9787111666547	信任员工：用爱经营，构筑信赖的伙伴关系	【日】宫田博文
22	9787111639992	与万物共生：低碳社会的发展观	【日】稻盛和夫
23	9787111660767	与自然和谐：低碳社会的环境观	【日】稻盛和夫
24	9787111705710	稻盛和夫如是说	【日】稻盛和夫

供应链管理

书号	书名	作者	定价
978-7-111-59514-4	供应链的三道防线：需求预测、库存计划、供应链执行	刘宝红 赵玲	69.00
978-7-111-49413-3	采购与供应链管理：一个实践者的角度（第2版）	刘宝红	59.00
978-7-111-53469-3	供应链管理：高成本、高库存、重资产的解决方案	刘宝红	59.00
978-7-111-56439-3	供应链管理：实践者的专家之路	刘宝红	69.00
978-7-111-48216-1	采购成本控制与供应商管理（第2版）	周云	59.00
978-7-111-537908	精益供应链：从中国制造到全球供应	殷绍伟	49.00